MW01708969

LA SAGA
DES DIEUX PLANÉTAIRES

PATRICE LASNIER

LA SAGA DES DIEUX PLANÉTAIRES

Ces mythes dont
nous sommes les héros

Albin Michel

© Éditions Albin Michel, S.A., 1991
22, rue Huyghens, 75014 PARIS

ISBN 2-226-05546-0

Merci à Laurence Bonnetot
pour son aide et ses encouragements.
Merci au Lutin et à Xé-Xé .

INTRODUCTION

Mythologie planétaire et astrologie sans thème

Ce guide mythologique joue avec les dieux planétaires, c'est-à-dire des dieux auxquels sont attachées des planètes. Le symbolisme astrologique a simplifié le symbolisme mythologique. Il faut se dégager d'*a priori* qui limitent notre compréhension du symbolisme de ces dieux.

Quelques exemples :

– Pluton est maître du royaume de l'au-delà. Souvent on lui fait une mauvaise réputation. Quand on le désigne comme maître des Enfers, on pense à l'enfer chrétien. Les enfers comprennent, il est vrai, l'« enfer », l'inférieur, un lieu difficile à vivre dans l'au-delà mais aussi... les Champs-Élysées qui rejoignent en partie notre Paradis. Pluton désigne les transformations de l'au-delà et leurs conséquences ici-bas, qui sont parfois douloureuses mais aussi souvent surprenantes.

– Vénus, douce et voluptueuse déesse de l'amour... est, dans la mythologie, une déesse qui ne cesse de lancer des malédictions, de se venger et finalement est bien malheureuse en amour.

Nous sommes habitués à lier très étroitement l'astrologie au thème astrologique. Mais dans les temps anciens peu de personnes savaient dresser un thème. Astrologie implique plus largement l'utilisation du symbolisme planétaire. Parfois c'étaient les lignes de la main qui étaient le thème astrologique. Ainsi le mont de Vénus servait de support à l'étude de l'influence du symbolisme vénusien.

Les anciens avaient le souci de lire les « signatures » des dieux planétaires dans l'ensemble de l'environnement, les rêves, les lignes de la main, associations des dieux avec certaines couleurs ou certaines plantes : les dieux étaient partout !

Les mythes de notre vie quotidienne

Nous sommes les héros de mythes et nous l'ignorons.

Voilà pourtant qui donne tout de suite un « sacré » relief à nos vies quotidiennes. Ce relief symbolique nous fait comprendre différemment notre vie. Adopter le point de vue mythologique c'est adopter le point de vue des dieux : la « divination ».

Quand nous regardons la mythologie, nous avons tendance à la considérer comme un ensemble d'histoires principalement attachées à une culture et une époque. Avec l'émergence de la psychologie, on a vu que les mythes représentaient des situations types qui jalonnent notre vie quotidienne.

L'utilisation du mythe d'Œdipe par Freud est l'un des exemples les plus connus. Mais de nombreux auteurs ont emprunté à l'héritage mythologique. C'est ainsi que Baudouin parle du complexe de Diane, le complexe de la fille qui aurait souhaité être un garçon. Dans des expressions plus modernes de la psychologie, comme l'analyse transactionnelle, il y a également ce genre d'emprunt. Éric Berne étudie le scénario d'une personne qui travaille très dur, parvient à deux doigts de la réussite, puis brutalement, sans raison apparente, cesse de travailler et perd tout ce qu'il avait pu obtenir. Elle doit alors repartir de zéro et suivre le même cycle. Ce scénario est celui du mythe de Sisyphe.

Avant même de raconter l'histoire des divinités, la mythologie raconte notre propre histoire. Mais nous ne baignons plus dans une culture qui nous rend évident le langage symbolique de la mythologie. Pourtant nous répétons des scénarios, aussi bien dans notre vie professionnelle que privée. Ces scénarios que nous jouons sont des mythes dont nous sommes, parfois contraints et forcés, le héros. Si nous assumons ces mythes c'est qu'ils sont pour nous un défi. Le mythe représente un trajet initiatique, un développement de symboles nécessaires pour notre vie et notre conscience. Si nous répétons le mythe c'est parce que nous avons besoin de mieux parcourir ce trajet, de développer certains comportements ou de vaincre certains dragons-résistances. Donc, nous faisons comme Sisyphe, nous répétons...

Non seulement le rythme de la vie quotidienne mais également une tendance à la désacralisation nous empêchent d'avoir le recul nécessaire avec notre propre vie. La mythologie nous propose des scénarios types, aux multiples interprétations qui sont autant de supports de lecture des événements qui surviennent dans notre vie.

Dans une perspective un peu trop « collée au quotidien », nous lisons notre vie comme une succession d'événements, qui n'ont de sens que par leur contenu concret. Mais au-delà de ces contenus il y a des enjeux symboliques. Ils concernent notre psychologie, nos besoins spirituels, notre recherche d'équilibre, l'expression juste de notre affectivité ou de notre créativité. Le rêve est là, chaque nuit, pour nous faire accéder à une lecture et une sensibilité symbolique des événements de notre vie. Les mythes nous permettent d'accéder à la vision« divine », c'est-à-dire surplombante, de notre vie.

Prendre connaissance et conscience des mythes que nous répétons dans notre vie c'est devenir un héros conscient de sa quête, ayant donc plus d'atouts pour arriver jusqu'à la Toison d'or. Pressés par les urgences et les contraintes nous oublions cette perspective symbolique, et provoquons des dépressions, du stress, du mal d'être qui sont autant d'appels au secours de notre âme.

Retrouver la signification et le sens de nos mythes quotidiens n'est pas un exercice de style. C'est retrouver une dimension différente, plus captivante et plus pédagogique, à notre vie.

Quand les dieux nous parlent de nos rêves, de nos thèmes, de nos écritures...

La mythologie est un langage symbolique qui permet d'aborder plusieurs domaines :

Le rêve

Le rêve est un état de conscience privilégié où l'homme se parle naturellement de lui-même en termes symboliques. Il n'y a pas dans cet état de conscience d'interprétation ou de traduction rationnelle et verbale. Même les mots qui sont utilisés le sont dans leur portée symbolique. Pour des hommes qui vivaient dans une culture baignant dans les références mythologiques il était normal de voir les dieux intervenir durant leurs rêves. Les rituels d'Esculape sont les plus connus dans ce domaine : les gens venaient dans les temples d'Esculape, entraient dans un état de conscience différent par l'absorption d'hallucinogènes et rencontraient dans leurs rêves le dieu Esculape qui leur faisait une prescription médicale et spirituelle.

Au IIe siècle de notre ère, Artémidore d'Éphèse a rédigé « une clef des songes », qui est certainement l'ouvrage le plus complet qui nous est parvenu sur la culture onirique de l'Antiquité. Ce fut même l'un des ouvrages de références des grands chercheurs sur le rêve comme Freud. Cet ouvrage indique des manières d'aborder les mythes. Ainsi :

« Quand on voit ensemble [dans les rêves] les dieux qui passent pour être ennemis l'un de l'autre, c'est signe d'inimitié et de discorde, par exemple si l'on voit ensemble Arès [Mars] et Héphaïstos [Vulcain], Poséidon [Neptune] et Athéna [Minerve], ou Zeus [Jupiter] et Cronos [Saturne], ou si l'on voit ensemble les dieux olympiens et les Titans. »

C'est une indication symbolique que nous retrouverons dans les 45 combinaisons planétaires.

À partir des combinaisons planétaires proposées, nous pouvons utiliser le rêve :

a) Tout d'abord, on choisit un mythe comme support onirique. Ce choix peut être diversement motivé :

– on vit un événement que l'on rapproche d'un mythe (par recherche ou par tirage au sort) ;

– on rapproche un mythe du type de relation que l'on entretient avec une personne ;

– ou, tout simplement le soir, vous tirez un mythe au hasard, afin que ce soient les dieux qui choisissent pour vous (car pour eux ce n'est pas un tirage au sort) le mythe sur lequel vous entreprendrez votre voyage onirique.

b) Le soir, au moment dit hypnagogique, c'est-à-dire la somnolence qui précède le sommeil, on se remémore le mythe dans son histoire et dans son interprétation. Le lendemain matin il sera intéressant de constater de quelle manière notre conscience onirique s'est emparée du rêve, l'a modifié, l'a orienté, y a intégré des personnages de notre vie. Ce sont ces variations personnalisées qui sont significatives. Nous donnons des trames symboliques à notre conscience onirique qui par échos nous répond. Il s'agit d'un véritable travail d'évolution psychologique et spirituelle...

L'astrologie

La méthode est différente : il ne s'agit plus de lire ni d'interpréter les événements du quotidien mais d'étudier le thème astrologique et ses relations planétaires dominantes. L'astrologie moderne s'est dé-symbolisée et dé-mythologisée. On a transformé les dieux planétaires aux mythologies luxuriantes en simples planètes réduites à quelques dizaines de mots de définitions. Restituer à chaque dieu et à chaque relation planétaire sa dimension mythologique c'est donner à l'interprétation une autre dimension.

Notre thème se révèle être ainsi un agencement personnalisé non plus seulement d'aspects mais de mythes.

La graphologie planétaire

Dans un ouvrage sur la « graphologie planétaire* », l'auteur propose une étude symbolique à partir des dix types mythologiques planétaires présentés dans cet ouvrage, ajoutant deux types :

– La Terre, un type mythologique souvent intégré dans les grilles graphologiques et morpho-psychologiques.

– Le type Athéna [Minerve] – Agapé.

Le graphologue Saint-Morrand avait déjà proposé une grille de lecture planétaire, mais n'incluant pas les planètes transsaturniennes, c'est-à-dire Uranus, Neptune et Pluton.

La graphologie planétaire peut utiliser les 45 combinaisons mythologiques : rechercher dans l'écriture les dominantes et les associer par couple, puis les mythes et leur interprétation dans l'ouvrage.

* *La Graphologie planétaire*, Anne-Marie Simond, Albin Michel, 1989.

Quand les hommes tentent de ramener les dieux sur la Terre...

> *« Ah ! vraiment, de quels griefs les mortels ne chargent-ils pas les dieux ? c'est de nous, à les entendre, que viennent leurs maux ; mais c'est par leur démence qu'ils sont frappés plus que ne le voulait leur destin. »*
>
> JUPITER dans *L'Odyssée*

Qu'il s'agisse d'une lecture directe de la vie quotidienne, de l'astrologie, de la graphologie, le problème est le même : réussir à transposer les symboles d'un mythe sur une situation ou un caractère. L'astrologie ne s'est pas embarrassée de manières : elle a réduit la définition des planètes à quelques mots et comportements types. La méthode est simple : on abaisse la mythologie au niveau de la mancie pour laquelle on veut l'utiliser. Mais ce problème n'est pas nouveau : déjà dans les temps anciens, des auteurs se sont émus d'une réduction de la mythologie à une simple mancie. La mythologie est faite pour nous élever vers les cieux et non pour être réduite à une mancie.

Au IVe siècle, un ouvrage fait le point sur les croyances : *Des dieux et du monde.* Un tel bilan était nécessaire dans une période écartelée entre la montée du christianisme et la multiplication des rites antisociaux de Bacchus-Dionysos (les communautés hippies de l'époque...). L'auteur de l'ouvrage, un notable romain du nom de Saloustios, constate que la mancie, et notamment l'astrologie, a fini par pervertir la compréhension de la mythologie.

« Attribuer nos injustices et nos dérèglements à la Destinée, c'est nous faire bons et les dieux mauvais. À moins toutefois que l'on ne veuille dire par là que, pour le Monde considéré dans sa totalité et pour ce qui est conforme à la nature, tout est enclin au bien, mais qu'une mauvaise éducation et une nature trop faible tournent vers le mal les qualités venues de la Destinée. Tout comme il arrive que le soleil, malgré son caractère bienfaisant pour tous, est funeste aux ophtalliques et aux fiévreux. »

Plus loin il prend comme exemple Saturne et Mars :

« Et comment Saturne et Mars peuvent-ils être dits maléfiques tandis qu'on en fait inversement des dieux bons auxquels on rapporte la philosophie et la royauté, le commandement des armées et le dépôt des trésors ? »

Plus loin l'auteur traite des aspects ou combinaisons planétaires, telles qu'elles sont comprises en astrologie :

« Si d'autre part on fait appel aux aspects trigones ou tétragones, il y a extravagance dans le fait que la vertu humaine demeure partout la même alors que les Dieux changent d'après leur position. »

Et le héros, que vous êtes, prit conscience de la responsabilité qui lui incombait...

Nos « parcours » mythologiques

« Le temps est un enfant qui joue. »

HÉRACLITE

Notre vie est un parcours initiatique. De « l'autre côté du miroir », là où se trouvent les dieux, ce parcours est vu comme une succession de mythes.

Dans un film de Desmond Davis de 1981, *Le Choc des Titans*, on voit les dieux jouer à un jeu qui ressemble aux échecs. Mais les pièces sont des épreuves, des monstres, des armes magiques et... des hommes. L'homme fait alors partie d'un jeu de rôles ou l'on ne semble pas trop lui demander son avis.

Ce livre peut servir de réflexions mythologiques sur notre vie, les événements que nous vivons et les questions que nous nous posons. Une manière de s'amuser à sérieusement réfléchir sur soi.

Il y a donc une façon ludique de percevoir ce « parcours ». Mais rien de plus sérieux et de plus symbolique qu'un jeu, voyez les échecs, le tarot et son Bateleur ou la marelle. Avant d'être un divertissement le jeu est une trame symbolique que nous utilisons comme miroir pour notre conscience.

La mythologie est une « psychologie sacrée ». Aujourd'hui nous avons dix dieux planétaires, dix divinités propriétaires d'une planète : Soleil, Lune, Mercure, Vénus, Mars, Jupiter, Saturne, Uranus, Neptune et Pluton.

Ces dix dieux planétaires combinés entre eux par couples donnent 45 combinaisons.

Un astrologue appelle ces couples des « aspects ». C'est pour cela que cet ouvrage peut servir à l'interprétation du thème astrologique. Chacune de ces combinaisons est explorée grâce à un ou plusieurs mythes correspondants.

Ainsi, le couple Jupiter-Saturne est représenté par le mythe de l'affrontement de Jupiter avec son père Saturne pour la domination de la Création Le couple Lune-Saturne est concerné par deux mythes : celui de la rencontre d'Hécate et de Saturne, et celui de la noyade de Séléné.

• Des mythes et des films :

Au total ces quarante-cinq combinaisons sont associées à une soixantaine de mythes et parfois à des films. Ces films représentent une mythologie moderne. Pour être opérative, une mythologie doit être totalement intégrée dans la culture.

Chaque couple, associé à un ou plusieurs mythes, est interprété et appliqué à la vie quotidienne, en deux parties : une version harmonieuse et une version plus conflictuelle.

La présentation succincte de chaque mythe est accompagnée d'un développement d'interprétation adaptée à la vie quotidienne. Il s'agit donc d'un travail de recherche symbolique sur sa vie comme peut le proposer le *Yi-king*.

Face aux dieux, nous avons heureusement une part de libre arbitre... Dans les « parcours » qui sont ici proposés, il se traduit par le fait que plusieurs règles sont possibles.

Premier « parcours » : ma vie est un grand mythe

• Première étape :

Il s'agit maintenant de trouver quel est notre parcours mythologique dans notre vie. Nous pouvons affiner notre recherche en déterminant notre mythe dominant dans la vie affective, professionnelle et tout autre domaine important pour nous.

Quel dieu nous représente le mieux dans son attitude symbolique ? Bien sûr, chacun de nous se retrouve un peu dans tous les dieux. Nous aimerions bien être tout l'Olympe. Mais il faut dégager une divinité dominante.

Pour les divinités solaires et lunaires nous pouvons utiliser le portrait général du «solarien» et du «lunarien», ou tenter de raffiner le jugement en précisant l'identification à telle ou telle divinité solaire ou lunaire, Hécate et Diane pour la lune, Apollon et Dionysos pour le soleil.

Pour faire le choix du dieu, trois possibilités:

a) Je choisis moi-même après lecture de la mythologie générale des dieux. Ce choix est significatif. C'est ce que l'on appellerait en psychologie un test projectif (comme les fameuses taches d'encre).

b) Je m'en remets au choix d'un tiers qui me connaît et m'attribue une divinité.

c) Ou alors... ce sont les dieux qui vont choisir, et plus particulièrement Mercure, dieu des règles, qui apprit la divination d'Apollon.

Dans ce cas, j'utilise la traditionnelle méthode de la bibliomancie. Il suffit pour cela de feuilleter la deuxième partie de l'ouvrage où sont présentées les mythologies de chaque dieu, et de s'arrêter à une page: les dieux auront désigné le dieu.

• **Deuxième étape:**

Nous allons maintenant nous mettre en quête du mythe qui nous concerne.

Si nous regardons notre vie nous pouvons, avec un peu de lucidité, discerner des grandes lignes symboliques, des comportements ou des scénarios répétitifs.

Ces différentes stratégies de vie, plus ou moins conscientes, peuvent être rapprochées d'un mythe.

Il s'agit de trouver le mythe, parmi ceux qui concernent le dieu auquel vous êtes identifié, qui désigne symboliquement votre stratégie de vie:

a) je cherche, avec mon intellect et ma bonne foi, à repérer les mythes dont je me sens proche pour les avoir longtemps vécus dans ma vie et peut-être encore maintenant... C'est un travail un peu laborieux et forcément subjectif, mais ma subjectivité est symboliquement significative.

b) je fais confiance... à la subjectivité d'un tiers.

c) je fais confiance au « hasard » et pratique la bibliomancie jusqu'à ce que je tombe sur un mythe intégrant un dieu auquel je me suis identifié.

• Exemple d'application du premier parcours :

Benoît Jouvin est un cadre commercial de 35 ans. Il est marié, heureux de l'être, et a un enfant. Depuis quelque temps sa femme n'est plus autant heureuse d'être mariée avec lui : elle lui reproche de ne pas consacrer assez de temps à sa famille. Benoît et sa femme décident de demander aux dieux ce qu'ils pensent de tout cela.

Quel mythe représente cette situation ?

Benoît accepte de pratiquer le premier jeu pour connaître le mythe qui symbolise sa vie affective.

Pour être fair-play, il décide de laisser sa femme lui attribuer le dieu qui représenterait son attitude de la vie de couple.

Elle lui attribue... Mars. Benoît est flatté, mais il sent qu'il y a derrière tout cela un sous-entendu.

Nullement découragé, il demande à sa femme de tirer au sort l'un des 9 couples qui impliquent Mars, c'est-à-dire : Mars-Uranus, Mars-Saturne, Mars-Jupiter, Mars-Pluton, Mars-Neptune, Mars-Vénus, Mars-Mercure, Mars-Soleil et Mars-Lune.

Le sort désigne le couple Mars-Jupiter.

Comme il s'agit d'une situation problématique, sa femme commence par lire la version disharmonieuse, notamment, page 142 : « Il ne tient pas suffisamment compte des propositions jupitériennes. Il est alors difficile de prévoir et d'organiser. L'action devient une drogue. Comme si la personne éprouvait un certain plaisir à mesurer sa force dans des confrontations le plus souvent improductives. »

Diane, la femme de Benoît, dit qu'elle a effectivement l'impression que son travail est pour lui une drogue qui le détourne de sa famille.

Benoît, qui veut montrer qu'il est un Mars qui se domine, ne répond pas. Plus loin elle lit, page 142 : « Il faut se souvenir que dans ses accès de colère, Mars devenait aveugle et avait besoin d'autres dieux pour le guider. »

Aucun commentaire de part et d'autre. On cherche à s'inspirer de la sagesse jupitérienne. Mais au fond de soi on est surpris que les dieux disent aussi clairement ce que l'on tentait plus ou moins de se cacher. La lecture se termine, page 142: « Il ne s'agit plus seulement d'attaquer l'extérieur, mais de savoir se faire violence pour diriger son action. Cette violence intérieure, tout en maîtrise, est un combat bien plus difficile mais bien plus intéressant pour le héros du mythe... que vous êtes peut-être. »

Sa femme le rassure tout de suite en lui disant que pour elle il est bien son héros... mais qu'il a tendance à s'aveugler ou s'étourdir dans son travail. Au début Benoît voulait réussir pour sa famille, mais en cours de route Mars a oublié Jupiter.

Benoît fait connaître son envie de lire la version harmonieuse. C'est Benoît qui la lit, en y mettant le ton, page 140: « C'est comme si un radar de l'expérience directe fonctionnait. Ce pragmatique n'est pas en mesure d'expliquer toutes ses motivations, mais il aime mettre sa force au service de quelque chose qui le dépasse ou le motive. »

– ... Par exemple ta famille, conclut Diane.

Benoît allait le dire.

Deuxième « parcours »: les petites mythologies de notre vie

Avec ce nouveau parcours, il ne s'agit plus de méditer sur les grandes orientations de sa vie mais sur des événements précis, actuels, passés, ou sur leur développement possible dans l'avenir: pour les dieux, le temps n'existe pas.

Le support de la méditation est un événement bien localisé: une rencontre, une proposition, un changement professionnel, une décision à prendre, etc.

On cherche à associer directement l'une des quarante-cinq combinaisons à la situation qui nous concerne. Pour cela, trois voies possibles:

a) mon propre choix.

b) le choix d'un tiers, après que je lui ai expliqué la situation.

c) le « hasard »... et dans ce cas je n'ai rien à expliquer à personne.

Pour cette dernière voie, vous pouvez utiliser la bibliomancie qui consiste à feuilleter le livre et s'arrêter sur un couple de dieux.

Vous pouvez orienter votre quête symbolique en utilisant des questions clefs qui seront comme des « Sésame ouvre toi » mythologiques pour éclaircir la situation qui vous intéresse. Voici quelques exemples :

– Qui peut être mon allié ?
– En quoi suis-je mon propre adversaire ?
– À quoi dois-je laisser place ?
– Qu'est-ce qui m'aveugle ?
– Comment trouver de l'aide ?
– Qu'est-ce qui peut me permettre de me rapprocher de ma véritable nature ?
– Qu'est-ce qui doit mourir ?
– Quel est le prochain pas pour mon évolution ?
– Quelle transformation ai-je tendance à rejeter ?

Ces questions sont tirées des grands symboles, des étapes majeures des mythes et des légendes. Ainsi, la question « Qui peut être mon allié ? » rejoint le mythe où Jupiter a besoin de l'alliance avec Hercule pour lutter contre les Géants, ou le mythe de Vénus et Mars qui ont besoin de l'intercession de Neptune pour les délivrer du filet invisible de Vulcain.

• **Exemple d'application du deuxième parcours :**

... Justement, Benoît vient de recevoir une proposition professionnelle. Il s'agit toujours d'encadrement commercial, mais dans une société plus petite. En contrepartie, il aurait à moins se déplacer sur le terrain et pourrait donc disposer de plus de temps pour sa famille.

Cette fois-ci il œuvre lui-même et en s'arrêtant au hasard dans l'ouvrage obtient le couple Uranus-Pluton.

Dans la version harmonieuse, il lit page 132 : « C'est par des événements de type plutonien que l'individu consent à se décloisonner. Ces événements auront parfois l'apparence de la fatalité, ils seront en rupture de logique avec sa vie. Des maladies, des rencontres, des événements imprévus, ou toute forme d'événement qui nous marquent de manière terrible parce que nous ne nous y étions pas préparés et qui échappent à ce que nous pensions pouvoir ou devoir vivre. »

– Terrible, terrible c'est un peu exagéré, fait remarquer Benoît.

– En tout cas, c'est la première fois que tu me parles de cette proposition.

Le mythe Uranus-Pluton a une curieuse résonance avec ce que vit Benoît. Et en plus, les dieux sont indiscrets.

– Ce n'était pas évident qu'il s'agisse d'une proposition intéressante.

Benoît admit qu'il ne se sentait plus tout à fait à l'aise dans son poste présent.

– Bien sûr, tu jouais mal ton mythe Mars-Jupiter, lui rappela Diane.

Maintenant, il avait envie d'une transformation, c'est pour cela qu'il était si nerveux ces derniers temps. C'était à cause de Pluton et d'Uranus qui tardaient à se manifester !

– Si c'était à cause des dieux, effectivement dans ce cas là... plaisanta Diane.

Éclats de rires dans l'Olympe familiale.

Pour juger des risques, Benoît prend connaissance de la version disharmonieuse, page 133, il lit : « Cette version disharmonieuse concrétise la grande difficulté pour l'individu d'accepter d'être troublé dans son organisation ou ses conceptions. Il gère mal les imprévus de Pluton. Il n'y a pas d'adaptation mais, au contraire, un repli instinctif. À chaque fois qu'un événement plutonien est là pour aider à apprendre quelque chose et à évoluer, l'individu se crispe sur sa "réalité". Il en résulte une bataille, c'est-à-dire une crise ou un problème à résoudre. »

En y réfléchissant un peu plus, il se demande si effectivement le fait de ne pas avoir parlé plutôt à Diane de cette proposition ne serait pas un repli instinctif, un réflexe uranien.

Benoît et Diane se promettent d'examiner attentivement la question, en compagnie d'Uranus et Pluton, et en invitant également Mars et Jupiter... Mais ils souhaitent en connaître plus et décident de tirer au sort une question symbolique : « À quoi dois-je laisser place ? »

Les deux époux décident de donner chacun une divinité et d'aller consulter le couple en question.

Benoît – la Lune !

Diane – Jupiter !

Au début, le texte parle de l'âme. Il s'agit de l'âme du couple.

Page 149, ils lisent ensemble : « Si l'on se dirige maintenant vers Diane, on assiste à une harmonisation entre l'âme du natif et les nécessités de l'incarnation. Les différentes contraintes jupitériennes, organisation sociale, engagements divers, etc. n'empêchent pas l'âme de s'exprimer de manière authentique. Quelles que soient ses activités, c'est une garantie pour l'homme de rester fidèle à lui-même, ce qui, compte tenu des exigences de notre société moderne, n'est vraiment pas un luxe ! »

Il s'accordent pour penser qu'effectivement ils n'ont pas su déterminer les vraies priorités à un moment de la vie de leur couple.

Peut-être ont-ils vu les « contraintes jupitériennes » d'une manière trop radicale ou conflictuelle. Au lieu de chercher à harmoniser certaines contraintes avec leur bonheur, ils les ont mis en concurrence, sans trop s'en apercevoir.

Page 150, Benoît souligne la phrase : « Diane n'est pas exemptée de certains problèmes propres à Mars. »

Enfin, page 152, ils lisent le texte du scénario « Sans toi »... et décident qu'ils joueront plutôt le scénario « Avec toi ».

... Et ils eurent un deuxième enfant, une fille du nom d'Hélène..

La voie du hasard ?

Aucun de ces parcours ne prétend être une intervention surnaturelle dans notre vie. Il s'agit d'un support de réflexion symbolique.

Dans chacun, il est possible de rationaliser les différentes identifications mythologiques de notre vie.

Il existe aussi une option « tirage au sort ». Notre culture rationnelle dévalorise cette démarche. Mais tout choix volontaire est conditionné par notre mental, l'image imparfaite que nous avons de nous même et de notre vie. Le choix volontaire nous permet de garder une mainmise sur la représentation symbolique.

Une méthode aléatoire fait appel à une autre perspective, proche des différents procédés divinatoires. Jung parle au sujet de ce hasard d'un phénomène de synchronicité.

Jung montre comment un symbole, une scène onirique ou un symbole tiré au hasard dans un jeu, peut « merveilleusement » coïncider avec un événement. Il parle d'une relation acausale : il n'y a pas de rapport de cause à effet mais une convergence de sens.

On ne peut négliger le « tirage au sort » puisque c'est cette voie que choisirent Jupiter, Neptune et Pluton pour se partager la Création.

Et maintenant, à vous de « jouer » !

PREMIÈRE PARTIE

MYTHOLOGIES GÉNÉRALES DES DIEUX ET RÔLES SYMBOLIQUES

Quelques conventions en préliminaires

Nous procéderons de la manière suivante :

1) Dans un premier temps, nous présentons les mythologies des dieux :

a) Portrait mythologique de chaque dieu.

b) Le rôle symbolique correspondant.

2) Dans un deuxième temps (deuxième partie), nous abordons les quarante-cinq combinaisons planétaires en relation avec des mythes et des films.

• Les noms des dieux :

Pour les dieux planétaires nous sommes plus habitués à l'utilisation des noms latins même si une grande partie des mythologies est d'origine grecque. Quelques exceptions : Dionysos conserve son nom grec au lieu de Bacchus, marqué à jamais par la calomnie de beuverie. D'ailleurs la mythologie de Dionysos est celle d'un « marginal ». Il est donc naturel qu'il conserve son originalité dans cet ouvrage jusque dans son nom. Enfin, Séléné (Luna en latin) et Hélios (Sol en latin) conservent leur dénomination grecque car on les désigne ainsi plus souvent que par leurs noms latins qui rappellent immédiatement les astres proprement dits et non plus les dieux.

• La préhistoire de l'Olympe :

Il était une fois...

Avant d'aborder l'étude des dieux qui nous intéressent, il faut dire quelques mots quant aux origines de la Création.

À l'origine : Chaos. Une divinité rudimentaire, état primordial du monde qui contient le principe de tous les êtres. Cette divinité primordiale était capable de fécondité.

Chaos engendre Nuit puis Érèbe. Hésiode place Nuit parmi les

Titans et en fait la mère de tous les dieux. Pour d'autres auteurs, Nuit est la fille de Ciel et de Terre.

Nuit épouse Érèbe, et donne naissance à Éther et à Jour. Mais Nuit peut également engendrer toute seule! On attribue à Nuit: Sommeil, Mort, Destin et la troupe des Songes. Il faut reconnaître qu'on attribue à Nuit un certain nombre de mauvais rejetons: Discorde, Fraude, Concupiscence, etc.

Érèbe finit mal: ayant aidé les Titans contre Jupiter, il fut transformé en fleuve et précipité dans les Enfers où nous le retrouverons avec Pluton. Ensuite on désignera par « Érèbe » une partie de l'Enfer.

Éther s'unit à Jour (féminin en grec) et donne naissance à Ciel (notre Uranus!).

Bien sûr, les versions varient mais je me suis contenté de planter ici quelques éléments du décor initial...

Voyons maintenant la suite des épisodes.

Uranus

Uranus ou Coelus (Ciel) était donc fils d'Éther et de Jour. Hésiode nous dit qu'il était fils d'Éther et de Terre.

Dans la version la plus classique, Uranus s'unit à Terre (Gé) et aussi à d'autres divinités comme Titée.

Uranus eut des enfants mais il les haïssait. Dans sa *Théogonie*, Hésiode dit : « Car c'étaient de terribles fils que ceux qui étaient nés de Terre et de Ciel, et leur père les avait en haine depuis le premier jour. À peine étaient-ils nés qu'au lieu de les laisser monter à la lumière il les cachait dans le sein de Terre, et, tandis que Ciel se complaisait à cette œuvre mauvaise, l'énorme Terre en ses profondeurs gémissait, étouffait. »

Or, à l'origine il est confié une mission plus positive au Ciel :

« Terre, elle, d'abord enfanta un être légal à elle-même, capable de la couvrir tout entière, Ciel Étoilé, qui devait offrir aux dieux bienheureux une assise sûre à jamais. »

L'attitude de Ciel ne pouvait que susciter une révolte. Parmi ses enfants, trois, répondant aux noms de Titan, Océanus et Saturne (issus, suivant les versions, soit de Gé, soit de Titée), décident de se révolter. Après avoir vaincu Uranus, ils le castrent. Saturne s'empare des organes génitaux de Ciel avec sa main gauche qui demeure dans certaines traditions la main souillée. Ils mettent ainsi un terme définitif au règne d'Uranus. Celui-ci mourut soit de sa blessure, soit de chagrin.

Si l'on nous dit qu'Uranus meurt, c'est une mort toute relative puisqu'il intervient plus tard dans la mythologie pour aider sa fille Rhéa lors de la naissance de Jupiter. Uranus est également impliqué dans l'histoire des hommes, selon Diodore de Sicile il fut le premier roi des Atlantes.

• Rôle symbolique de l'uranien :

L'uranien reste en retrait de son environnement ou plus exactement il le repousse sinon dans le sein de Gé, tout au moins très loin de lui. Il éprouve le besoin de se protéger. C'est la recherche d'un équilibre personnel par un repli sur soi. L'uranien a besoin de cette distance psychologique, et parfois géographique, pour se retrouver. Cela ne va pas sans problème de communication : son attitude peut être interprétée comme du mépris ou de l'inhibition. Dans chaque situation, les interlocuteurs doivent faire un effort sur eux-mêmes pour ne pas voir dans les réactions de l'uranien une forme d'agressivité froide.

Il est vrai que parfois l'uranien peut se laisser aller à son inclination au repli et ne plus contrôler ce phénomène. Si on lui fait remarquer il ne le croira que difficilement car l'uranien aime contrôler les êtres et les événements. Toute information venant de l'extérieur, et ne recoupant pas ses propres réflexions, lui paraît bizarre, il est méfiant à l'égard de tout ce qui vient de l'extérieur. Il ne pourra donc croire que difficilement que son attitude soit inadaptée... Ce qui augmente son inadaptation.

Pour se réveiller l'uranien a besoin d'une révolte saturnienne, c'est-à-dire d'une réaction de protestation des gens qui l'entourent. D'autres fois il faut qu'il soit placé devant une situation où ses erreurs se révèlent irréfutablement à lui pour qu'il admette l'existence et l'intérêt d'autres points de vue.

Pourtant le repli de l'uranien n'est pas réellement un rejet, c'est une étape pour s'adapter et même communiquer, une étape nécessaire dans le développement de la mythologie. À cette étape, l'attention à l'autre commence à peine à s'éveiller. Afin de ne pas être heurté et de se sentir lui-même agressé, l'uranien adopte instinctivement cette stratégie de protection, ce qui le fragilise et accentue sa méfiance.

Uranus créait à tout va ! L'uranien profite de son isolement, de sa distance d'avec le monde pour entretenir une certaine originalité, une vie intérieure d'où peuvent naître des créations aux appli cations multiples. Mais l'uranien est un créatif qui a bien du mal à délivrer ses créations, à les communiquer à autrui. Il se livre et se confie difficilement.

Sa créativité ne se manifeste pas nécessairement par des brevets d'invention, avant tout il crée sa vie, il la personnalise, parfois trop et il devient alors celui qui veut tout contrôler, définir, fixer : c'est à ce moment que ce créatif devient stérile. Il n'accepte plus l'imprévu ou « l'étrangeté » de l'autre.

S'il crée un groupe, il veille à fixer les règles du jeu, car il est tenté par l'idée que ce groupe ne soit que le prolongement de lui-même, une nouvelle protection.

Parfois, il rejette la responsabilité de cette incommunicabilité sur les autres, leur incompréhension. On ne peut dire de l'uranien qu'il n'est ni émotif ni sensible, mais l'expression en est réduite. L'uranien est d'autant plus émotif et sensible qu'il comprime à l'intérieur de lui ses sentiments (Ah ! si Gé était là).

L'uranien est un grand mystère pour les autres et parfois pour lui-même. Il vit une fracture intérieure : s'exprimant peu de manière libre et authentique, il donne aux autres une image de lui souvent faussée... qu'il n'éprouve pas le besoin de corriger. Il est même possible que cette fausse image lui apparaisse comme une protection facile et l'encourage d'autant plus à accuser les autres d'incompréhension. Cette fracture intérieure engendre chez l'uranien un sentiment de malaise qu'il s'efforce de traiter... en solitaire.

Dans ses plus mauvaises expressions, l'uranien peut faire preuve d'intolérance et demeurer inaccessible à toute autre référence qu'à lui-même. L'adoption d'une telle attitude ne fait qu'intensifier la révolte saturnienne à venir. Par sa méconnaissance de l'autre l'uranien fait usage d'une communication dont l'impact est peut-être brutalement ressenti.

Tout l'enjeu de l'uranien est d'accepter de délivrer ses créations et de s'éveiller à l'autre.

Toutes ces complications rendent l'uranien nostalgique de lui-même, de sa simplicité.

Saturne

Avec Uranus nous étions à l'aube de la mythologie, d'où un nombre réduit d'éléments. Avec Saturne, la mythologie se développe un peu plus. Saturne est fils de Ciel et de Terre (ou de l'antique Vesta suivant d'autres traditions). Le problème est que Saturne n'est que le fils puîné d'Uranus. Après son «coup d'État», il obtient de son aîné, Titan, qu'il lui abandonne le pouvoir. Titan accepte mais pose une condition : que Saturne fasse périr toute sa descendance mâle, afin qu'après Saturne ce soit la postérité de Titan qui règne. On retrouve un comportement de destruction de la postérité, mais il n'est pas voulu par Saturne. Il s'agit plutôt d'un compromis. Bien entendu, pour la postérité, ce compromis semblera un peu radical...

Pour être sincère au plus profond de lui, Saturne n'est pas gêné par cette condition de Titan car sa mère Gé, et son père Uranus, au moment de mourir, lui ont prédit que l'un de ses fils le détrônerait. Ainsi l'intérêt personnel rencontrant la raison d'État... le conflit de générations promet une fois de plus d'être rude.

Saturne épouse Rhéa qui lui donne ainsi tous ses enfants mâles pour qu'il les dévore. Mais Rhéa réussit à cacher trois de ses fils, Jupiter, Neptune et Pluton. Tous les trois vont déclencher plus tard une révolte et feront subir à Saturne le même sort qu'il fit subir à son père Uranus. La mythologie n'hésite souvent pas à proposer plusieurs versions pour un même épisode, c'est la polyvalence du symbole.

Dans une autre version, Saturne prend seul l'initiative de renverser Uranus, sans l'aide de ses frères mais avec l'accord de Gé. Une nuit, il châtre son père. Le sang qui s'écoule de sa blessure tombe sur terre et donne naissance à une multitude de monstres. Dans cette version, Saturne ne partage pas le pouvoir avec Titan mais décide de maintenir ses frères dans l'abîme où Uranus les avait placés. Informé par Gé de l'éventuelle révolte de ses fils, il décide alors de les avaler.

Une évolution symbolique

D'Uranus à Saturne il faut constater un progrès symbolique de taille : Uranus maintient ses enfants dans le sein de Gé. Par contre, Saturne les conserve en lui-même. Il ne les croque pas mais les avale.

Avalage et croquage

Ces deux symboles sont fréquemment utilisés dans les descriptions initiatiques, dans les contes, les légendes, ou dans l'alchimie.

Le croquage est synonyme de destruction irréversible. L'ogre est un monstre qui détruit. Avec le croquage il y a destruction pure et simple, absence d'avenir.

Au contraire, avec l'avalage, il y a une promesse d'avenir et même de transformation. Bien sûr, dans un premier temps, il n'est jamais rassurant de se voir avaler. C'est d'ailleurs pour cela que la plupart des contes, des légendes, des mythes préservent cette notion de peur ou d'angoisse qui intervient au début de l'avalage, ce qui est bien compréhensible. On peut se rappeler Jonas avalé pendant trois jours par un monstre et qui en ressort particulièrement revigoré, prêt à porter partout la Parole de Dieu. Rappelons l'alambic en forme d'estomac qui permet à l'alchimiste, non de détruire la matière première lors de l'œuvre au noir, mais d'en préparer la sublimation par l'œuvre au blanc et l'œuvre au rouge. Souvent des initiés ou des héros disparaissent comme avalés dans des grottes, ou des endroits mystérieux, endroits dont ils ressortent finalement régénérés. On pourrait citer les descentes aux Enfers de Dionysos ou d'Hercule. Plus proche de notre culture, il faut considérer que l'Enfer ne « croque » pas mais « avale » le Christ lui permettant... la Résurrection.

Avec Uranus c'est « *no future* ». Avec Saturne, le futur existe mais il faut passer par une phase de transformation qui n'est pas toujours ressentie agréablement.

Le Temps

En Grèce, Saturne est désigné comme Kronos : le Temps.

L'avalage de ses enfants est alors conçu comme une allégorie du temps qui absorbe tout. La révolte de Jupiter contre son père aboutit à l'enchaînement de Kronos. Le temps est soumis à ses fils parce que la mythologie invite à transcender le temps et les apparences.

Euripide donne à Saturne un fils au nom d'Aïon, « durée ».

Le plus souvent, Kronos est représenté avec un voile sur le visage et portant une faux.

Les Saturnales

Saturne, renversé par Jupiter, se réfugie dans le Latium où il fait régner un âge d'or fait de justice et de paix. C'est en souvenir de cette période que l'on fêtait à Rome, à partir du 7 décembre, les Saturnales. Durant cette période, les maîtres n'avaient plus pouvoir sur les esclaves qui pouvaient alors agir en toute liberté. Les tribunaux, les écoles étaient en vacances. On n'exécutait pas les criminels. Les gens en profitaient pour s'offrir des cadeaux et s'inviter mutuellement.

Un tel symbolisme de la fête n'est pas étonnant car il s'agit bien là du Saturne vaincu, mais vaincu au sens mythologique du terme, c'est-à-dire dépassé et amélioré, comme nous allons le voir dans la lecture symbolique.

• Rôle symbolique du saturnien:

À la différence de l'uranien le saturnien accepte les autres... mais uniquement dans son estomac. Le saturnien tolère l'expérience de la vie, la rencontre de l'autre mais il a besoin de les digérer, de méditer, de les transformer avant de les restituer sous forme de communication et de participation à la vie. Tout cela demande du temps et crée des malentendus. Ce besoin de réflexion se paye en absence de spontanéité.

Le saturnien est un secondaire qui s'intègre difficilement dans le système de valeurs d'une société qui met l'accent sur la vitesse et l'extraversion. C'est un méditatif mais certaines personnes interprètent différemment cette attitude; comme pour l'uranien, on y verra un refus de l'autre, du mépris ou de la froideur. Et si le saturnien se fait critiquer pour son attitude, il lui faudra, pour s'expliquer et se justifier... du temps! Il a besoin qu'on lui fasse confiance dans ses silences et qu'on ne le condamne pas pour ses réactions à contretemps.

Pourtant le saturnien peut exagérer et se prélasser dans son propre estomac. Alors toute forme d'action, d'engagement, de communication lui apparaît trop contraignante. C'est à ce moment que le saturnien peut verser dans la misanthropie. D'autres fois, il est victime de lui-même et devient un inhibé. Il se retrouve alors prisonnier, incapable de passer à l'épisode suivant de l'éveil de sa conscience: l'épisode jupitérien.

Le saturnien crée beaucoup moins que l'uranien, mais sa capacité à transformer les informations venant de l'extérieur lui assure sinon une créativité échevelée au moins une capacité à les personnaliser et les remodeler. C'est pour cette raison qu'il n'est guère influençable. Il ne réagit pas de manière immédiate aux éléments extérieurs, il les traite puis les rend après les avoir digérés. Il en tire une force de caractère, de la stabilité et, dans les mauvais cas, de la sclérose. C'est alors qu'il refuse de « rendre » ce qu'il a digéré. Il devient peu ouvert aux idées nouvelles. Parfois le saturnien a besoin de toute une vie pour digérer un principe ou une éducation, c'est pour cette raison qu'il restera aussi longtemps fidèle à ses principes. Il en découle nécessairement une rigidité de pensée et de comportement. Le saturnien espère une révolte jupitérienne tout en la redoutant. Alors... il y réfléchit.

Jupiter

Jupiter marque une étape déterminante.

Avant lui, nous avons des dieux fondamentaux, primordiaux, qui sont à tout point de vue très éloignés des hommes. Saturne représente une étape intermédiaire, notamment avec l'épisode du Latium. Avec Jupiter s'ouvre une ère de communication entre les dieux et les hommes.

Jupiter est fils de Saturne et de Rhéa. Nous connaissons la mauvaise habitude à l'égard de ses enfants de Saturne, marqué par un esprit possessif !

Saturne a déjà avalé plusieurs de ses enfants quand Rhéa en a assez et décide de lutter contre cette forme d'avortement forcé. Elle supplie ses parents, Gé et Uranus (qui n'est pas vraiment « mort » donc, et qui n'a pas si mauvais fond), de former avec elle un plan pour enfanter tranquillement Jupiter. Ils l'aident et c'est Gé qui cache provisoirement en son sein Jupiter. Dans une autre version, Rhéa se réfugie en Crète où elle donne naissance et à Jupiter et à Junon.

Mais Saturne retrouve les enfants et décide de les avaler. Dans certaines versions, il avale effectivement Junon. Par contre, Rhéa réussit à faire avaler à Saturne (au sens figuré également) une pierre entourée de langes à la place de Jupiter. Jupiter passe une douce jeunesse en Crète. Il est choyé par deux nymphes (les Mélisses) du nom d'Adraste et d'Ida. Elles le nourrissent avec le lait de la chèvre Amalthée et le miel du mont Ida. Adolescent, il fait connaissance d'une déesse du nom de Prudence (Métis). Sur son conseil il fait avaler à Saturne un breuvage qui a pour effet de lui faire vomir les autres enfants avalés... et même la pierre !

Jupiter s'allie alors avec ses deux frères, Neptune et Pluton. Gé prédit à Jupiter sa victoire à condition qu'il délivre ceux des Titans qui sont enfermés et réussisse à les convaincre de se rallier à lui, ce qu'il fait. Une fois réparties les alliances, il faut s'armer.

Ce sont les Cyclopes qui tiennent le rôle de fournisseurs : à Jupiter, l'orage avec l'éclair et la foudre, à Pluton un casque d'invisibilité et à Neptune une sorte de trident.

Après une terrible bataille, Jupiter renverse Saturne et le bannit. Comme de nombreux dictateurs, il finit à l'étranger, dans l'âge d'or du Latium. Ceux des Titans qui ont soutenu Saturne sont renvoyés de nouveau dans les Enfers sous la garde de la race des Géants.

Après cela, on se répartit la responsabilité de la Création. Cet épisode est présenté comme un tirage au sort entre les trois frères, mais comme chez les dieux le hasard est moins hasardeux que chez les hommes c'est quand même à Jupiter qu'échoit le Ciel. Neptune reçoit les Eaux, Pluton les Enfers (bien différents de l'enfer chrétien comme nous le verrons).

Il s'agit d'un vrai partage donnant une réelle autorité à chacun des frères. Ainsi dans *L'Iliade* nous voyons Neptune réagir lors d'un différend avec Jupiter :

« Ah ! Quelle que soit sa valeur, il a parlé avec arrogance, comme si, moi qui l'égale en dignité, il allait me retenir de force. Nous sommes trois fils de Kronos, trois frères qu'enfanta Rhéa : Zeus, moi, et le troisième est Hadès qui règne sur les morts. On fit trois parts de l'Univers, et chacun obtint sa dignité. Il m'échut d'habiter toujours la mer blanchissante, quand nous fîmes jaillir les sorts ; à Hadès échurent les ténèbres brumeuses, à Zeus échut le vaste ciel, dans l'éther et les nuées. La terre est encore commune à tous, ainsi que le vaste Olympe. »

Plus tard les attributions se préciseront.

Mais à leur tour les Géants, fils de Ciel et de Terre, se révoltent. Ce sont des monstres. Certains ont jusqu'à cent bras et cinquante têtes, des jambes et des pieds en forme de serpent. Jupiter doit donc de nouveau lutter contre des rejetons de Ciel qui tentent d'escalader l'Olympe. Un oracle lui prédit la victoire à condition qu'il s'allie avec un mortel : ce sera la promotion d'Hercule et par lui de toute la race humaine. Ainsi qu'il était promis Jupiter triomphe et les Géants vaincus sont enterrés.

Jupiter est un dieu séducteur. Non seulement de déesses mais aussi de mortelles. Ses enfants, des unes et des autres, sont élevés parfois au rang de dieux ou de demi-dieux.

Selon Hésiode, Jupiter eut sept épouses divines : Métis, Thémis, Eurynone, Cérès, Mnémosyne, Latone et enfin sa propre sœur, Junon, qui fut sa dernière et plus célèbre épouse.

Distinguons deux niveaux dans les aventures amoureuses de Jupiter :

Déesses et mortelles

Ses rapports avec des déesses ou même des mortelles sont l'occasion pour lui d'intervenir dans le développement de la mythologie. Chacune de ses « rencontres » et de ses rejetons permet d'exprimer un aspect de Jupiter.

Faisons une place à part à Métis la Titanide. Cette déesse de la prudence et du discernement rencontra Jupiter alors qu'il était adolescent. Ici la mythologie de Jupiter rejoint un symbole commun à Saturne et Uranus : on lui prédit que s'il a un enfant de Métis, celui-ci sera un fils au cœur violent qui deviendra roi des hommes et des dieux. Jupiter préférant ne pas laisser la Création aux mains d'un cœur violent décide d'avaler Métis afin que la déesse lui fasse « connaître ce qui lui serait heur ou malheur » : l'avalage n'empêche pas des relations cordiales...

Junon

Jupiter et Junon forment ensemble un couple au statut particulier : celui de couple primordial (ou de « nouveau couple primordial » à ce stade de développement de la mythologie). Dans certaines versions, on dit que Jupiter aurait émané sa parèdre Junon. On attribue à Orphée les paroles suivantes : « Jupiter est l'époux et l'épouse divine. »

Les nombreuses scènes de ménage entre Jupiter et Junon sont à l'origine du développement de plusieurs mythes. Jupiter n'est pas un dieu qui peut, comme ses aïeux, bloquer la situation. Il est constamment dérangé par Junon. C'est un symbole supplémentaire du partage de l'autorité sur la création.

Jupiter est bien plus proche des hommes que Saturne et Uranus. Dans la mythologie, c'est le premier à partager du pouvoir avec ses frères et à accepter sa progéniture. Avec lui, la Création se développe. C'est un grand organisateur qui crée son propre gouvernement. Avant lui les divinités sont dans des lieux indéterminés. Jupiter est le premier à localiser les différents centres de pouvoir. Ainsi, il fixe son palais présidentiel sur l'Olympe ou l'Empyrée.

Jupiter affirme son pouvoir et sa maîtrise sur les différentes générations précédentes : les Géants, fils de Ciel et de Terre ; les Titans, fils de Ciel et de Titée, et Saturne lui-même. Il symbolise le dépassement de ces étapes.

Film : Jupiter et « 2001, l'Odyssée de l'Espace »

On pourrait rapprocher ce développement de la conscience du monolithe noir de *2001, l'Odyssée de l'Espace* de Stanley Kubrick. Ce monolithe semble inspirer dès l'aube de l'humanité les singes-hommes ou hommes-singes.

Dans un premier temps cette inspiration se manifeste par une meilleure utilisation de l'environnement, notamment d'un os en forme d'arme. Cette première réalisation est brutale et barbare, mais elle est surtout la rencontre de l'homme et de son environnement. Quelques secondes plus tard, le film nous montre comment cet élan barbare aboutit à la création d'une immense station orbitale autour de la Terre. Ce monolithe noir sera également trouvé sur la Lune. Bientôt on s'aperçoit qu'il émet des signaux vers... Jupiter, qui semble ainsi mystérieusement lié à l'évolution de la conscience humaine.

- **Rôle symbolique du jupitérien :**

Le jupitérien aime organiser, harmoniser et concilier les contraires. À défaut d'avoir la responsabilité de toute la création le jupitérien recherche son petit Olympe. Le gentil jupitérien cherche à gouverner pour le bon plaisir de son environnement. Il accepte d'assumer des responsabilités, voire des risques, devant lesquels d'autres se déroberaient. Il aime partager et déléguer. Mais parfois il s'énerve et emploie ses foudres à tort et à travers : il se prend alors pour Jupiter. Il ne consulte plus les autres pour prendre ses décisions mais s'estime capable de comprendre tous les points de vue et les opinions sans même consulter son environnement. Le jupitérien devient autoritaire, voire tyrannique. Il confond son bon plaisir et celui des autres. L'exercice du pouvoir le corrompt. Il recherche dans le pouvoir le plaisir de la domination plus que le développement d'un projet.

Parfois pour sauvegarder son autorité le jupitérien est tenté de bloquer l'évolution d'une situation ou d'un partenaire. Il préfère maintenir une situation qu'il connaît sur laquelle il a autorité plutôt que de permettre un changement aventureux. Le jupitérien se fait alors vieux et conservateur. Il risque de susciter une révolte des dieux qui l'entourent (vous et moi).

Contrairement à l'uranien et au saturnien, le jupitérien est porté naturellement vers l'extérieur. Il a une grande capacité de dialogue et d'intervention sur les événements. Il bénéficie d'une largesse de vues qui fait de lui un conseiller avisé pour les autres... et pour lui-même. Il ne se laisse pas engloutir par les problèmes mais sait toujours garder la tête hors de l'eau. Cette attirance vers l'extérieur peut lui jouer un mauvais tour. Il en oublie ses bonnes résolutions de faire régner la sagesse et l'harmonie et se complaît seulement dans les apparats du pouvoir. Il survalorise l'extérieur.

Ce joueur adroit qui sait travailler sur les règles, les faire respecter devient alors un simple pion. Il se pavane dans les apparences... avec un panache divin. Il confond verni et illumination. Sa sagesse devient mondaine. Cela rappelle une phrase de Woody Allen dans *Stardust Memories* : « Si je devais me comparer à un dieu, je ne serais pas Narcisse, non, Jupiter. »

Le jupitérien n'hésite pas créer des projets sur le long terme au travers d'un groupe ou d'une institution. Tout cela lui donne l'occasion d'exprimer ses dons. Encore faut-il que le jupitérien ne confonde pas la fin et les moyens. Sinon ses réalisations risquent de n'être qu'un prétexte à assouvir un besoin d'autorité et même d'établissement.

Le jupitérien bénéficie d'une hauteur de vue, d'un recul à l'égard des événements qui lui permet de prévoir le développement naturel des situations. Cette hauteur de vues peut engendrer un comportement de désintéressement ou en tout cas d'impartialité. Il se construit alors une vie dont il sait tirer ses aliments spirituels.

Histoire d'une conscience

À ce stade de l'histoire mythologique, récapitulons :

– **Uranus** retient les éléments de la Création le plus loin possible de lui : en Gé.

– **Saturne** retient en lui : c'est déjà un peu plus l'acceptation de l'autre.

– **Jupiter** avale et collabore avec ce qu'il a avalé : la conscience s'enrichit.

OU ENCORE

– **Uranus** tue en lui et en l'autre.

– **Saturne** tue en lui et pas en l'autre,

– **Jupiter** vit et fait vivre.

MAIS AUSSI...

– **Uranus** méconnaît en méconnaissant les autres.

– **Saturne** se méconnaît plus qu'il ne méconnaît les autres.

– **Jupiter** connaît tout le monde !

Comme toutes les formules tranchantes, il vous appartient de les nuancer et de les adapter. Elles sont aussi tranchantes et définitives que les sentences d'Uranus ou de Saturne parce qu'elles ne sont pas vôtres. À vous de les adapter. Devenez Jupiter en sauvant ces formules !

Neptune

Neptune (le Poséidon grec) est fils de Saturne et de Rhéa, frère de Jupiter et de Pluton. Selon une version, Neptune n'aurait pas été avalé par Saturne à qui on aurait donné un poulain à la place.

Neptune et Océan

Avant d'aller plus loin dans la mythologie de Neptune, étudions sa relation au dieu primordial Océan.

Océan est un frère de Saturne. C'est le premier dieu des Eaux. Cette notion de maîtrise des Eaux dépasse la notion du simple liquide. En fait, dans la mythologie, Océan est considéré comme le père de tous les êtres. Plus tard, on transférera cette maîtrise à Neptune. D'ailleurs, dès le début, Océan joue comme un double jeu entre Saturne et Jupiter. C'est lui qui va protéger Junon de l'avalage saturnien. Celle-ci ne sera donc pas avalée et apparaîtra égale en dignité avec son futur époux divin, Jupiter.

Pour les Anciens, Océan « entourait » la Terre, c'est-à-dire toute la Création. Ce n'est donc pas un liquide mais quelque chose de subtil dans quoi semble baigner la Création : l'éther des anciens ?

Océan représente les différents plans de réalité de la Création. Cette notion est peu coutumière à notre culture moderne mais progressivement on constate la résurgence de ces « plans subtils » comme sujet digne d'intérêt : travaux du Dr Fontaine sur les différents corps ; travaux de Grof sur la réalisation d'états de conscience différents en psychologie transpersonnelle ; travaux du Dr Moody etc.

Y a-t-il un lien mythologique entre Océan et Neptune ? Bien sûr la mythologie veille : Neptune eut parmi ses épouses Amphitrite, fille de Doris et Énée (frère et sœur) et tous deux enfants... d'Océan et Thétis.

Dans *L'Iliade* Homère insiste sur le statut particulier du couple Océan/Thétis. Ainsi Junon dit : « Je vais voir, aux extrémités de la terre nourricière, l'Océan, origine des dieux, et leur mère Thétis, qui, dans leur demeure, m'ont bien nourrie et choyée. »

La mythologie précise que désormais Océan et Thétis n'ont plus de rapport : ils passent vraiment la main à Neptune. D'ailleurs, revenons à Neptune...

Neptune est parfois un dieu apaisant. Il calme les tempêtes, les inondations, il aide les navires bloqués dans les récifs ou ceux qui sont ensablés. C'est un dieu qui stabilise. Cet adjectif de « stable » est souvent apposé à son nom.

Mais s'il sait stabiliser, il sait également ébranler, et pas seulement la mer. Dans la *Théogonie*, Hésiode désigne ce dieu comme « maître de la terre et ébranleur du sol ». Cette notion est reprise par Homère.

Neptune intervient dans de nombreux mythes. Ainsi c'est lui qui stabilise l'île de Délos pour permettre la naissance tranquille d'Apollon. Il fixe aussi les écueils mobiles qui menacent les Argonautes. Mais ce stable est également capable de souplesse. Avec Jupiter, il est le dieu qui a le plus de métamorphoses, la plupart du temps pour courtiser. Il se transforme en bélier, en cheval, en oiseau, en taureau, en dauphin et plus « classiquement » en fleuve.

Sa principale épouse fut Amphitrite. Au début, cette nymphe refuse les avances de Neptune et se cache. Neptune demande alors à un dauphin de la retrouver. Il y parvient, au pied du mont Atlas, et réussit à persuader la nymphe d'accepter la proposition de Neptune. Pour récompenser le dauphin, Neptune le place dans le ciel. C'est ainsi, de mythe en mythe, que le ciel se peupla de constellations surnaturelles.

Neptune ne reçoit pas pour maîtrise uniquement les océans, mais les eaux dans leur ensemble. Les Neptunalias ont lieu le 23 juillet. Ces fêtes de Neptune sont célébrées au moment des grandes chaleurs, quand toute la nature a besoin de l'eau pour vivre.

Parfois Mercure est associé au culte de Neptune, et se trouve alors spécialisé dans les eaux vives. Un auteur grec, Aristide le Rhéteur, donne une version plus large des attributions de Neptune, nous rapprochant, à coup sûr, de notre ancêtre Océan : « Poséidon est l'essence humide qui provoque la naissance des dieux. Il est la nourriture et la vie de tout ce qui est divin, et de la partie qui est en bas. Tout ce qui participe à la génération vient de lui et y retourne après la destruction. »

Dans le *Cratyle*, Platon rapproche le mot « Poséidon » de deux termes : Polleïdon (celui qui sait tout) et Poteïdon (le maître de la terre). Pourtant, malgré ce dernier qualificatif, Neptune n'a guère de succès dans ses tentatives d'acquisitions terrestres. L'épisode le plus connu est celui qui l'oppose à Athéna/Minerve pour la possession de l'Attique, chacun doit faire un don utile à la cité : Neptune cherche à affirmer sa propriété en plantant son trident dans l'Acropole d'Athènes où se forme un peu d'eau... salée. Athéna plante à côté du pied un olivier. L'Olympe doit rendre alors un arbitrage. Jupiter reste neutre mais tous les dieux soutiennent Neptune et toutes les déesses Athéna : l'Attique revient à Athéna (car les déesses devaient être plus nombreuses).

Notons en passant que « pour faire plaisir à Neptune », on priva les femmes d'Attique... du droit de vote et qu'il fut interdit aux hommes de porter le nom de leur mère. Mais peut être ces deux dernières conséquences n'étaient-elles qu'une récupération de la mythologie par la gent masculine...

Neptune aura une belle progéniture. Entre autres le fameux Pégase et le bélier Chrysomelle, celui de la Toison d'or.

L'Atlantide

Nous avons vu que dans certaines traditions Uranus était présenté comme le premier roi des Atlantes. Saturne lui-même se rapprocha des hommes avec son règne dans le Latium. Neptune est désigné, notamment par Platon, comme le dieu principal des Atlantes. Selon cet auteur, le sanctuaire du dieu se trouvait au centre du continent englouti. La disparition de ce continent valut à Neptune la perte de sanctuaires, comme celui de Delphes qui revint à Apollon... Neptune se replia exclusivement sur les Océans, mais il aurait eu dans cette civilisation un rôle mythologique prépondérant justifiant alors des titres suprêmes correspondant au Polléidon et au Poséidon grecs.

Eau, éther ou vibrations?

Centrer le débat sur l'eau, c'est prendre appui sur l'élément matériel qui nous est le plus accessible pour comprendre les attributions neptuniennes. Mais ce serait une erreur de vouloir limiter Neptune à la notion d'eau. Il faut rejoindre des notions plus traditionnelles, comme l'éther, ou plus actuelles, la vibration.

Le frère de Jupiter incite chacun de nous non pas à constater de manière passive qu'il existe d'autres plans de réalités, mais à y participer de manière plus consciente.

Film: « Solaris »

Dans ce film de Tarkovski, Solaris est une planète constituée exclusivement d'un océan. Or cet océan correspond avec les Terriens de la station orbitale en suscitant des « fantômes » qui ont toute l'apparence de la réalité et qui appartiennent parfois à la vie passée de ces habitants de la station. Ce mode de communication devient en même temps un « déstabilisateur » de réalité et parfois... de psychologie. Le personnel de la station chavire dans les différents plans de la réalité.

• Rôle symbolique du neptunien:

Qu'il est difficile pour le neptunien de se limiter à une seule dimension de la vie ! Il ne peut se contenter d'un royaume terrestre où il apparaît maladroit. Il lui faut vivre la synthèse de plusieurs dimensions, les faire se communiquer et s'enrichir. Mais quelles sont ces dimensions ? Elles peuvent prendre plusieurs formes: le rêve, l'imagination, un idéal, l'intuition, une vie spirituelle ou mystique, l'accession à des états de conscience différents, la dimension psychologique ou psychanalytique, etc. Le neptunien a besoin d'une valeur, d'une finalité, qui donne un sens différent à la situation qu'il vit sur le moment. L'avenir, les lendemains et leurs promesses peuvent également être une forme d'« autres dimensions » pour le neptunien. Il prend plus de plaisir dans l'aventure des synthèses et des idées novatrices que dans la mise au point ultime d'un projet.

Mais parfois le neptunien s'embrouille dans ses différentes dimensions et se déstabilise lui-même. Il devient confus et chimérique. Il n'est plus alors l'homme des synthèses mais celui de l'isolement dans une chimère. Il perd toute référence stable... et toute tentative pour lui expliquer la situation risque de se heurter au fait qu'il verra dans cette intervention une critique, une tentative de l'emprisonner dans une seule et unique dimension : il est incompris et rejeté.

Le neptunien est accessible à une foule de sentiments et d'impressions, mais il lui faut faire le tri et opérer une maîtrise. Dans le cas contraire il est submergé par un flot d'impressions qui ne lui sont d'aucune utilité.

Tout ce qui précède fait comprendre que le neptunien est capable d'approfondir ou d'apporter une lumière originale sur certains sujets ou situations. Sa mobilité ou sa souplesse d'esprit lui permettent une approche originale. Il sait rapprocher des idées ou des individus appartenant à des domaines différents. Dans les meilleurs cas il sait interpréter et même traduire ses intuitions ou ses impressions, et les rendre accessibles et utiles aux autres. Le neptunien a besoin d'avoir dans sa vie un souffle qui lui permette de dépasser la perspective de l'horizon.

Pluton

Pluton est donc le frère de Jupiter et de Neptune. Comme les autres enfants de Saturne il est avalé par son père, (dans de rares traditions il ne l'est pas).

Pluton a participé avec ses frères à la révolte qui a permis de renverser Saturne et les Titans. Nous avons vu qu'à la suite de cette révolte il y a partage de la création entre les trois frères. Ce partage n'est pas conflictuel. Il s'agit pour la première fois d'un consensus politique ou mythologique. Bien sûr, ce partage accorde une prééminence à Jupiter, mais cela n'empêche pas une étroite collaboration entre les trois frères pour maintenir l'équilibre et le développement de la création, à l'intérieur de la famille divine, pour le bien de la race humaine.

À l'issue de ce partage, Pluton se voit attribuer les Enfers. Pour nos esprits modernes, une confusion existe souvent entre les Enfers antiques, ceux de Pluton, et l'enfer chrétien. Cette confusion est à l'origine de toute l'orientation funèbre et triste de notre compréhension moderne de Pluton.

Les Enfers et l'enfer

L'enfer (l'*infernum* / « inférieur », « lieu d'en bas », des chrétiens) est une région terrible. Cet au-delà n'a été que tardivement décrit avec précision et luxe de détails plus ou moins sordides, notamment par saint Thomas d'Aquin au XIIIe siècle.

C'est dans ce lieu que les damnés, les âmes qui ont péché, reçoivent leur punition. Il est inutile de s'attarder sur le fait de plus en plus évident qu'avec l'évolution des mœurs et des consciences cet enfer terrible pose question à la conscience chrétienne. Ainsi il m'est arrivé un jour de m'entendre dire d'un responsable de catéchuménat :

« Il est vrai que l'enfer est une région qui s'accommode mal avec l'amour chrétien et la miséricorde divine. Mais après tout... le fait qu'il y ait un enfer n'implique pas nécessairement qu'il y ait qui que ce soit dans cet enfer, souhaitons même qu'il soit totalement désert ! »

Tout cela n'a rien à voir avec les Enfers de Pluton. Les Enfers sont des lieux multiples, où les âmes descendent après leur mort, ou plus précisément après leur décorporation c'est-à-dire après qu'elles se sont détachées des liens du corps, grâce aux opérations de Mercure, pour y accomplir ce que nous pourrions appeler un travail de transformation.

Il n'y a donc pas ici d'intervention « judiciaire » divine sous forme de punition ou de récompense.

On distingue quatre grandes régions dans les Enfers :

L'Érèbe

Là se trouve le palais de Nuit, du Sommeil et des Songes. On y trouve des personnages aussi agréables que Cerbère ou les Furies. C'est dans cette région incertaine que l'on voit les fantômes des hommes sans sépulture. L'Érèbe est d'une certaine manière l'antichambre des Enfers. On y trouve le frère de Sommeil : Mort (Thanatos). Notons le fait que la mort ne franchit pas l'Érèbe et que le dieu de la mort, Thanatos, ne peut être identifié à Pluton. Nous y reviendrons ultérieurement.

Cette région de l'Érèbe est une région effrayante, ne serait-ce que par son climat général d'incertitude. Nous pourrions rapprocher l'Érèbe du tunnel dans lequel tombe Alice.

L'Enfer

C'est ici que se trouvent les « méchants » qui doivent expier des fautes. Plus tard le christianisme se spécialisera dans cette région. En fait c'est en ce lieu que la personne va devoir « travailler » sur ses défaillances, non pas pour y recevoir une quelconque punition, mais bien pour évoluer.

Les Enfers plutoniens sont un vaste atelier de travail intérieur beaucoup plus qu'une simple maison de correction.

Le Tartare

On précise souvent que cette région se trouve au-delà de l'enfer, c'est-à-dire du lieu précis où l'on travaille sur soi et ses défauts. Pour être honnête, il faut bien reconnaître que c'est une zone plutôt réservée. On y retient prisonniers exclusivement des hôtes de marque : les Géants, les Titans, les dieux anciens qui furent chassés par la génération des Olympiens. Car il y a dans la mythologie un renouvellement, un développement, qui amène un dieu ou des dieux à en renverser d'autres.

Toutes ces successions de révoltes et de combats ne sont bien entendu qu'allégoriques. Il s'agit de nous montrer comment une étape conduit à une autre étape. D'ailleurs nous avons déjà vu ce processus : le dieu Océanos et la déesse Thétis, arrivés à un certain moment, ne procréent plus et vont passer la main aux Olympiens et plus spécialement, pour Océanos, à Neptune.

C'est dans le Tartare que se trouve le palais de Pluton. Cette région permet donc aux dieux de rester entre eux.

Les Champs-Élysées

Cette quatrième et dernière région des Enfers est un peu l'équivalent de notre Paradis. C'est donc l'envers de l'enfer, et il s'agit ici de recevoir des récompenses. Nous pourrions dire en termes beaucoup moins moralistes qu'il s'agit tout simplement pour l'âme de travailler, de mieux comprendre ce qu'elle a pu réussir de positif lors de son incarnation, et d'en tirer quelques « satisfactions ».

C'est peut-être une région où l'âme est en mesure de recevoir certains « dons ».

En termes de région ou de pouvoir on peut dire que Pluton préside à la mort mais ne s'identifie en aucun cas à elle ; il préside également au sommeil et à son cortège de songes ; il est responsable de l'enfer et du paradis où vont les âmes afin de pouvoir travailler avant de se réincarner ; et enfin il a sous sa responsabilité le Tartare où gît le passé divin.

Dans le paysage de ces Enfers, l'âme suit son itinéraire précis, un voyage *post mortem* qu'il convient ici de préciser.

Dans un premier temps l'âme, ou plus exactement l'âme incarnée, est frappée par la mort. Le dieu de la mort est Thanatos. C'est un dieu lugubre, dont nous verrons plus tard les liens étroits avec Saturne. Il est souvent confondu, surtout dans notre compréhension chrétienne, avec Pluton. Mais ce brave Thanatos ne fait que mettre un terme à l'incarnation. L'âme est alors conduite dans les Enfers par Mercure qui a pour fonction non seulement de défaire les derniers liens entre le corps et l'âme, mais également de conduire à bon port l'âme dans les Enfers, en lui faisant notamment franchir l'Érèbe. C'est la fonction « psychopompe » de Mercure de guide de l'âme à travers des étapes de la mort.

Cette notion d'âme guidée sur un itinéraire après la mort se retrouve dans des ouvrages tels que *le Livre des morts tibétain* ou encore les manuscrits présentés comme *le Livre des morts égyptien*.

Une fois arrivées, les âmes se dirigent vers l'enfer ou vers le paradis, pour y travailler.

Les Enfers plutoniens ne sont pas des lieux où l'on se contente de recevoir soit des coups de fouet, soit des bonbons, c'est un véritable lieu de travail sur soi. Une fois ce travail réalisé, l'âme va quitter les Enfers et être prise en charge par un déesse lunaire, Hécate, que nous retrouverons plus tard. Cette déesse élève l'âme vers la Lune afin de préparer sa prochaine réincarnation sur terre.

Après ce petit voyage au travers de la mort, il est intéressant de regarder de plus près la personnalité de Pluton.

Il est fils de Saturne et de Rhéa. Il joue un rôle très important dans la révolte jupitérienne. Mais après avoir reçu les Enfers, il participe peu à la mythologie.

Pluton est non seulement laid mais encore sa demeure (le Tartare et non l'ensemble des Enfers) est réputée pour être peu gaie. Aussi a-t-il des difficultés à trouver une compagne. En désespoir de cause, il décide d'enlever Proserpine, fille de Cérès et de Jupiter.

Cérès est une fille de Saturne. Elle a pour principale attribution l'art de cultiver la terre, de semer, de récolter le blé, de faire du pain, etc. Ce rapprochement avec la déesse de la Terre n'est pas très étonnant puisque Pluton maîtrise ce qui est « sous » la Terre et Cérès cherche à récupérer sa fille en intercédant auprès de Jupiter. Celui-ci accepte sans difficulté d'exiger le retour de Proserpine mais à condition que celle-ci n'ait rien mangé aux Enfers. Or... c'est déjà trop tard! En effet, Proserpine a déjà mangé six pépins de grenade. La grenade, en symbolisme, est liée à la notion de mariage.

Cela signifie que Proserpine est depuis trop longtemps dans ce lieu pour y être désormais tout à fait étrangère. Son geste désigne une forme d'adhésion de sa part à ce lieu. Certaines versions nous disent que c'est Mercure qui lui fait manger ces pépins de grenade.

On dit que Proserpine dut rester définitivement aux Enfers. D'autres fois que tout le monde finit par trouver un compromis, et qu'elle dut «seulement» rester six mois de l'année aux Enfers, revenant six mois par an avec sa mère.

Le couple Pluton-Proserpine est considéré comme présidant aux Enfers mais également à la terre qui germe. C'est une parenté symbolique avec Cérès. Dans certaines populations les cultes rendus à Pluton et à Proserpine n'étaient pas des cultes à dominante infernale, mais agricole...

On confond parfois, notamment en astrologie moderne, Pluton et le dieu allégorique Plutus, fils de Cérès et de Jasion. Il est le dieu des richesses et des trésors souterrains, le plus souvent placé parmi les dieux infernaux. Il est représenté comme un vieillard avançant à pas lents mais s'en retournant avec des ailes : en effet les richesses sont bien dures à acquérir et si faciles à dépenser!

L'autorité de Pluton est grande. Il est le seul, même comparé à Jupiter ou à Neptune, à n'être victime d'aucune insubordination de ses sujets. C'est un dieu redouté, qui n'est l'objet, en tant que divinité infernale, de pratiquement aucun culte.

Il n'y avait presque aucun temple ni autel qui lui était consacré. Ce qui n'empêchait pas les rituels funéraires d'être importants.

On retrouve cette peur d'évocation dans la treizième lame du tarot, qui ne porte aucun nom.

Pluton ne juge pas, il se contente d'administrer les Enfers. Ce n'est donc pas un dieu vindicatif ou intervenant directement dans les affaires humaines. Quand les âmes arrivent aux Enfers, elles sont jugées par les trois juges infernaux: Rhadamanthe, Éaque et le plus important, Minos. Tous trois sont d'ailleurs des fils de Jupiter, élevés à cette fonction pour avoir mené une vie d'équité sur la terre. Une fois de plus on peut constater qu'il n'y a aucune conception maléfique des Enfers..

La mort et Thanatos

L'interprétation moderne a beaucoup desservi Pluton. Il est vrai que nous vivons dans une culture qui a banalisé et même aseptisé la notion de mort.

De la même façon que Pluton ne juge pas, Pluton ne tue pas, il n'est pas directement et uniquement lié au processus de la mort, mais au processus de la transformation *post mortem* de l'âme.

La mort, c'est Thanatos, fils de Nuit (qui l'a conçue sans l'aide d'aucun autre dieu) et frère de Sommeil (Hypnos).

Dans des versions on nous présente Thanatos posté à la porte des Enfers. Il se contente de pénétrer dans le royaume des vivants et de procéder aux opérations nécessaires pour permettre à l'âme de descendre aux Enfers. Ce dieu à l'aspect terrible est bien plus redouté encore que Pluton. D'ailleurs, les humains évitaient même de prononcer son nom. Ici nous rejoignons l'absence de nom de la lame treize du tarot, qui doit être identifiée à Thanatos plus qu'à Pluton. Thanatos est toujours présenté de manière odieuse : il a un cœur de fer, des entrailles d'airain, un visage triste, est souvent couvert d'un voile et tient une faux à la main.

Cette description n'est pas tout à fait innocente car on retrouve ici un certain nombre d'attributs, notamment la faux, appartenant à Saturne/Kronos. Mais la chose s'explique aisément : Saturne/Kronos est le temps, la durée. Il est la dimension temporelle dans laquelle doit évoluer l'âme. Elle vit et meurt dans le temps. Il y a corrélation étroite entre ce dieu « passeur » qu'est Thanatos et Saturne/Kronos. Ceci est d'autant plus évident qu'au moment où Pluton devient maître des Enfers, Saturne a perdu tout pouvoir sur la totalité de la création. On peut donc penser qu'il s'agit-là, sinon de Saturne/Kronos lui-même, tout au moins d'un dieu qui lui reprend un certain nombre d'attributions spécifiques ainsi que son apparence.

En fait Thanatos « tue », il est la fin de l'incarnation. Il ne la provoque pas mais la signale. Mercure peut alors défaire les liens de l'âme et du corps et entame sa fonction de guide.

L'initiation

Mais il y a une autre forme de mort avec laquelle nous semblons avoir perdu tout contact dans notre culture : l'initiation. Par « initiation » nous ne désignons pas le fait d'adhérer à telle ou telle association. Par « initiation » nous voulons désigner une modification de la conscience, pas de la psychologie, mais bien l'accession à un « état de conscience accru » comme dit Castaneda, ce célèbre anthropologue américain qui a rendu compte de ses rencontres avec le monde du chamanisme.

L'initiation n'est pas alors un phénomène d'appartenance mais bien une expérience mystique qui oblige la plupart des héros mythologiques, tels Hercule, Dionysos ou Énée à descendre dans les royaumes de Pluton.

La descente aux Enfers, phase très importante de l'initiation, a également sa projection dans notre vie quotidienne. À défaut d'avoir accès à des initiations pratiques permettant la réelle accession à des états de conscience différents, chacun d'entre nous, par le biais des circonstances de la vie, vit des épisodes qui sont une véritable descente aux Enfers : aller jusqu'au bout de soi-même, affronter des épreuves auxquelles on ne s'attendait absolument pas, demande un dépassement de soi-même.

Film : « Hannah et ses sœurs » ou une drôle d'initiation

Un exemple de ce chemin initiatique moderne, entretenant un dialogue curieux entre la vie et la mort, est représenté par Woody Allen dans son film *Hannah et ses sœurs*.

Cet hypocondriaque sympathique rencontre de manière assez fréquente l'angoisse de la maladie. Un jour, il s'étonne d'une déficience très légère d'audition. Cette déficience est-elle réelle ou imaginaire ? Qu'importe, Woody Allen va s'engager d'examen en examen, et, partant d'un symptôme léger, réussir à passer un examen pour savoir s'il n'est pas victime d'une tumeur au cerveau. Dans ce film on voit comment un individu peut organiser et mobiliser son environnement pour l'obliger à jouer avec lui le scénario ou le mythe dont il a besoin.

Enfin, le héros apprend qu'il n'a rien! Mais ici, une nouvelle forme d'aventure commence : il a flirté avec la mort et arrive nécessairement à la question du devenir de l'âme, à la question de Dieu. Il s'essaye notamment à la religion catholique et achète consciencieusement, en même temps qu'il fait ses courses alimentaires, une croix, une bible et des représentations religieuses. Il est vraiment de bonne volonté et acquiert toute la panoplie. Mais il n'arrive pas à se convaincre de cette religion. Il cherche, réfléchit, renonce à adhérer à la secte « Hare Krishna », la jugeant trop marginale. Il descend encore plus bas : aucune religion ne l'ayant vraiment satisfait, il décide de se suicider. Il suit un crescendo qui l'amène de plus en plus à relativiser ce que peuvent être sa vie et ses différentes activités.

Arrivé au bord du précipice, une idée lui vient : même s'il n'avait qu'une seule et unique certitude, à savoir qu'il n'y a strictement rien après la vie, dans ce cas... : « N'aurais-je quand même pas envie de vivre jusqu'au bout et pleinement ce qui reste de cette partie ? »

Et de cette manière, notre cher hypocondriaque découvre un sens nouveau à la vie ! Le sens même de l'initiation :

L'individu est amené à expérimenter les limites de lui-même ou de la vie qu'il ne connaissait pas, si ce n'est intellectuellement. Par cette aventure il se transcende et accomplit une forme de révolution psychologique. Le schéma est le même dans le cadre d'une initiation concernant l'accession à des états de conscience accrus, comme celle que put vivre Castaneda en compagnie de Don Juan.

À défaut d'avoir rencontré Don Juan, chacun de nous peut aller voir des films de Woody Allen. Chaque culture a l'initiateur qu'elle peut...

• Rôle symbolique du plutonien :

Le plutonien apporte sa petite part d'enfer ici-bas. Le séjour dans l'au-delà lui a plu, alors il en a conservé quelques habitudes et notamment il porte avec lui la mort symbolique. Cette attitude n'implique pas un mélodrame constant dans sa vie mais le besoin de la ponctuer de descentes aux Enfers, de périodes où les acquis intérieurs et extérieurs se déstructurent, se désagrègent pour un renouvellement incontournable.

Ce besoin de transformation et de remise en cause donne à sa vie un caractère parfois heurté. Ce n'est pas un masochiste mais un individu qui travaille sa souplesse intérieure en se confrontant à des événements difficiles provoquant ses morts. Les autres ne le savent pas toujours et ne le comprennent pas... parfois il ne le sait pas lui-même. De cette façon le travail de descente aux Enfers correspond à un travail inconscient, et ayant certainement des conséquences extérieures.

Le plutonien est habitué, et parfois forcé, à donner des coups de volant brusques dans sa vie. Il doit négocier des tournants décisifs plus fréquemment que dans un destin « normal ». Le plutonien attire ce genre de situation. D'une manière plus simple, il semble aller constamment au-devant des ennuis. Mais qu'est-ce qu'un ennui ?

Le plutonien a le chic pour rencontrer des amis ou des partenaires avec lesquels il va vivre des rapports tourmentés ou mouvementés. Cela peut paraître négatif mais le plutonien utilise au travers de ces événements difficiles une pédagogie, une méthode d'évolution, qui ne mise pas tout sur des réalisations apparentes ou matérielles. La réussite du plutonien peut être justement dans sa capacité à négocier ces situations de désagrégation. Il cultive l'art de vivre les descentes aux Enfers.

Il peut également céder au découragement et au pessimisme, la descente devient alors une chute. Les destructions, les remises en cause sont plutôt subies que désirées par l'individu, qui les juge inutiles, voire négatives.

Avec cette part d'au-delà qu'il porte en lui, le plutonien déroute ceux qui sont solidement implantés ici-bas, fiers de leurs bons sens. Le bon sens du plutonien appartient à une logique différente.

Dans le domaine affectif ou relationnel il saura rencontrer les partenaires nécessaires pour l'accompagner ou provoquer ses descentes aux Enfers. Dans certaines situations, inconscient de sa part de responsabilités, il imputera ses épreuves et donc ses descentes aux Enfers à ses partenaires. Le plutonien peut se dérouter lui-même et imaginer que ces situations viennent d'un concours de circonstances.

Le plutonien réfléchit beaucoup sur ses aspirations et ses motivations. Parfois il se perd dans ses profondeurs et se tourmente. Il peut « kidnapper » des gens, comme Pluton fit avec Proserpine, puis leur imposer des relations ou situations plutoniennes. Le plutonien vole aussi au secours de ceux qui dans son entourage ressentent le besoin d'une descente aux Enfers. À force d'interrogations, le plutonien ne se comprend plus... et se kidnappe lui-même. La part d'au-delà, ou d'inconscient, fait alors parler d'elle.

Il est bien difficile d'être à la fois alchimiste et matière première œuvrée.

Récapitulation des trois frères

Après les règnes d'Uranus puis de Saturne viennent le développement et le partage de la Création entre les trois frères: Jupiter, Neptune et Pluton.

Le fait que la mythologie désigne ces trois dieux comme frères implique que les trois « fonctions » représentées par eux sont pratiquement d'égale valeur, de même niveau.

Uranus représente l'éveil très faible encore de la conscience de l'autre et de soi, nous avons vu que Saturne constituait un progrès. Les trois frères désignent un troisième stade de développement de la conscience, et chacun d'eux incarne une phase importante dans cet état de conscience: Jupiter représente la conscience épanouie, éveillée. Ayant une légère prééminence sur ses autres frères, il assure la cohésion de la Création et de l'âme.

Neptune désigne la capacité chez l'homme de vivre d'autres plans de conscience et de réalités. Il permet à l'homme de se rapprocher de la sagesse jupitérienne. Il bouleverse les situations ou les certitudes puis stabilise pour que l'âme s'adapte aux nouvelles conditions et tire des acquis de ces bouleversements. Neptune évite que l'harmonie jupitérienne ne se sclérose. C'est aussi la « dimension collective » de l'incarnation. Aujourd'hui on parlerait d'inconscient collectif.

Puis vient Pluton qui représente le « grand bouleversement », la mort. C'est une rupture d'avec l'incarnation afin de se juger d'un point de vue radicalement différent et de mieux diriger ses efforts.

Vénus

Il existe deux traditions sur les origines de Vénus :

Fille de Jupiter

Elle est présentée comme fille de Jupiter et de Dioné. Notons que Dioné est elle-même fille de Neptune, soit la cousine germaine de Jupiter ! Comme on peut le constater, il y a dans le gouvernement olympien un certain népotisme.

Fille d'Uranus

C'est une origine très différente qui est proposée dans cette version. Là, Vénus n'est plus du tout en relation directe avec les Olympiens : elle est dite née du sang ou du sperme qui tomba de la blessure d'Uranus dans la mer.

L'une de ses grandes attributions est la fécondité, non seulement la fécondité féminine, mais aussi celle de la nature dans son ensemble. Vénus est étroitement liée au cycle de la végétation.

Il faut reconnaître que Vénus est loin d'être une déesse douce et chaleureuse. Elle reste au contraire dans les mémoires pour être une déesse redoutable et même cruelle. Il y a peu de place pour la bienveillance et la grâce dans les différents mythes qui la concernent. Mais en dehors de sa capacité de malédiction, elle possède une ceinture où sont enfermés les grâces, les attraits, les sourires, les soupirs (expressifs), l'éloquence des dieux, etc.

Ses malédictions sont redoutables :

– Considérant que les femmes de Lemnos ne lui rendaient pas suffisamment de cultes, elle les afflige d'une odeur insupportable obligeant les hommes à les fuir.

– Elle fait naître chez les filles Cinyras le désir de se prostituer.

– Après son aventure plus ou moins heureuse avec Mars, la déesse se cache dans le Caucase. Là, une vieille femme révèle aux autres dieux la cachette de Vénus, qui la transforme immédiatement en rocher.

– Elle est enfin, et surtout, à l'origine de la terrible guerre de Troie : on dit qu'un jour Discorde jeta une pomme (encore une...) parmi les dieux. Cette pomme était destinée à la plus belle des déesses. Trois revendiquèrent ce fruit : Vénus, Junon et Minerve. Jupiter, soucieux de ne pas intervenir dans cette affaire scabreuse, demanda à Pâris, berger mais fils du roi Priam qui régna sur Troie, de juger chaque déesse tenta de soudoyer Pâris : Junon lui proposa la royauté d'Asie, Minerve l'invincibilité et la sagesse, et Vénus la main d'Hélène, épouse du roi grec Agamemnon. Pâris, judicieux dans son choix, choisit la belle Hélène... et la guerre de Troie eut lieu !

Pâris enleva Hélène, et les princes grecs, sous la direction d'Agamemnon, partirent à l'assaut de Troie. Cette guerre concerne les humains mais également les dieux, qui n'hésitèrent pas à y intervenir directement. Vénus y sera même blessée.

Vulcain

Jupiter donna à Vénus un époux qui était le plus laid des dieux : Vulcain.

Nous reviendrons en détail sur cette association lors de l'étude des mythes vénusiens.

Vulcain est le fils de Jupiter et de Junon (ou, dans une autre version, de Junon et de Vent). Hésiode précise que Junon le conçut seule, sans union d'amour, juste par la colère. Vulcain eut une jeunesse difficile. Il est d'abord jeté au fond des océans par Junon, honteuse d'avoir donné naissance à un enfant difforme. Plus tard, Vulcain se venge en offrant en cadeau à sa mère un siège. Quand elle s'assoit elle ne peut se relever. Il faudra que Dionysos enivre Vulcain pour libérer Junon.

Une autre version existe : Jupiter eut un jour avec Junon une des retentissantes scènes de ménage dont ils avaient le secret. Cette fois, Junon était accusée d'avoir créé une tempête pour tenter de faire périr Hercule. Pour la punir, Jupiter suspendit Junon dans les airs. Or, Vulcain est un dieu qui « fixe » les choses et les êtres, il ne put donc supporter de voir sa mère dans cette situation et décida de la délivrer. Jupiter, furieux, jeta Vulcain hors du ciel, et celui-ci tomba sur l'île de Lemnos (qui fut, comme nous venons de le voir, théâtre de l'une des plus célèbres malédictions de Vénus). Dans cette chute, vulcain se brisa les deux jambes. Thétis le prit alors sous sa protection. Finalement il rentra dans les bonnes grâces du ciel et fut uni à Vénus.

Mars

Vénus et Mars ! Les deux amants passionnés ! Nous étudierons plus en détail ce mythe Vénus-Mars. Pour le moment, sachons que le Soleil-Phœbus prévient Vulcain des infidélités de Vénus. Celui-ci réussit alors à faire prisonnier le couple dans un filet aussi solide qu'invisible et rend les dieux témoins du crime. Nous voyons que Vulcain n'est pas totalement démuni face au dieu de la guerre... ce qui est normal car s'il forge les armes de Mars, il forge également celles de ses ennemis.

Adonis

Ce fut l'un des grands amours de Vénus, mais troublé par Mars. En effet, Mars est jaloux de cette préférence donnée à un simple mortel : il se transforme donc en sanglier et porte à Adonis une blessure qui cause sa mort. Dans une autre version c'est Diane qui suscite la colère d'un sanglier contre Adonis pour se venger de Vénus qui avait causé la mort d'Hippolyte.

• Rôle symbolique du vénusien :

Le vénusien est un affectif : c'est toute sa richesse et sa difficulté.

Le vénusien vit de manière exaltante une vie fondée sur les élans, l'amour, la passion, l'envie, le besoin de rencontres, le plaisir du cœur et des sens. C'est un émotif qui se livre avec fougue, il aime vivre et aime aimer. C'est par l'amour qu'il communique, comprend, agit et évolue. Il aime partager parce qu'il se sent alors plus vaste, plus en harmonie avec lui-même.

Mais cette tempête n'a pas que d'aimables manifestations. Le vénusien peut être la propriété de ses sentiments plus que le propriétaire. Il assume alors toute la violence de Vénus : jalousie, désir de revanche, égoïsme, etc.

On comprend que le vénusien se sente facilement blessé. C'est un grand sensible qui reçoit de manière disproportionnée certaines situations. Son amour ou sa sympathie pour l'autre ne lui donne pas toujours la force nécessaire pour pardonner, il réagit alors durement, à la mesure de la manière dont il a perçu sa propre souffrance. Tout cela l'amène parfois à s'engager dans des situations où le ressenti est plus important que la réalité des événements et des comportements.

Dans un type vénusien bien particulier que l'on pourrait appeler le vénusien-uranien, l'individu aime s'aimer. Il devient l'objet de son amour attentif. Il pervertit les valeurs vénusiennes au point de se couper des autres. C'est comme s'il craignait que l'autre ne lui prodigue pas l'amour désiré, alors il préfère se protéger. Cela ne fera que plus perturber sa perception des réalités.

Le vénusien aime bien tout le monde et souhaite que tout le monde l'aime.

Seulement ça.

Mars

Il est le fils de Jupiter et de Junon.

Dans d'autres versions, Junon est jalouse que Jupiter ait conçu Minerve sans son aide et décide à son tour d'enfanter sans l'intervention de Jupiter.

Mars est le dieu guerrier par excellence. Il n'hésite pas à participer à la guerre de Troie contre les Troyens. Il y est blessé, Athéna ayant dirigé la lance de Diomède contre lui. Nous avons déjà vu les démêlés de Mars avec Vulcain à cause de Vénus.

C'est un dieu très violent. On dit même que le feu est dans ses yeux et qu'il fait cingler dans les airs son fouet ensanglanté.

Hésiode, dans *Le Boucher*, lui attribue le titre peu enviable de « Fléau des hommes ». Jupiter lui-même a une certaine défiance à son égard, comme on le voit dans *L'Iliade* : « Ne viens pas, lui dit-il, toi qui parles différemment à chacun, te lamenter près de moi. Tu m'es le plus odieux de tous les dieux qui habitent l'Olympe. »

Nous reviendrons sur le rapport avec Jupiter en étudiant le mythe Jupiter/Mars.

Mars ne fut guère l'objet d'un grand culte chez les Grecs : on n'érigea aucun temple en son honneur. Seulement deux ou trois statues dont une à Sparte, qui était bâillonnée et ligotée afin que le dieu de la guerre n'ait pas la tentation d'abandonner les armées spartiates...

Mars est le dieu de la guerre, mais aussi celui du sang et du carnage. Il est presque toujours représenté armé et casqué.

Lorsqu'il apparaît, ce dieu est loin d'être invincible. Nous venons de voir comment Athéna réussit à le blesser à Troie, mais il est aussi vaincu par Hercule qui le blesse... à la cuisse (une blessure que recevront de nombreux initiés).

On attribue à Mars une progéniture qui est digne de lui. Il est le père des Amazones.

On a souvent mis en avant les modalités guerrières de Mars car ce sont les plus évidentes mais symboliquement il a une autre amplitude. Ainsi, selon Caton, dans certains cultes, les paysans invoquaient Mars pour arrêter, repousser ou éviter les maladies visibles ou invisibles (voir Neptune), la disette et la désolation. Le dieu guerrier devient la volonté ou la force capable de lutter contre les épreuves et le malheur. C'est une définition que l'on retrouvait encore dans l'astrologie médiévale.

À Rome Mars était invoqué sous le nom de « Maître des assemblées » : le glaive guerrier peut être aussi celui de la décision et de la justice.

• Rôle symbolique du martien :

C'est à travers les combats, les émulations et les épreuves que le martien se détend. Il aime rencontrer son prochain pour l'affronter ou affronter en commun un obstacle. Ce serait une erreur de conclure que le martien est seulement brutal. C'est un réaliste, un esprit pratique qui aime l'engagement, transformer matériellement son environnement. Le martien est un individu qui manifeste son désir de vivre par un débordement d'énergie et de multiples initiatives. Il sait communiquer cette énergie à son environnement afin de le motiver.

Le méchant martien est un agressif qui au bout du compte témoigne par cette agressivité de sa faiblesse ou de sa peur. Il se bat pour lui et non pas pour l'intérêt supérieur d'un Jupiter et se condamne ainsi à beaucoup de mécomptes. Toute son activité apparaît vaine, à usage purement personnel. Ses qualités potentielles se retournent contre lui : incapacité à communiquer avec souplesse, manque de diplomatie, tendance à vouloir résoudre les problèmes par la volonté là où il faudrait plutôt de la compréhension. Le martien devient le Mars handicapé, aveugle et perdant son équilibre.

D'une manière générale le martien s'exprime mieux dans les

actes que par les mots. Il sait faire les choses mais pas toujours les expliquer. Il considère donc que cela est suffisant et que les autres doivent savoir interpréter ses faits et gestes, d'où des malentendus qui mettent en colère le martien qui s'étonne que sa colère ne clarifie pas le malentendu.

Mercure

Il est le fils de Jupiter et de Maia, la plus jeune des Pléiades.

Le moins que l'on puisse dire est que Mercure aime bouger. À sa naissance on le place dans un berceau et on l'entoure de bandelettes comme c'est la coutume. Mais ce joyeux bébé réussit à se débarrasser de ses liens et va, seul, en Thessalie. Là, il procède à son premier vol : Apollon garde des troupeaux. Mercure lui vole douze vaches, cent génisses et un taureau. Il prend soin d'effacer toutes traces. Arrivé dans une contrée de Pylos, il sacrifie deux génisses et fait douze parts pour chacune des douze divinités, mais également, comme le veut le sacrifice, des parts pour les mortels, les non-divins. Les dieux, eux, se contentent de humer le fumet de leur part. Mais ne voilà pas que le sacripant mélange les parts divines et humaines. Il brouille les règles ! Et maintenant regardez-le : il se contente de humer le fumet de ses parts. Cet embrouilleur de pistes et de règles symbolise la communication entre les hommes, mais surtout entre les hommes et la dimension divine. Il est l'ancêtre du groupe de Palo Alto.

Après tout cela, benoîtement, ce jeune délinquant retourne dans son berceau.

Il vole sa carapace à une tortue et utilise les intestins des deux génisses précédentes pour en faire des cordes : ainsi naît la lyre. Pendant ce temps, grâce à sa capacité de divination, Apollon connaît l'identité du voleur. Apollon va voir la maman de Mercure, lui fait toute une série de reproches. Celle-ci, pour toute réponse, désigne le berceau où Mercure s'est gentiment réinstallé, serré dans ses langes. On peut imaginer d'ici le sourire rempli d'innocence que dut prendre à ce moment-là le charmant bébé et futur dieu.

Mais Apollon se plaint à Jupiter. Celui-ci n'est pas dupe et exige la restitution des animaux. On négocie, et Apollon, en échange du troupeau, accepte la lyre de Mercure. Plus tard, Mercure fabrique une flûte de Pan et l'échange à Apollon contre une houlette d'or, baguette magique qui donne le pouvoir d'endormir les mortels. Mercure devient maître du sommeil. Voulant enfin parfaire sa formation professionnelle, il se fait enseigner par Apollon l'art de la divination.

Mercure établit le lien entre les dieux, et ce de deux manières :

a) Tout d'abord il est leur messager. Il vole dans les airs grâce à ses sandales ailées. Il est le messager privilégié de Jupiter.

b) Il vole (au sens de dérober), il échange et finit ainsi par relier les dieux entre eux par l'intermédiaire d'objets. Ainsi, entre autres larcins, on peut citer :

- le sceptre de Jupiter,
- la ceinture de Vénus,
- les outils de Vulcain,
- l'épée de Mars, etc.

On comprend alors pourquoi il est le dieu des commerçants et des voleurs.

Tout comme Hécate, il protège les carrefours, lieu privilégié de la communication ainsi que tout ce qui est lié au passage : porte, gond...

L'une de ses grandes fonctions est son rôle de psychopompe. Thanatos « tue » et Mercure conduit les âmes vers les Enfers. Il est souvent présenté de manière quasiment christique : portant un agneau sur les épaules, il est le bon Pasteur. On ne peut mourir que lorsque Mercure a défait tous les liens unissant l'âme au corps.

Il s'agit apparemment d'un très bon guide, très obligeant. Ainsi accompagnant Hercule aux Enfers, il lui dit qu'il est inutile de tirer l'épée contre la Méduse qui n'est qu'une ombre. Dans ce cas, il assume son rôle d'initiateur. C'est également lui qui ramène Proserpine des Enfers.

Ce dieu-guide est très proche des hommes : « Tu aimes par-dessus tout accompagner un homme », lui dit Jupiter dans *L'Iliade*.

Cette proximité avec l'humanité lui vaut d'être obligé de

conquérir ou de « négocier » sa divinité. À l'origine il n'est pas divin mais il exige sa divinité. Il menace même de piller le temple de Delphes si on ne l'accepte pas au royaume des dieux... et on l'accepte.

Mercure est un dieu qui ne cesse de voler, de mentir, de ruser. Il multiplie les échanges, les conspirations. On dit même que ses parjures déclenchent l'hilarité de l'Olympe. Mais c'est aussi un dieu créateur lié à toutes les formes de connaissance : non seulement il est le créateur de multiples sciences, mais surtout on lui attribue la première langue et la première écriture.

La fonction de liaison de Mercure est également représentée par le caducée. Une version dit que Mercure vit un jour deux serpents se battre et les toucha du bout du bâton d'or « donné » par Apollon. Réconciliés, les deux serpents s'entourèrent autour du bâton.

Enfin, dans certains cultes, on associait Neptune, le dieu des eaux maritimes, à Mercure le dieu protecteur des eaux douces. Ces deux dieux sont des « transmetteurs » à deux niveaux différents.

• Rôle symbolique du mercurien :

Le mercurien aime les échanges. C'est dans ce domaine qu'il s'accomplit et s'enrichit. Cela donne quelqu'un qui aime s'entourer et apprécie les multiples rencontres. Restant fidèle à son dieu c'est un individu qui aime accompagner les autres individus. Cette volonté d'échange peut se faire d'une manière plus cérébrale par le biais des idées. C'est alors quelqu'un qui aime connaître et apprendre, ce qui est un autre moyen de rencontre.

Le mercurien aime par ces échanges provoquer des situations ou circonstances qui sont autant d'occasions de s'exprimer et de s'enrichir. C'est son principal aliment d'évolution. Il fait mieux que s'adapter : il sait assumer le rôle qu'il faut au moment où il le faut. Cela n'en fait pas un simple caméléon mais quelqu'un qui sait parler le langage de son interlocuteur pour mieux se faire comprendre. Dans toutes ces expériences de la vie il sait tirer les enseignements nécessaires pour l'avenir.

C'est une différence d'avec le type lunarien, que nous verrons plus tard, surtout le lunarien Hécate, où l'individu évolue plutôt par une concentration sur lui-même et son vécu.

Le mercurien n'a pas un canal privilégié de communication et de relation avec l'autre: ce peuvent être aussi bien l'imagination que l'intuition, les échanges rationnels ou artistiques. Mais parfois le mercurien se laisse prendre à son jeu et la multiplication d'expériences nouvelles n'a plus pour fonction d'enrichir mais seulement d'occuper le temps et de briller. Il joue alors sur un acquis, sur des facilités de contacts plus que sur une volonté réelle d'aller au devant de l'inconnu et d'apprendre. Le mercurien prend alors beaucoup plus de plaisir à se rencontrer lui-même que les autres.

Il aime échanger, mais aime aussi changer. Son désir de comprendre l'amène à démonter des situations, à imaginer d'autres conditions, d'autres règles du jeu. Le mercurien est créatif par sa capacité à imaginer d'autres voies, d'autres manières de vivre que celles créées par l'habitude. Il aime faire participer les autres à son voyage vers le changement. Il s'agit de changements doux et progressifs et non pas de ruptures violentes comme pour le plutonien.

Le Soleil et la Lune

Avant d'entrer dans la mythologie des divinités solaires et lunaires, traitons la notion de « luminaires ». Dans le ciel mythologique, il y a trois « classes » d'éléments célestes :

Les constellations :

Chaque constellation, formée d'étoiles, a une origine mythologique. Nous connaissons les « signes », découpage fictif du ciel, qui tirent leur origine des constellations zodiacales. Celles-ci avaient un dieu tutélaire.

Les planètes :

Elles ont un mouvement visible, sauf Uranus, Neptune et Pluton qui normalement échappent à notre vue par leur éloignement. Là encore, chaque planète a un dieu tutélaire. Nous n'étudierons dans cet ouvrage que ce « système ».

Les deux luminaires :

Ils ont des attributs spécifiques. Tout d'abord ils règlent la vie de la Terre par leurs mouvements : non seulement le temps par les calendriers solaires et lunaires, mais aussi le domaine agricole (les saisons), le domaine maritime (les marées). Par ailleurs, la Lune entretient un lien très spécifique avec la nature humaine. On cite toujours le rapport entre la Lune et le cycle féminin, mais certain parle aussi des effets de la Lune sur notre caractère.

Ces deux éléments célestes ont un statut spécial en astronomie (du point de vue géocentrique, c'est-à-dire observé de la Terre) : le

Soleil est le centre», en apparence immobile, de notre système planétaire ; la Lune, notre satellite à nous !

Ces statuts spéciaux ont une résonance sur le plan symbolique.

Mythologie des luminaires

Dans la mythologie, il faut distinguer les astres mêmes « Soleil » et « Lune » des divinités qui leur sont rattachées. Il y a une distinction entre la planète et les dieux.

Les luminaires eux-mêmes ont une mythologie :

Hypérion était fils d'Uranus et frère de Saturne. Il épouse, selon les versions, soit Théia, soit Basilée, sa sœur, dont il eut un fils et une fille : Hélios et Séléné. Ces deux enfants brillaient par leur beauté mais également par leurs vertus et leurs qualités spirituelles. Jaloux, des Titans décident de tuer Hypérion et de noyer ses enfants dans l'Éridan.

Seul Hélios fut noyé. Un jour Hélène apparut en songe à Basilée et lui dit de ne pas s'affliger : désormais son fils serait mis au rang des dieux et le Feu sacré du ciel porterait son nom. Nous retrouvons un élément permanent de la mythologie : un dieu peut être « associé » à un astre, sans s'y identifier. Hélios est souvent représenté sous les traits d'un jeune homme à la chevelure blonde, couronné de rayons et parcourant le zodiaque sur un char tiré par quatre chevaux.

En apprenant la mort d'Hélios, sa sœur, Séléné, se jeta du haut de son palais. Les dieux, touchés par la force du lien fraternel, décidèrent d'élever Séléné au ciel et la Lune lui fut symboliquement associée.

Dieux et planètes

Nous venons de voir qu'il y a d'une part la mythologie des luminaires proprement dits et d'autre part la mythologie des dieux, qui sont directement ou non liés à ces astres. Quels sont ces dieux ?

– Pour la Lune nous avons, outre Séléné, Diane et Hécate.

– Pour le Soleil, outre Hélios, nous retiendrons Apollon/Phœbus (souvent ces dieux sont confondus).

– Nous ferons une place à part à Dionysos qui est comme un passage entre la Lune et le Soleil.

Bien entendu ces listes ne sont pas exhaustives, mais ces divinités principales suffisent à notre système d'étude.

Étudions chacun de ces dieux.

Les déesses lunaires

Hécate

C'est une déesse sombre mais riche d'enseignement. Hécate fut la première épouse de Pluton, puis celle de Mercure. Nous avons vu, avec Pluton, comment ce beau monde se répartit le travail post mortem : Thanatos va chercher l'âme, Mercure la conduit vers les Enfers, Pluton l'y reçoit et, une fois le travail terminé, c'est l'épouse Hécate qui élève l'âme vers la Lune avant la réincarnation.

Mais pourquoi une transformation à la sortie des Enfers ? Pourquoi ce traitement par l'intermédiaire d'Hécate ? En fait, de la même manière que Mercure doit défaire les liens de l'incarnation avant l'entrée aux Enfers, Hécate doit rétablir « certains circuits » propres à l'état d'incarné.

Dans les Enfers, l'âme désincarnée est une âme plus lucide puisque non limitée, ni par un corps, ni par un contexte social et historique. C'est cet état d'hyper-lucidité que l'on recherche au travers des rituels de mort initiatique. À la sortie des Enfers, l'âme va se réincarner et passer sous la tutelle de la Lune Hécate. L'homme lucide, en tant que désincarné, va être obligé de céder une part de sa conscience. L'incarnation implique un certain nombre de tributs dont l'amnésie des vies précédentes, mais aussi une conscience moins « claire », qui se ressourcera dans le sommeil. C'est une part de soi-même qui va être cédée à Hécate... par l'intermédiaire du rêve. L'âme désincarnée ne rêve pas plus qu'elle ne dort. Par contre, l'âme incarnée trouve dans le rêve une merveilleuse occasion de « retour » sur soi.

Hécate, déesse liée à la mort et au rêve : cela n'est pas étonnant puisque Sommeil est frère de Mort.

Le rêve est une voie d'accès symbolique à la lecture de son être, de son environnement. C'est une possibilité, chaque nuit, d'accéder à des informations symboliques et non plus à des jugements rationnels. Nous devons réapprendre le rêve.

En termes de psychologie une autre part de notre âme est laissée à Hécate sous forme d'« inconscient ». Hécate est notre part d'inconscient telle qu'elle influe sur notre incarnation. Pluton, son premier époux, désigne un inconscient qui dépasse les limites de l'individualité. On déborde sur des notions de vie antérieure ou de plan spirituel. Pluton désigne des fractures, des épreuves plus fortes car plus profondes et plus incompréhensibles.

Hécate se singularise, elle est Titanide, de la lignée des Titans, proche parente de Saturne. On lui attribue parfois d'autres origines, comme d'être la fille de Jupiter lui-même. Cette filiation symbolique montre qu'Hécate s'intègre harmonieusement dans le nouvel ordre olympien. Même en tant que petite-fille de Saturne, il est précisé qu'elle garde toutes ses prérogatives après la chute des Titans. Dans la Théogonie, Hésiode dit : « Et Astérie conçut et enfanta Hécate, que Zeus, fils de Kronos, a voulu honorer au-dessus de tous autres en lui accordant des dons éclatants. »

La puissance d'Hécate est affirmée plus loin : « Aujourd'hui encore, tout mortel d'ici-bas qui veut, par un beau sacrifice offert suivant les rites, implorer une grâce invoque le nom d'Hécate ; et celui-là, sans peine, se voit suivi d'une immense faveur dont la déesse a avec bienveillance écouté les prières. Elle lui octroie la prospérité, ainsi qu'elle en a le pouvoir ; car tous les enfants de la Terre et du Ciel lui abandonnent une part des privilèges qu'ils ont reçus. Le fils de Kronos-même s'est envers elle abstenu de violence ; il ne lui a pas arraché ce qu'elle avait obtenu parmi les premiers dieux Titans : elle conserve ce que lui avait au début donné le premier partage. »

On peut ajouter qu'Hécate a même conservé son pouvoir avec l'ère chrétienne. Pour la gnose chrétienne, pour qui la magie a été apportée sur terre par des anges déchus, Hécate est une des cinq Archontes qui président aux 360 démons. Personnellement, elle a sous ses ordres 27 démons (nombre de jours d'un mois lunaire selon certains calculs).

Hécate a trois visages et trois formes, que l'on est tenté de rapprocher des trois jours de nombreux rituels funéraires. Cette déesse liée au processus de métamorphose de l'âme était, comme son époux Mercure, protectrice des carrefours. Ses attributs sont les poignards, les serpents, les clés infernales et une torche enflammée. Parfois, on la surnomme Phosphoros, surnom qui fut ensuite donné à Lucifer. Elle était vénérée le 15e jour du mois (donc en Lune décroissante). Hécate règne sur toutes les formes de magie. Non seulement elle accompagne les âmes au sortir des Enfers, mais on peut considérer que cette fonction lui est aussi reconnue mythologiquement auprès des dieux puisque dans certaines versions elle ramène Proserpine des Enfers.

Plutarque nous donne dans *De facie* une description précise : « La Lune comporte deux ouvertures : l'une, appelée Champs-Élysées, regarde le Soleil, c'est par elle que s'élancent dans l'éther radieux les âmes bienheureuses après la seconde mort. L'autre ouverture regarde la terre, elle porte le nom de Champs de Proserpine : c'est par ce canal que les âmes destinées à la réincarnation retombent sur la terre. »

Séléné

Si Hécate représente la face sombre de la Lune, Séléné représente la face lumineuse. Séléné voit sa mythologie limitée à ce que nous avons évoqué de son suicide et de son élévation au ciel. Séléné représente l'âme accomplie, lumineuse et pure. Ambroise, dans *L'Examéron*, compare Séléné à l'Église : « Sur terre brille Séléné, j'entends l'Église, car Séléné a puissance sur toutes eaux et l'Église a puissance sur le Saint-Esprit qui a été confié par le Christ à l'Église, véritable Séléné, et qu'il lui a donné afin qu'elle Lui donne le jour par une renaissance. »

Diane

C'est la fille de Latone et de Jupiter.

Diane est une déesse plus dynamique et plus proche des hommes que ne pouvaient l'être Hécate et Séléné. Diane est la sœur d'Apollon. Elle naquit juste avant son frère et aida à sa délivrance. La Lune est l'étape qui prépare et précède l'étape solaire :

– L'œuvre lunaire précède l'œuvre solaire en alchimie.

– La Lune, dix-huitième lame du tarot, précède le soleil, dix-neuvième lame.

Diane, tout comme Minerve, obtient de Jupiter une virginité éternelle. Elle règne sur tous les lieux sauvages. On peut considérer que Diane, dont le plaisir favori est la chasse, a un caractère aussi charmant que Vénus : elle est cruelle et vindicative. Parmi les différents épisodes, citons celui-ci empreint de poésie :

Un jour, dans une partie de chasse, Actéon la surprend au bain. Elle lui jette de l'eau au visage et immédiatement Actéon est transformé en cerf... dévoré par ses propres chiens. On peut également rappeler qu'elle est fortement suspectée du meurtre d'Adonis.

Un peu comme pour Mars, il ne faut pas se laisser aveugler par l'allégorie. S'il est vrai qu'Hécate représente l'âme dans les Enfers ou l'âme désincarnée, Séléné, l'âme accomplie, Diane représente l'âme en action, incarnée et confrontée à tous les problèmes de l'incarnation et de la vie en général. Cette divinité était extrêmement importante. Son temple le plus célèbre était à Éphèse et sa construction aurait demandé deux cent vingt ans. Toute l'Asie concourait à son enrichissement.

Proche parente symbolique d'Hécate, Diane est également présentée comme ayant trois visages, mais trois visages d'animaux, par exemple de taureau, de chien et de lion.

Les véritables attributions de Diane vont plus loin : si Diane est liée aux lieux sauvages, c'est dire aussi qu'elle marque la frontière entre le « civilisé » et le « sauvage ». Chez les Anciens, cette dualité était très importante et même omniprésente dans la vie. Il y avait les « Barbares », la nature sauvage, la ville restait alors le symbole de l'îlot de civilisation dans la nature. Cette distinction pourrait se reprendre dans notre culture avec une dualité différente : ceux qui se laissent aller à la vie sans chercher à l'approfondir, à lui donner un sens, et ceux qui sont en quête d'évolution.

Diane sanctionne sévèrement toutes les tentatives de retour de la barbarie : elle punit Orion, chasseur et violeur de nymphes. Plus explicite encore, l'histoire du tyran Tartaros, qui violait les jeunes filles avant leur mariage. Aspalis, apprenant que le tyran voulait la posséder, décide de se pendre. Son frère tue Tartaros, et à la place du corps d'Aspalis apparaît une statue de Diane.

La violence de cette divinité ne doit pas nous faire perdre de vue son attribut de chasteté et de pureté, souligné par le mythe d'Endymion.

Ce petit-fils de Jupiter avait reçu le « don » d'un sommeil perpétuel. Il était inaccessible à la vieillesse et dormait tranquillement dans une grotte. Diane venait le visiter chaque nuit, tout comme nos rêves peuvent nous visiter si nous sommes aussi apaisés qu'Endymion. Ce fut là certainement le seul amour de Diane et certaines versions du mythe remplacent Diane par Séléné.

Cette déesse représente bien tout le voyage de l'âme incarnée dans la vie : aspiration à la pureté, nécessité des combats à livrer, volonté de quitter les « lieux sauvages » pour accéder à des états de conscience plus élevés.

Volguine a proposé pour ces trois déesses une comparaison avec le cycle Lune/Soleil :

Hécate : C'est la lune décroissante, mais plus encore la conjonction Soleil-Lune où la Lune disparaît durant trois jours. Puis vient la renaissance, la nouvelle Lune.

Diane : C'est la Lune croissante, celle qui sort de la conjonction et s'ouvre au monde en participant directement à l'action.

Séléné : C'est l'opposition de la Lune au Soleil, c'est la pleine Lune par laquelle les deux astres se respectent et s'illuminent pleinement.

Le symbole trinitaire revient dans les représentations d'Hécate et de Diane, comme en reflet de la constitution trinitaire de l'homme lui-même :

Le corps : C'est le limon de la Bible, le support de l'incarnation. Cette notion peut désigner aussi des corps plus subtils.

L'âme : C'est à la fois l'énergie vitale, la Vie, mais aussi l'identité profonde de l'être, permanente au-delà de la mort.

L'esprit : Ici nous quittons le symbole de la Lune pour aborder le symbole que je développerai avec les dieux solaires. L'Esprit est la dimension transpersonnelle ou divine à laquelle l'homme participe. C'est un niveau de conscience qui transcende la notion d'individualité.

Les déesses lunaires et le thème astrologique

Intégrer d'autres déesses lunaires que Séléné nous permet de disposer de plus d'informations mythologiques. Cela ne pose aucun problème pour l'interprétation d'un thème. Comment distinguer dans un thème ces déesses ? Mais tout simplement par la mythologie elle-même :

Ainsi le mythe Lune/Pluton nous orientera vers Hécate, le mythe Lune/Mars plutôt vers Diane, et Lune/Soleil vers Séléné. Parfois il faudra tenir plusieurs hypothèses pour un même couple de divinités : ce sont les joies de la richesse symbolique des mythes.

• Rôle symbolique du lunarien

Le but du lunarien est un état de bien être intérieur symbolisé par Séléné.

Diane et Hécate représentent le rythme d'évolution du lunarien ou des phases de sa personnalité.

La Lune symbolise l'âme, l'identité profonde de l'être. Le lunarien se concentre beaucoup sur sa personnalité, son vécu quotidien, son proche entourage pour s'améliorer et évoluer. Sa vie de tous les jours, sa capacité à s'investir dans l'instant représentent ses dimensions privilégiées.

Nous verrons la différence qui s'établit avec le symbolisme solarien qui cherche à se motiver par la réalisation d'un idéal qui transcende les limites de l'individualité et du quotidien. Aucune des deux vois n'est supérieure à l'autre. Il s'agit de deux voies correspondant à des orientations différentes dans l'incarnation.

Le lunarien-Diane est un battant. Il dispose d'un sens pratique important mais surtout d'une volonté de perfection qui l'intègre dans la vie. Il a de l'énergie et est capable d'autorité pour défendre son territoire (sa famille, son projet professionnel, etc.). Le lunarien-Diane est un individu de bonne volonté. Il cherche constamment à faire progresser les situations et les relations. Il est exigeant envers lui-même et envers les autres. Parfois il dépasse les bornes et peut trop demander aux autres.

Par ses mauvais côtés le lunarien-Diane est excessif dans ses exigences. Il multiplie les conflits avec son entourage proche. Son exigence naturelle, son désir de perfection, lui fait méconnaître les obstacles. C'est un idéaliste ou un rêveur dans la vie quotidienne, qui peut refuser de trop s'impliquer pour mieux préserver ce qu'il appellera indifféremment sa pureté, son authenticité, son désir de ne pas être influencé. Mais son refus d'engagement peut devenir une forme d'isolement et d'échec. Il semble flotter au-dessus des réalités alors qu'il ne fait que les ignorer.

Profondément le lunarien-Diane est épris de « pureté » et de simplicité... mais les deux ne sont pas facilement conciliables. Ça le rend agressif.

Avec la phase Lune-Hécate, le lunarien cherche à évoluer avec plus de recul et d'intériorité. Le type Lune-Hécate est plus replié sur lui, sur son passé, ses ressentis que le type Lune-Diane. Un peu comme pour le saturnien il a besoin d'un temps de digestion mais son sujet préféré de réflexion est lui-même. Ce n'est pas un égoïste mais tout simplement quelqu'un qui évolue essentiellement au travers de son expérience propre, il se prend comme sujet d'expérience non pas par négation des autres mais parce que c'est la voie la plus simple pour lui. Il préfère réfléchir sur son vécu, s'intérioriser, plutôt que de participer à des projets extérieurs.

L'introspection du lunarien-Hécate est plus en prise directe sur le quotidien que celle du plutonien, et comme lui il peut se perdre, le danger est que l'homme s'emprisonne lui-même : c'est alors le règne des fantômes d'Hécate. L'individu ne fait plus la différence entre son passé et son présent, ses craintes intérieures et les obstacles extérieurs, ce qu'il croit être la réalité et ce qu'elle est réellement. L'individu est comme envoûté par lui-même. Il rêve sa vie plus qu'il ne la construit, il répète des situations connues plutôt qu'il ne cherche à faire des expériences nouvelles. C'est comme si Hétacle, au lieu de n'être qu'une collaboratrice de Jupiter, redevenait la déesse titanide toute puissante.

Le type Lune-Hécate ressent le besoin impératif de régler des problèmes intérieurs qui se posent à lui dans sa vie immédiate. Il ne se pose pas les problèmes en termes métaphysiques mais en termes concrets. Toutefois, ce combat intérieur doit constamment s'alimenter vers l'extérieur. Dans le cas contraire, ce combat tournera au désavantage de l'individu. Ceci dit, le type Lune-Hécate a besoin d'un jardin secret, d'une zone privilégiée de rêves ou de réflexions qui lui permettent d'opérer son alchimie intérieure. On rejoint ici un comportement parfois déroutant comme celui du plutonien, mais beaucoup moins brusque. Hécate n'est que l'ex-épouse de Pluton.

Les dieux solaires

Nous avons rattaché plusieurs dieux au Soleil :

– Tout d'abord il y a Hélios, à la mythologie limitée.

– Apollon,

– Dionysos, dieu à mi-chemin entre la Lune et le Soleil, et c'est là tout son intérêt.

Dans certains mythes il est mentionné Phoebus, mais ce dieu a une mythologie réduite et souvent identifié à Apollon.

Hélios

Nous avons vu l'essentiel de sa mythologie dans le paragraphe « Mythologie et luminaires ».

Ce dieu, considéré par les Titans comme ayant trop de vertu, fut noyé par eux dans l'Éridan. Sa mère Basilée chercha le corps de son enfant le long du fleuve. Finalement, elle s'endormit et vit en songe Hélène qui lui dit de ne pas s'attrister car son fils était placé parmi les dieux et que ce qui était dans le ciel appelé le Feu sacré s'appellerait dorénavant Hélios (Soleil). Hélios établit donc un couple de pureté avec sa sœur Séléné.

Apollon

Apollon est fils de Jupiter et de Latone. Il est le frère de la déesse lunaire Diane. Il naît à Délos, dans une île que Neptune a fait surgir de la mer ou encore que Neptune a pu stabiliser (voir le couple Neptune-Soleil).

Ce dieu rayonnant de beauté eut comme fils Esculape, merveilleux médecin qui ne se contentait pas uniquement de soigner, mais dans certains cas ressuscitait les morts ! Ceci fut particulièrement mal vu du dieu des Enfers, notamment quand Esculape ressuscita Hippolyte sans aucun accord des dieux. Devant les récriminations de Pluton, Jupiter décida de foudroyer Esculape. Apollon, prudent dans sa vengeance, tua de ses flèches les Cyclopes qui avaient forgé la foudre. Jupiter envisagea d'envoyer Apollon dans la prison des dieux : le Tartare. Mais sa mère intervint et finalement sa peine fut commuée en un an d'exil sur Terre où il dut exécuter plusieurs travaux. C'est là qu'il devient berger.

Si un an d'exil sur Terre permet de contrebalancer un emprisonnement dans le Tartare cela montre dans quelle haute estime les dieux tiennent la Terre...

Apollon faisait régner dans les campagnes une telle grâce, une telle beauté, que les dieux finirent par être jaloux des habitants de la campagne qui bénéficiaient de tous ces avantages.

Le soleil apollinien n'est pas un soleil de tout repos. Lors d'un concours de flûte, Midas lui rendit un jugement défavorable, considérant que Pan, son adversaire, jouait mieux que lui. Apollon décida de faire pousser des oreilles d'âne à Midas. Un autre jour, toujours dans un concours de flûte, c'est le satyre Marsyas qui fut cette fois battu. Marsyas avait lui-même fixé les règles du jeu : le vaincu serait livré à la volonté du vainqueur ; Apollon le fit écorcher vif !

Comme vous l'avez certainement compris, Apollon aime la musique et c'est pour cela qu'il accepte d'échanger avec Mercure son troupeau contre une lyre fabriquée à partir d'une tortue. Les sept cordes correspondent aux sept voyelles de l'alphabet grec, auxquelles on donnait une signification mystique et un pouvoir thérapeutique (l'ancêtre de la musicothérapie).

Apollon eut plusieurs amours : Daphné, qui se déroba aux assiduités du dieu et fut transformée en laurier, et Clyméné qui lui donna plusieurs enfants dont Phaéton.

Après un certain temps d'exil, Jupiter accepta de rappeler Apollon au ciel. Apollon avait de multiples attributions : l'éloquence, la médecine, les arts et la divination, qu'il enseigna à Mercure. Ce dieu, éternellement jeune, était un chasseur émérite comme sa sœur Diane.

Selon la mythologie, Jupiter voulut connaître le point central de la terre. Il lâcha alors deux aigles vers l'ouest et l'est... et ils se rencontrèrent à Delphes, sanctuaire d'Apollon. Dans certaines traditions, Apollon avait douze palais principaux, tout comme Jésus ses douze apôtres ou le zodiaque ses douze signes.

Dionysos

Jusqu'à présent nous avons employé les noms romains des dieux puisque ce sont ceux couramment utilisés. Pourtant les origines mythologiques sont grecques avant d'être romaines. Pour Dionysos je conserverai le nom grec car il y a une nette rupture symbolique entre Dionysos et son homologue romain : Bacchus. Tout ceci n'est qu'affaire de convention.

Jupiter avait aimé Sémélé et en avait conçu Dionysos. Mais les sœurs de Sémélé étaient jalouses et mettaient en doute la divinité de son amant. À son tour, atteinte par le doute, Sémélé mit en demeure Jupiter d'apparaître dans toute sa gloire, tel qu'il apparut à Junon. Jupiter refusa, puis devant l'insistance de Sémélé accepta. Mais quand il s'exécuta, Sémélé mourut de saisissement.

Jupiter, ou Vulcain dans d'autres traditions, arrache immédiatement l'enfant du ventre de sa mère qui en était au sixième mois de gestation et décide de le coudre dans sa cuisse. Dionysos est le seul dieu (dans la mythologie gréco-romaine) a être né ainsi, c'est aussi le seul dieu à être né d'une mortelle. Au neuvième mois, Dionysos sort frais et dispos !

Ceci est la version la plus courante de sa naissance, mais on attribue à Dionysos d'autres mères : Io, Cérès, Dioné et même Proserpine !

Craignant la jalousie de Junon, Jupiter décide d'éloigner Dionysos. Il le confie à un couple : Ino, sœur de Sémélé, et son mari Atamor. Jupiter demande à ce que Dionysos soit revêtu de vêtements féminins pour le dissimuler à Junon. Ceci justifiera un rôle prépondérant des prêtresses dans les cultes dionysiaques.

Malgré tout, Junon retrouve Dionysos, et cette charmante femme en profite pour frapper de folie le couple protecteur qui finit par se suicider. De nouveau, Jupiter va éloigner Dionysos dans un pays lointain et inconnu : le pays de Nysa (en Asie ou en Éthiopie). Dans ce pays, Dionysos est élevé, sous la forme d'un chevreau, par des nymphes.

Ce dieu est souvent représenté avec une tête cornue et couronnée de serpents. Dans une version il est dit que Junon finit par le trouver ; sur son ordre les Titans s'en emparent, le découpent en morceaux et le font bouillir dans un chaudron. Grâce à sa grand-mère Rhéa il est ressuscité et entre ainsi dans la lignée de ceux qui ont connu et la mort et la résurrection.

On dit enfin que durant toute son enfance il fut protégé par Mercure.

Une fois adulte, il découvre et fait découvrir la vigne, le vin et l'ivresse mystique. Mais Junon est toujours là et frappe de folie le pauvre Dionysos. Il tente de fuir à travers le monde : Égypte, Syrie, Phrygie, pays où Cybèle (l'une des formes de Rhéa, mère des dieux) le délivre de sa folie et l'initie. Dès lors, Dionysos part à la conquête du monde.

Il aidera également Jupiter dans sa guerre contre les Géants où il se transformera en lion.

Son précepteur fut Silène, fils de Mercure ou de Pan et d'une nymphe. Silène était souvent ivre (pas saoul) mais plein de sagesse. Virgile présente Silène à la fois ivre et capable de soutenir une doctrine rigoureuse sur la formation du monde.

À un moment Dionysos est poursuivi par Lycurgues, roi de Thrace. Il est obligé de se réfugier dans la mer, protégé par Thétis. Lycurgues signifie « Celui qui cache la lumière ». En l'occurrence la lumière semble être Dionysos lui-même se réfugiant dans la mer. Mais Saturne (qui fait à cette occasion un come-back mythologique), pour punir Dionysos de sa fuite, le prive de la vue. La lumière est doublement cachée.

Plus tard, pour se venger, Dionysos frappera de folie Lycurgues qui se mutilera et mutilera son fils.

Dionysos conquiert l'Inde grâce à ses enchantements. Il revient en Grèce où il impose ses rituels à coups de folie contre ses adversaires.

Toute la mythologie de Dionysos insiste sur la folie mais aussi sur la lumière qui est au bout d'une forme de folie.

À cet égard il y a un épisode peu connu : Thésée vient de vaincre le Minotaure grâce au fameux fil d'Ariane. Ce charmant jeune homme, pour la remercier, l'abandonne sur l'île de Naxos. Mais heureusement Jupiter veille et soustrait la belle Ariane à la mort et à la vieillesse, ce qui finalement vaut bien Thésée. C'est à Naxos qu'elle retrouve son fiancé secret, Dionysos, qui lui fait don d'un diadème étincelant.

On dit même que Dionysos l'aurait offert à Ariane bien avant et que c'est ce diadème, prêté à Thésée, qui aurait permis au héros de voir clair dans les ténèbres du labyrinthe du Minotaure. La lumière dionysiaque est capable de lutter contre les forces brutes de la Création.

Ce dieu finit son chemin par une descente aux Enfers. C'est le chemin initiatique qui s'accomplit. Il descend chercher sa mère, Sémélé, pour l'associer à sa gloire. Avec elle, il conquiert l'immortalité et la divinité.

Les cultes dionysiaques

Les cultes dionysiaques ont toujours eu un statut spécial et asocial. Le culte était informel : ainsi, la plupart du temps, il n'y avait pas de prêtrise permanente, mais de plus, durant les cultes, existait un véritable brouillage des différents rapports sociaux : maître/esclave, ou encore homme/femme. Par les cultes d'ivresse mystique on rendait les êtres étrangers à leur propre condition, on les plaçait à un niveau de conscience tel qu'ils pouvaient s'affranchir de l'identification transitoire à leur statut social.

On pourrait dire qu'autant la lyre d'Apollon est apaisante, autant le hautbois, attaché au culte dionysiaque, est troublant. Il élève l'individu à un niveau de conscience où celui-ci ne retrouve plus ses marques usuelles. Ses identifications sociales, ses différents conditionnements lui paraissent alors dérisoires et dépassables. Par l'ivresse mystique, par les méthodes qui permettent d'y accéder, l'individu recouvre une pleine conscience de lui-même après être passé par la folie.

Les dieux solaires et leur interprétation

Comme pour les déesses lunaires, le choix de tel ou tel dieu solaire se fera en fonction du mythe associé. Par exemple : Apollon pour Soleil-Neptune, Hélios pour Soleil-Lune et Dionysos pour Soleil-Saturne. Parfois il y aura plusieurs mythes pour un même couple.

L'astrologie moderne donne au Soleil la valeur d'idéal, ce qui rejoint un peu sa définition traditionnelle liée à l'Esprit. L'idéal est une façon de rejoindre une dimension plus élevée ou de participer à une action collective plus désintéressée.

Par contre, réduire le Soleil à une force d'intégration sociale, voire à un surmoi, c'est lui donner une traduction pernicieuse... et plutôt romaine. Cela rappelle les cultes romains qui voulaient remplacer le dieu par l'empereur. Mais dans les faits il est vrai que pour beaucoup de gens la vie sociale est fermée sur elle-même et devient le seul objet de leur désir... Cette dégradation est significative : chaque culture a le symbolisme qu'elle mérite et qui la représente dans ses valeurs.

Au-delà, social ou non, le Soleil représente ce qui incite l'individu à dépasser ses limites individuelles et égoïstes.

Film : « Jonathan Livingstone le goéland » et les valeurs de l'esprit

À l'origine il s'agit d'un ouvrage de Richard Bach puis d'un film. Cette histoire représente bien les valeurs de l'esprit. Ce « Jonathan le goéland » estime insuffisant le style de vie de ses congénères. Il ne veut pas passer ses journées à piocher dans les ordures. Sa grande préoccupation est de voler toujours plus haut et toujours plus vite. Il ne cherche pas à établir une performance sportive mais à se dépasser. Cette notion rejoint bien la volonté d'atteindre et de réaliser une autre dimension de soi-même, symbolisée par Hélios ou Apollon.

Mais cette attitude est d'abord perçue par les autres goélands comme une critique inassumable de leur propre comportement. Pour eux il n'y a pas de problème : c'est un fou ! Il va falloir l'exclure du clan. Pour les autres, Jonathan apparaît comme un être dionysiaque, absurde et incompréhensible. Mais progressivement Jonathan réussira à atteindre d'autres dimensions et deviendra le messie des goélands.

• Rôle symbolique du solarien :

Le solarien poursuit la quête d'un idéal qui s'exprime de manière parfaite par le symbolisme d'Hélios, ce dieu solaire qui reste toujours haut dans le ciel.

Cet idéal est recherché pour transcender les limites de son individualité et de cette vie. C'est l'esprit transpersonnel. Il aspire à une réalité qui accomplisse celle qu'il vit. Cette quête suit un rythme correspondant notamment à Apollon et à Dionysos.

Le solarien apollinien cherche à illuminer sa vie par la quête d'un idéal, d'une valeur, d'une harmonie intérieure ou extérieure. Ces différentes expressions ont pour but de l'amener à transcender l'apparent, l'individualité, sa propre vie.

Mais en ce bas monde le solarien a des difficultés à trouver ses marques pour réaliser un tel programme. C'est alors que surgit une sensibilité d'exilé. Il ne prend pas suffisamment en compte les contingences de la vie et se considère incompris, isolé parmi les hommes. Dans une mauvaise version cela l'amène à une image trop positive ou élevée de lui-même. Ce n'est pas de l'égoïsme mais plutôt un excès d'idéalisme. Des échecs répétés ou tout simplement des désillusions l'amèneront à effectuer sa descente chez les hommes, tout comme Apollon.

À défaut de s'occuper d'un troupeau de vaches, il lui faudra puiser les ressources et l'inspiration pour trouver des motivations à des activités, des comportements ou des relations qui, dans un premier temps, ne l'intéressaient guère. C'est quand il accepte de prendre en compte la dure réalité de la vie que le solarien-apollinien est le plus proche de son idéal. C'est par cette descente dans les réalités qu'il prend conscience du chemin nécessaire pour réellement faire triompher son idéal.

Tout au contraire un refus de cette descente le coupe de l'autorité jupitérienne. Le solarien apollinien se contente alors d'assumer le rôle d'un idéaliste ou simplement d'un « irréaliste » sans prise directe sur le monde. Il reste isolé, incompris mais toujours habité par une aspiration dont la réalisation semble pourtant s'éloigner. Si son but consiste à vivre certaines valeurs, il considérera qu'elles sont trop élevées pour être communiquées et vécues par son entourage. Le solarien apollinien devient facilement élitiste.

Tout au contraire celui qui poursuit le chemin normal de ses différents mythes se rapproche d'Hélios. Mais dans certains cas le solarien emprunte l'étape dionysiaque. Il vit alors son isolement d'une manière plus intense et conflictuelle.

Le solarien dionysiaque cherche la vérité dans son être ou la réalisation d'un idéal, en rébellion contre un monde ou un entourage qui lui semble fou. Il n'hésite pas à adopter des comportements provocateurs pour mieux souligner des situations ou des rapports inacceptables. Tout comme le solarien apollinien, il cherche à transcender les limites, mais ici c'est la phase conflictuelle qui est soulignée. L'individu devient critique, peut-être même agressif. Il se laisse emporter par sa fougue et sa provocation. Celle-ci devient gratuite et à force de vouloir détruire, de s'affranchir de tout conditionnement, le solarien dionysiaque finit par oublier le but de sa quête. De fou il devient sot, de l'ivresse il passe à l'ivrognerie.

Le solarien dionysiaque souligne le combat de l'individu contre les conditionnements, les limites, les habitudes ou les disciplines sociales, contre les rôles que peut impose un groupe, les codes de conduite, les règles morales, etc. Ce n'est pas un rejet négatif mais la volonté de démontrer que tous ces éléments qui sont utiles peuvent devenir des obstacles. Le solarien dionysiaque assume sa part de folie pour mieux se rapprocher d'Hélios. Un tel comportement est parfois difficile à supporter pour l'environnement qui devient l'objet de ses critiques.

Le solarien dionysiaque déconcerte, choque, mais il réveille, parfois brutalement. Il dénonce les hypocrisies, notamment celles qui résultent de conventions collectives.

Cela l'amène à être désigné du doigt, mais le solarien dionysiaque aime à être désigné du doigt.

SECONDE PARTIE

LES DUOS DIVINS

Uranus/Saturne

Coup d'État mythologique

Le mythe qui associe Uranus et Saturne est l'une des rares fois où Uranus entre en contact avec un autre dieu planétaire.

Ce mythe a été traité dans le chapitre précédent. Uranus créait abondamment mais maintenait ses créations prisonnières à l'intérieur de son épouse Gé. L'un de ses fils Saturne réussit, allié à sa mère, à renverser son père qu'il châtre. Saturne veut conserver le pouvoir en avalant lui-même ses enfants.

Ce coup d'État mythologique n'est pas vraiment le premier car, avant Uranus, on peut constater qu'il y a eu, sinon des coups d'État mythologiques, tout au moins une succession de dieux qui assurent un rôle puis l'abandonnent pour développer la Création.

La confrontation Uranus-Saturne nous est cruellement présentée, mais en réalité le passage d'Uranus à Saturne n'est symboliquement que le passage d'un état de la Création à un état plus évolué, d'un état de la conscience à un état supérieur. Uranus bloque la Création et Saturne, par son initiative, va aider à la développer, mais dans des limites très restrictives. Si Saturne succède à Uranus, c'est aussi parce qu'il n'y a pas de trop grande rupture symbolique entre ces deux dieux. Il conservent de nombreux points communs. Uranus oblige la Création à se maintenir dans le sein de Gé alors que Saturne accepte de tenir lui-même le rôle de l'avaleur.

La mythologie nous indique également qu'Uranus « meurt » après la blessure que lui inflige Saturne. Au contraire Saturne assume un rôle d'organisateur après son renversement, avec l'épisode de l'âge d'or du Latium. Tout ceci nous montre bien qu'il y a symboliquement une progression importante.

• Version harmonieuse :

Dans la relation harmonieuse, c'est le mythe qui se réalise pleinement. Saturne réussit sa révolte et s'harmonise avec Uranus.

Saturne impose la maîtrise, la durée, et permet un déblocage de certains potentiels psychologiques. Bien entendu, le fait que cette version soit harmonieuse n'implique pas l'extraversion !

Les idées, les sentiments, les émotions, les initiatives, la volonté de participer à la vie, ne sont plus ignorés et bloqués mais, avec Saturne, intériorisés et maîtrisés. Dans cette version harmonieuse, c'est comme si Uranus passait volontairement la main à Saturne. Cette intériorisation est productive puisque nous avons vu que l'avalage permet une transformation.

Une personne qui serait très nettement marquée par ce mythe incarnerait donc la passation de pouvoir entre les deux dieux. Il ne faut pas s'attendre, avec un tel mythe, que ce soit le rôle de Saturne qui prédomine, et dans le caractère et dans la vie de la personne. Les attitudes envers la vie ou envers soi-même, envers ses émotions, évolueront lentement et passeront d'un régime uranien à un régime saturnien : d'un régime d'ignorance ou de repli à un régime de maîtrise et de questionnement plus créatif.

L'adaptation saturnienne demande du temps. On ne passe pas avec violence d'Uranus à Saturne, ou alors le changement risque d'être aussi brutal que superficiel. La personne doit avoir du temps pour passer du régime uranien au régime saturnien dans les différents aspects de sa vie.

Le tempérament reste secondaire mais il peut être créatif, tout en nécessitant du temps. Cela donnera de la force et de la profondeur à tous les comportements ou pensées de la personne.

Prenons quelques exemples afin de montrer comment ce mythe peut s'adapter à la vie quotidienne. Tout d'abord une personne ne vit pas forcément son mythe dans tous les aspects de sa vie. Cela implique que la passation de pouvoirs entre Uranus et Saturne peut, dans un premier temps, s'appliquer à sa vie sentimentale, puis à sa vie sociale, puis à l'éducation de ses enfants, etc. D'autres fois, au contraire, la personne aura tendance à vivre ce mythe dans plusieurs aspects de sa vie à la fois.

Imaginons qu'une personne sortant de l'adolescence ne s'ouvre pas immédiatement à une vie sentimentale épanouissante. Elle se trouve alors plutôt dans un régime uranien. Elle méconnaît, reste sourde et aveugle à toutes les sollicitations, les communications de type sentimental. En apparence, la personne est froide, distante, et ne communique que très difficilement ses émotions. Puis, avec le temps, avec l'expérience des dialogues et des confrontations avec son environnement, elle va réfléchir. Elle tentera même de transformer son environnement et ses réactions. Elle passe alors à un régime saturnien. Ses sentiments commencent à fleurir mais vont rester maîtrisés. En effet, cela n'implique pas que la personne exagère le retour du balancier et devienne extravertie. Mais ce qui avant lui apparaissait totalement étranger ou ce dont elle entendait vaguement parler devient pour elle un sujet de réflexion et de méditation. Elle ne va pas s'engager hardiment dans la vie sentimentale mais va commencer à réfléchir sur ses propres réactions, ses limites, ses faiblesses, qu'elle avait autrefois tendance à considérer comme des forces ou à ignorer.

Tout cela demande un travail de changement, voire d'initiation, difficile à assumer. Il est possible qu'au bout de quelques années la personne non seulement ait réussi à faire passer sa vie affective du ventre de Gé (rejet plus ou moins modulé de l'autre, de ses messages affectifs) à l'estomac de Saturne (réflexion, premières prises en compte, on s'implique plus dans le dialogue), mais même qu'elle soit allée jusqu'au vomissement, c'est-à-dire jusqu'à l'orée du royaume jupitérien.

Dans la vie quotidienne le vomissement veut dire qu'il y a méditation et transformation débouchant sur l'action. Ceci apparaît clairement avec les mythes jupitériens. En conservant l'exemple de la vie affective, la personne, après un temps assez long de méditation et de réflexion sur ses limites, sur ses inhibitions, réussit à se construire un comportement, à passer la barre de la communication avec l'autre. Elle peut dès lors, ayant assuré ses bases, passer à l'action.

Après ou simultanément, on peut imaginer que le sujet va vivre ce mythe dans le domaine social. Le traitement uranien peut s'exprimer par le fait que la personne se sente étrangère à son milieu professionnel, démotivée à l'égard d'un engagement professionnel. Puis elle cherche en elle-même des raisons de s'engager et de se motiver. Elle réfléchit sur des objectifs qui lui paraîtraient crédibles ou acceptables. Cette version harmonieuse montre bien qu'elle ne se repose pas sur les autres pour assumer tout ce travail de transformation. Si l'on va jusqu'au vomissement de Saturne, la personne ayant réussi à bien définir sa vocation va pouvoir s'engager réellement dans le domaine social.

Quels que soient les domaines d'expression, ce mythe harmonieux demande beaucoup de courage pour être assumé. Du courage et même de la ténacité. C'est un enfantement de soi-même.

Un mythe, même harmonieux, ne se vit pas toujours facilement : il peut y avoir des retours en arrière, des échecs là où l'on pensait que la victoire était évidente, des réticences ou des craintes, voire des angoisses devant les changements qui se déroulent. La personne peut somatiser sa crainte devant les changements d'attitude qu'elle se sent devoir inexorablement assumer. Ce mythe qui apparaît à l'aube de la mythologie concerne les fondements de notre conscience.

Le passage d'Uranus à Saturne, c'est l'éveil de la conscience, c'est l'acceptation de l'environnement, sa prise en compte dans nos jugements et dans nos vies.

Ces dieux apparaissant à l'aube de la mythologie et représentant les principes de notre conscience, il est normal qu'ils imposent un tel type de travail. La mythologie elle-même va dans ce sens : s'il n'y a pas de révolution saturnienne, il y a blocage de toute la création des mythes... et de nous-mêmes.

Voyons un exemple différent de l'application de ce mythe :

L'amour d'une mère pour son enfant. Le traitement uranien impliquerait que la mère s'occupe peu de son enfant, le laisse dans le sein de Gé (qui n'est pas alors le sien), ce qui correspond à attendre de l'environnement et des circonstances qu'ils prennent en charge l'enfant. La personne se sent sinon étrangère, tout au moins peu mobilisée dans l'éducation de son enfant. Elle part du principe que l'éducation d'un enfant est une chose routinière qui se fait d'elle-même. Puis on passe au traitement saturnien. Saturne commence à naître dans la conscience de la mère. Celle-ci réfléchit à ses réactions et à ses comportements. Elle se remémore certains épisodes et prend suffisamment de recul pour remettre en cause le rôle qu'elle a tenu. Saturne l'amène alors à intégrer psychiquement l'existence de son enfant.

Puis le vomissement va amener la mère à vouloir s'engager. Dès lors, elle est capable de donner beaucoup plus que si elle avait voulu jouer superficiellement un rôle en court-circuitant la révolution saturnienne à l'intérieur de sa conscience.

Elle a vécu dans son psychisme et peut-être même dans ses entrailles la révolte saturnienne. Ayant accompli ce chemin initiatique, elle est en mesure d'en faire profiter son enfant.

En fait, le mythe Uranus-Saturne ouvre la mythologie et débloque l'ensemble de la Création et de tous les autres mythes. Incarner dans sa propre vie ce mythe, cela veut dire que l'on va être amené à débloquer sa propre histoire, sa propre mythologie.

• Version disharmonieuse :

Dans ce cas, nous nous situons non pas dans la perspective de la victoire de Saturne sur Uranus – donc dans le cadre d'une passation de pouvoir mythologique naturelle – mais nous sommes au contraire en plein cœur de la bataille. Cela n'implique pas que celle-ci soit perdue. Mais le mythe, et donc la vie, risque d'être vécu de manière plus intense et difficile. Au pire, nous nous situons avant la révolte saturnienne, soit que l'on constate simplement l'échec apparent de celle-ci.

Puisque nous sommes à étudier notre premier mythe, nous passerons un peu plus de temps sur les différentes relations qui peuvent exister d'un point de vue technique entre mythe et vécu.

Une version harmonieuse met en évidence l'accomplissement naturel du mythe. Mais il est aussi possible que le natif se démobilise et reçoive peu de bénéfice. Il existe deux attitudes possibles du sujet par rapport à l'aspect disharmonieux du mythe.

Dans un premier temps, il prend en main ce problème et décide d'assumer les difficultés, la bataille ou les tensions mythologiques. C'est le héros qui accepte de subir un certain nombre d'épreuves tout au long de son chemin initiatique. D'autres fois, l'individu reste passif. Il est alors non plus le travailleur mais plutôt le « travaillé ». Il ressent les choses durement et voit la fatalité là où il n'y a que stratégie inconsciente. Dans le vécu cela est ressenti de manière très douloureuse et mène à des découragements.

S'il y a découragement, la personne ne cesse pas de vivre ses mythes difficiles, elle les assume autrement. Ce travail peut s'exprimer par une maladie ou par cette forme moderne de descente aux Enfers qu'est la dépression, des formes bénignes jusqu'aux formes beaucoup plus sérieuses.

En prenant la perspective mythologique, il est intéressant de travailler volontairement sur soi afin de devenir un être conscient et non pas simplement... un pion entre les mains des dieux ! Nous devons accéder, grâce à notre travail, à la conscience du joueur pour dépasser celle du simple pion.

Revenons donc à l'antagonisme Saturne-Uranus. Dans ce cas, ce sont les aspects difficiles et négatifs qui sont mis en relief. Le blocage, l'isolement deviennent intenses. La personne manque de recul face à ses inquiétudes, aux sentiments et remises en cause qui l'agitent. Elle ressent de manière intermittente que ses pensées ou ses comportements ne sont pas très bien adaptés. Mais tout le problème, c'est qu'elle reste comme crucifiée sur cet antagonisme et cette tension intérieure. Il existe bien le constat que ça ne va pas bien, qu'il faudrait peut-être faire preuve ou d'adaptation ou d'ouverture. Mais comment faire ? et d'ailleurs... va-t-elle même jusqu'à se poser la question, ou ne se contente-t-elle pas simplement de vivre cet état de guerre Saturne-Uranus au plus profond d'elle ?

Heureusement, il y a des moments où les choses s'apaisent. C'est comme si Saturne prenait l'ascendant sur Uranus et permettait une première intégration de sentiments ou comportements mieux adaptés. D'autres fois c'est Uranus qui l'emporte et la personne reste étrangère à son environnement, refuse toute forme de changement. Ici, c'est Uranus qui rejette toutes les propositions révolutionnaires de Saturne.

Nous avons vu précédemment qu'Uranus créait mais qu'il rejetait ses créations. C'est comme si on créait mais qu'on oubliait de se préciser à soi-même la raison profonde de cette création. Certains individus consacrent une grande partie de leur vie à une profession ou à un engagement de couple, mais vivent d'une manière routinière, presque désintéressée, ces épisodes. Il y a une déqualification des projets. La personne prend les apparences d'un engagement mais ne vit pas au plus profond d'elle ces engagements. Elle les maintient dans le sein de Gé afin de s'en protéger.

Comme si elle craignait qu'un engagement de sa part, justement, ne la conduise inexorablement vers une remise en cause.

Dans cette version disharmonieuse Uranus-Saturne, on peut imaginer tous les dosages entre des moments où Uranus l'emporte et d'autres où Saturne gagne.

Prenons un cas: l'exemple d'une personne qui commence à s'ouvrir à une vie affective. Vivant son mythe disharmonieux Uranus-Saturne, elle se sent isolée, incomprise et manquant de contacts authentiques avec son environnement. Elle en souffre et décide de réfléchir, seule ou avec une aide, sur ce problème. Dans cette étape précise, Saturne commence à prendre le pouvoir, mais assez rapidement la personne arrive à la conclusion que tout cela est bien déprimant et même décourageant. Immédiatement elle en tire la conclusion qu'il lui faut arrêter de se remuer les méninges pour rien et qu'après tout son authenticité consiste à se renfermer sur elle-même et à la vie.

Uranus revient en imposant ses ordres à Gé, rejetant par la même occasion son fils turbulent Saturne. La personne vit alors une étape d'isolement, puis, après un temps, se dit qu'elle devrait malgré tout faire un effort car il y a peut-être, au-delà de ce qu'elle a pu connaître jusque-là, des gens intéressants. Elle entame une nouvelle réflexion et commence à établir quelques contacts, à inviter des gens chez elle et va jusqu'à accepter des invitations. Mais ces premiers contacts ne lui paraissent pas exaltants. Elle en tire une nouvelle conclusion:

«J'avais bien raison avant de penser que les gens ne sont pas suffisamment intéressants pour être contactés, j'évolue beaucoup plus dans mon isolement que dans ma communication avec l'autre.»

De nouveau Uranus prend les commande. Mais la personne va passer par une petite période de déprime. Elle entame alors une thérapie de soutien ou tout autre travail sur elle-même qui l'amène à faire un peu mieux connaissance avec les profondeurs de sa conscience. Ici Saturne, avec son estomac transformateur, revient au galop, mais... la personne ira-t-elle jusqu'au bout de son travail?

Vous le saurez au prochain épisode mythologique.

Saturne/Jupiter

Encore un coup d'État!

Au moment où Saturne prend le pouvoir, ses frères exigent de lui qu'il tue ses enfants afin qu'après lui le pouvoir leur soit confié. C'est une façon de bloquer le développement de la Création et de la mythologie au stade de cette génération.

Les Titans représentent la génération saturnienne et désirent conserver le pouvoir à ce niveau. C'est comme pour chacun d'entre nous, quand il y a la volonté de ne pas changer, de conserver notre niveau d'évolution tel qu'il est... le jugeant d'ailleurs très bien. Jupiter échappe à l'avalage et symbolise ce qui est extérieur au plan prévu. Étant extérieur à tout ce processus prévu d'annihilation du changement, il veut l'évolution désirée.

En provoquant le vomissement de Saturne, il permet à l'ensemble de la génération dite olympienne, celle qui régnera avec lui, de se développer et de créer tous les mythes qui suivront.

• Version harmonieuse :

Ici donc le mythe s'accomplit. Jupiter permet l'achèvement de l'œuvre transformatrice de Saturne, ce qui, allégoriquement, va conduire au vomissement de Saturne, à la restitution des dieux olympiens. Saturne et les Titans abandonnent le pouvoir. Ils ne symbolisent plus le nouveau niveau d'évolution.

Cette version harmonieuse a été esquissée dans le mythe précédent. Ici l'action de réflexion de Saturne trouve son accomplissement dans l'action jupitérienne.

Nous sommes dans une culture qui dévalorise le processus de méditation. Nous vivons constamment à l'extérieur de nous-mêmes. Tout au plus, nous nous accordons quelques minutes de réflexion sur notre vie, mais de méditation réelle, point!

Jupiter, dans cette version harmonieuse, parachève l'œuvre de transformation, alors que Saturne a tendance à se concevoir lui-même comme une finalité: ce que j'ai, je le garde! Ce sont par exemple les méditatifs qui n'arrivent jamais à prendre de décision ni à passer à l'acte.

Tout au contraire, dans cet aspect harmonieux du mythe, il y a une complémentarité entre la vie intérieure et la réalisation extérieure. Qu'il s'agisse de vie affective, de projets professionnels, de développement personnel, la personne trouve un bon équilibre entre le mûrissement et la moisson.

La présence de Jupiter dans ce mythe montre que c'est l'ensemble des activités du sujet qui est concerné. Plus précisément c'est son rôle social, au sens large, l'expression concrète de son incarnation en rapport avec les autres, ses engagements dans la collectivité.

Du point de vue symbolique Saturne n'est pas vaincu par Jupiter mais au contraire il est glorifié par lui. Tant qu'il est seul au pouvoir, il est improductif et même un peu débile: il mange une pierre au lieu de Jupiter, un poulain à la place de Neptune, tout cela ne montre pas un grand discernement. Par contre, une fois « vaincu », il est en mesure de régner sur le Latium pour y établir l'Âge d'or.

Jupiter c'est la méditation saturnienne qui devient partage avec les autres.

Cet aspect harmonieux du mythe est un bon équilibre entre la méditation et l'action. Au premier chef, cela semble être un mythe facile à comprendre, mais il est pourtant très éloigné des réflexes que nous avons dans notre culture. Nous allons de plus en plus vite, et, manquant de temps, nous avons souvent tendance à nous guider au « flair ». Parfois, nous nous engageons dans l'action et, constatant nos échecs ou nos réussites, nous tentons d'en tirer des leçons. Il faut agir coûte que coûte et on verra après! Or, il est bien entendu que dans ce mythe Jupiter ne peut remplir son rôle que parce que Saturne existe.

• Version disharmonieuse :

Ici, nous nous trouvons devant la même problématique que pour le mythe Saturne-Uranus. Ou bien nous sommes au cœur de la bataille et la tension règne entre les deux divinités, ou bien avant même que Jupiter n'ait osé fomenter sa révolte, à un moment où Saturne a les pleins pouvoirs.

À ce moment du mythe, quelle que soit l'option choisie, Saturne cherche à imposer sa volonté pour garder le pouvoir, pour lui mais également pour ses frères. Refusant Jupiter, Saturne ne brille pas par sa lucidité (prendre une pierre emmaillotée pour un bébé !).

Dans le vécu on va se confronter à une double difficulté : la méditation ou la réflexion privée d'action devient improductive ou alors l'action semble manquer d'une bonne coordination avec la réflexion. Plusieurs possibilités sont à imaginer.

Tout d'abord on peut penser qu'il s'agit d'un isolement subi qui amènera le sujet à chercher à compenser son manque de communication ou d'action par une réflexion intérieure peu épanouissante. Dans la mesure où il s'agit d'un aspect disharmonieux du mythe, il y a bien conflit. La personne peut se sentir isolée ou encore avoir l'impression à un moment donné qu'elle a tout simplement oublié de vivre. La personne invoquera la crainte, un complexe, pour expliquer son manque de confrontation aux réalités de la vie et de l'autre. Mais plus la personne cherchera à esquiver la vie extérieure, plus elle se trouvera démunie pour établir un dialogue.

Dans d'autres cas la personne a des impressions, des émotions qu'elle ne prend pas soin de vérifier. Elle se reconstruit tout un monde intérieur rationnel ou du moins réfléchi, justifiant ses craintes et ses faiblesses, l'isolant et l'affaiblissant de plus en plus. Il est alors évident que le natif a vraiment besoin de la purge que lui propose Jupiter.

Un bon exemple de l'application de ce mythe nous est donné dans un film des Marx Brothers.

Film : « La Soupe au canard »

Groucho Marx, président d'un petit pays, est au bord de la guerre avec son voisin. Tout le monde l'incite à se réconcilier avec l'ambassadeur de cet État, un certain Trentino. Dans un premier temps, Groucho affirme qu'il serait tout à fait heureux de rencontrer Trentino. Son entourage l'avertit alors que Trentino va arriver et lui demande de tendre la main de l'amitié.

C'est alors que Groucho se laisse en quelque sorte « embarquer » par un mauvais Saturne. Il commence à réfléchir : « Et s'il ne le fait pas ? » Il songe alors à la blessure qui serait infligée à son orgueil. Il énumère les différentes conséquences de cet acte, l'humiliation publique, le scandale, la difficulté à récupérer une telle situation. Très rapidement il arrive à la conclusion que bien évidemment jamais Trenteno n'acceptera de lui tendre cette main. Alors Groucho éclate : « Mais pour qui se prend-il ? Mais pour qui se prend-il pour me faire affront devant tout mon peuple ! »

À ce moment de sa réflexion, Trentino arrive. Groucho le regarde et lui dit : « Alors comme ça, vous refusez de me serrer la main ? » et avant même que Trentino ait pu ouvrir la bouche, drapé dans son indignation, Groucho le gifle : c'est la guerre !

Ce scénario montre à quel point un individu peut se recréer une réalité pour justifier ses craintes ou tout simplement certaines de ses décisions. Or, si nous réfléchissons un peu, nous avons tous été amenés à un certain moment de notre vie à être plus proches de Groucho que d'Hercule.

En repoussant l'action jupitérienne, Saturne refuse de prendre en considération des informations de l'extérieur. Non seulement la réflexion est improductive, mais une personne peut retraduire des informations de l'extérieur pour y trouver des justifications de ses comportements ou de ses décisions.

Dans d'autres occasions, c'est Jupiter qui semble l'emporter. À ce moment de la bataille, il n'est nullement question de permettre à Saturne de se reconvertir dans le Latium. C'est l'action pour l'action. La personne rejette la notion de transformation et cherche une solution dans une activité débridée. Comme ces personnes qui décident de construire un couple parce que cela se fait, de concevoir un enfant parce que cela se fait, d'acheter un appartement parce que cela se fait, de prendre une activité professionnelle non seulement parce que cela se fait mais également parce que celle qu'ils ont «choisie» était la seule qui leur était proposée, et ainsi, progressivement, et avec beaucoup de persévérance, elles évacuent toute notion de vocation et de réflexion.

Par le partage du pouvoir avec les autres dieux, le fait d'assumer la responsabilité du gouvernement de l'Olympe, le symbole jupitérien désigne les organisations ou collectivités : famille, entreprise, associations, religion, etc. C'est l'expression de l'individu à l'intérieur du groupe. Nous verrons que l'expression mercurienne est plus individuelle. Par conséquent, l'affrontement de Jupiter et de Saturne, d'une manière disharmonieuse, met en évidence toute la réticence de l'individu à participer à l'activité qui le met en relation directe avec des «groupes» ou de manière plus générale avec les «autres». Toute âme incarnée évolue par les échanges et les épreuves qu'elle rencontre dans la société. C'est une forme lente d'initiation mais c'est une forme d'initiation. Si Saturne rejette le contact avec Jupiter, l'individu freine l'initiation naturelle de l'âme incarnée qui cherche à s'exprimer et à vivre dans la société tout en maintenant sa personnalité.

Jupiter/Uranus

Le mythe de la gigantomachie

Gigantomachie désigne le combat qui a opposé Jupiter aux Géants, fils de Gé et d'Uranus.

Ces géants avaient un aspect effroyable. Des versions rapportent qu'ils étaient nés du sang d'Uranus lorsque celui-ci fut mutilé pas son fils Saturne.

Dans un premier temps, les Olympiens trouvent un compromis quant à la mission à confier aux Géants dans le nouvel ordre de la Création : ils devront garder prisonniers dans les Enfers les Titans, frères de Saturne. Mais à leur tour les Géants se révoltent contre les Olympiens. Jupiter assure son pouvoir en s'alliant aux autres dieux ainsi qu'à un humain : Hercule. Prédiction lui a été faite qu'il ne pourrait vaincre les Géants qu'en s'alliant à un mortel.

Jupiter inaugure l'ère de la collaboration entre les dieux et les hommes.

Finalement les Géants vont être défaits par la race des Olympiens. C'est un combat d'autant plus dur et brutal qu'entre les Olympiens et les Géants une génération saute, celle des Titans. La race des Géants apparaît comme un vestige du règne d'Uranus. Cela désigne une crise plus difficile que celles qui opposèrent Saturne à Uranus ou Jupiter à Saturne.

• **Version harmonieuse :**

La victoire de la gigantomachie est la deuxième pour Jupiter.

Au début, il a affecté aux Géants une mission de gardiens de prison. C'est une façon comme une autre d'intégrer les Géants dans le nouvel ordre de la Création. Mais il est difficile de se reposer en pleine confiance sur ces êtres qui finiront d'ailleurs par se révolter.

Pour la personne, cette confrontation est celle entre les sollicitations collectives, sociales ou culturelles, et celle de renfermement ou d'égoïsme. Dans le cas de l'aspect harmonieux du mythe, on s'aperçoit, même si cela ne va pas sans difficultés, que le sujet réussit à canaliser ce qu'il a en lui d'irréfléchi, de brutal ou d'égoïste, grâce aux voies que lui offre Jupiter.

C'est donc à l'intérieur des valeurs symboliques de Jupiter, familiales, professionnelles, animation d'associations ou de toute autre activité, que la personne va sublimer Uranus et participer à la victoire sur les Géants.

Si la maîtrise se fait, il faut envisager l'hypothèse qu'Uranus réussit à faire passer sa puissance au travers des différentes expressions que lui offre Jupiter. Dans tous ces projets il est évident que la personne préservera une part d'individualité uranienne, même si cela peut lui occasionner quelques ennuis. Ce sera sa façon d'exprimer une originalité au sein du groupe.

Uranus représente un moi affirmé, exalté, à la limite de l'aveuglement. Comme il s'agit d'une version harmonieuse, cette force d'affirmation trouve une sublimation par les valeurs jupitériennes. Au travers de ces institutions ou engagements, le sujet met un point d'honneur à sauvegarder ce moi qu'il veut exprimer en toutes choses. Avec Jupiter ce moi apparaît moins agressif.

Normalement cela devrait demander du temps. Nous avons vu que Jupiter s'y reprend à deux fois pour intégrer les Géants dans la Création. C'est un accommodement difficile à trouver. Il est possible que la volonté d'affirmation uranienne déborde les limites jupitériennes propres à chaque institution ou engagement du sujet, et lui fasse « avorter » ses projets. Avec le temps, les Géants seront dominés et soumis aux valeurs jupitériennes.

C'est un individu qui s'engage avec force dans un projet professionnel mais qui donne, même involontairement, priorité à l'affirmation de sa personnalité sur les exigences propres au projet. Il affirme ses décisions, ses choix, ses intérêts d'une manière trop agressive, mettant en cause la réussite de son projet.

Cette force d'engagement peut le servir. Mais au début le sujet est obligé de subir les conséquences de ses excès. Il ne réussit pas à s'exprimer à l'intérieur des limites de Jupiter. Ce temps d'adaptation passé, ayant pu analyser certains échecs, il apprend à amadouer les valeurs uraniennes et trouve un dynamisme créateur entre ces deux potentiels.

• **Version disharmonieuse :**

Nous sommes en plein cœur de la bataille au moment de la révolte des Géants. Ceux-ci tentent d'escalader le mont Olympe pour tuer la génération des Olympiens.

Suivant un oracle, il était nécessaire pour Jupiter de s'allier à un humain. Le combat s'établit entre deux extrêmes : les fils d'Uranus d'un côté, les Olympiens et un représentant de la race humaine de l'autre.

Les Géants représentent le règne uranien, une forme d'affirmation de soi égoïste. Ce n'est qu'une première étape de l'éveil de la conscience de l'homme qu'il faut savoir dépasser.

On voit la difficulté d'adaptation de cette force brutale à l'intérieur des limites jupitériennes. Cela amène la personne à se révolter, à prendre position contre toute forme d'organisation ou de discipline. D'autres cas sont vécus plus passivement et les Géants apparaissent faibles. L'individu subit alors son inadaptation, peut-être même la regrette-t-il.

Il pourra trouver des explications pseudo-rationnelles à son inadaptation :

– je n'ai pas le temps de...

– on ne comprend pas...

– les circonstances font que...

Si l'individu désire entamer un projet jupitérien, il risque de souffrir de son combat contre ses propres Géants : volonté de repli, difficulté à établir une communication avec les autres, intolérance, ou tentation de s'investir fortement mais sans réelle finalité.

Toute cela montre à quel point des Géants déchaînés ne font qu'exalter leurs propres faiblesses face aux nécessités jupitériennes. L'individu va plutôt subir ses échecs et chercher par eux une pédagogie qui pourrait amener, sinon une victoire de Jupiter, au moins un équilibre plus épanouissant pour le héros du mythe que vous êtes peut-être. Cela va demander de la patience et sans doute même une forme d'humilité.

Les Géants expriment en chacun de nous la peur du changement et de l'évolution, et notre tentation d'utiliser les attitudes de défense animale (les Géants avaient une allure bestiale).

Saturne/Neptune

Le mythe du non-avalage

Saturne n'avale pas Jupiter qui peut ainsi conduire sa révolte. Pour Neptune il existe deux traditions : la première qui lui donne le même destin qu'à ses frères et sœurs, celui d'être avalé et rendu, et une deuxième version dans laquelle Neptune n'est pas avalé mais remplacé par un poulain.

Ce non-avalage par les limites saturniennes est cohérent avec le symbolisme de Neptune : il représente les différents plans de réalité, de la conscience, mais également la possibilité d'y accéder et donc de participer à une plus grande dimension de soi-même en transcendant les limites du temps ou de l'ego.

Saturne représente la notion de limite. Contrairement à Uranus, il permet à la Création de se développer, notamment par l'un de ses fils qui se nomme Durée, mais aussi par le fait qu'il instaure un dialogue un peu plus « libre » avec cette Création. Saturne permet d'organiser, de séparer les choses. Il est un associé utile pour Neptune en délimitant les différents plans. Neptune établit une forme d'alliance familiale en épousant Amphitrite, descendante d'Océanos, lui-même frère de Saturne. Neptune a un statut privilégié dans la race des Olympiens ; il sauve Junon de l'avalage, lui permettant d'avoir un statut égal à celui de Jupiter, et sauve également Apollon, un fils de Jupiter.

• Version harmonieuse :

Cet aspect harmonieux du mythe met en évidence la bonne

association des deux dieux ou le fait que Neptune est avalé et rendu.

Ici nous avons le bon Saturne, un Saturne qui avale pour transformer après réflexion. Son association harmonieuse avec Neptune va largement étendre ses canaux d'information. L'œuvre de transformation intérieure est soutenue par le fait que l'individu accède à des informations multiples, de qualités différentes ou appartenant à des domaines diversifiés.

Prenons un exemple :

Des personnes ont une tendance à la réflexion prolongée mais se spécialisent dans une réflexion de type rationnel. Dans ce domaine précis, elles paraissent capables de dégager des décisions performantes. Mais d'autres savent au contraire combiner les informations rationnelles et les informations intuitives, prenant également en compte la dimension émotionnelle d'une situation. Autant d'éléments qui viennent de zones différentes de la conscience humaine et peuvent être « travaillées » grâce à cette version harmonieuse. Mais on peut également apprendre à développer et utiliser d'autres fonctions telles que l'imaginaire, le rêve, des états de conscience différents, par des méthodes traditionnelles ou moderne. C'est ouvrir des portes neptuniennes.

Ce mythe harmonieux ne signifie pas que la personne aura un destin de prophète ou de grand mystique. Il faut se méfier des grands mots. Il est difficile d'affirmer à une grande personne qu'elle est destinée à devenir un grand prophète. Mais après tout... une personne peut très bien avoir un statut de « prophète » à l'intérieur de sa propre famille ou dans son entreprise. Il s'agirait d'une personne capable d'accéder à d'autres informations et de les combiner de manière ingénieuse pour des décisions qui intéressent et mobilisent son environnement. Elle fait preuve d'une grande compréhension de l'autre, d'une analyse très fine de certaines situations. Elle est capable d'intégrer plus d'informations et de juger un individu ou une situation sur une base moins étriquée.

Dans le management moderne des entreprises, on tend à intégrer des éléments nouveaux comme l'imaginaire ou l'intuition, qui apparaissaient avant absurdes et surtout... non rentables.

Ce mythe est un élément moteur pour un éveil spirituel car la personne vit la multiplicité de plans de conscience, et même sans grand discours mystique à l'appui, sent de manière intuitive qu'on ne peut se cantonner à n'être qu'un tout petit îlot rationnel perdu au centre de la Création. C'est le sentiment, même confus, qu'il y a d'autres aventures à vivre pour être épanoui. Neptune donne une plus grande variété au travail intérieur de Saturne.

• Version disharmonieuse :

Dans cette interprétation disharmonieuse, nous sommes dans la phase initiale du mythe, quelle que soit la version choisie :

a) Saturne avale Neptune mais ne le rend pas tout de suite

Le moment où Neptune reste bloqué à l'intérieur de Saturne et est dominé par lui.

Le sujet perçoit de multiples informations, émotionnelles, intuitives, imaginatives. Mais il est submergé par cette multiplicité : il ne sait pas quoi en faire et cela mène à une profonde indécision. Plutôt que chercher une synthèse, il est paralysé car toutes les hypothèses lui paraissent viables.

Ceci établit un délai important entre le moment où la personne reçoit ces informations et celui où elle les utilise. Saturne impose une digestion trop longue.

Il est également possible que l'individu craigne de laisser libre cours à l'expression de tout cela, et apparaisse faible et hésitant. Alors il bloque Neptune et présente une façade « je suis écrasé de certitudes simples ». Cette façade lui donne apparence de plus grande détermination. Une conviction simple dégage une très grande puissance. Au contraire une prise en compte d'informations multiples (et mal digérées !) présente un individu indécis et manquant de tranchant.

b) Saturne n'avale pas Neptune

Puisque nous sommes dans une version disharmonieuse, nous considérons ce non-avalage non comme un signe du statut spécifique de Neptune, mais comme un refus symbolique de Saturne d'accueillir en lui Neptune.

Woody Allen en exprime un risque possible dans *Manhattan* : « Les habitants de Manhattan sont toujours en train de se créer d'incroyables problèmes névrotiques totalement inutiles car ils les empêchent de traiter les problèmes autrement plus terrifiants et insolubles de l'Univers. »

Ici, le blocage est plus important. La personne refuse de se montrer accessible à d'autres sentiments ou à d'autres points de vue. Elle tire sa force du repli sur une seule et unique perspective. Mais comme en toute chose, quand le refus est net et important, il en devient significatif. La personne est alors autant concernée que si elle portait un intérêt positif à ces informations.

Jung a montré que des personnes produisaient des névroses parce qu'elles ne savaient pas réaliser leurs élans spirituels.

Dans d'autres cas le malaise intérieur produit une maladie physique. À chaque fois, la personne veut se convaincre qu'elle n'est qu'une petite individualité isolée sur un îlot, et a besoin de se raccrocher à des informations stables et connues. La souplesse, la richesse des informations proposées par Neptune fait peur. La personne rejette cet aspect de sa personnalité. Il s'agit d'une véritable mutilation intérieure.

Ainsi, la personne ayant une relation dynamique avec ses rêves, chaque matin s'en rappelle et peut comprendre des éléments symboliques qui remettent en cause des aspects de sa vie. Or, dans la version disharmonieuse, la personne ne va pas délibérément prendre la décision de ne pas utiliser ces informations. Tout simplement, elle prêtera de moins en moins d'attention à ces informations. Il en résultera un appauvrissement du lien avec le rêve : elle s'en souviendra de moins en moins. C'est une façon de rejeter une fonction neptunienne.

Plus proche de nous, on peut imaginer un manager opératif sur des données techniques. Ce manager est tout aussi accessible à certains problèmes psychologiques de son entreprise, comme des problèmes d'esprit d'équipe ou de motivation. Mais il affirme qu'il ne veut pas se laisser entraîner par une prise en compte de tels éléments. Dès lors, il réduit ses informations mais réduit aussi le nombre de conversations qui pourraient traiter de ce sujet, et devient exclusivement un technicien au détriment des relations humaines.

Il faut comprendre la répugnance initiale de Saturne à avaler Neptune qui n'est autre que le futur dieu des océans : c'est pour Saturne, comme pour chacun de nous, s'exposer à un certain effet laxatif !

Neptune utilise la réflexion saturnienne mais lui ajoute une « mouvance ».

Jupiter/Neptune

Mythe de la répartition de la Création: l'attribution des eaux

Le mythe principal qui associe ces deux dieux est celui de la répartition de la Création après leur victoire sur les Titans. C'est une répartition sans aucun conflit. Les trois frères vont se répartir trois missions qui, dans leur ensemble, représentent toute la Création dans ses multiples plans de réalité et l'équilibre de cette Création.

Neptune reçoit la maîtrise des océans, de l'eau, mais, rejoignant son ancêtre Océanos, il désigne les plans subtils de la Création et de la conscience humaine. Neptune représente cette possibilité pour l'homme de participer à ces différents plans. Jupiter assure le rôle de premier ministre... et de président. Il organise le gouvernement des dieux mais aussi des hommes. Il a autorité notamment sur les rois. À ce titre il est le grand organisateur, celui qui assure le développement de l'histoire humaine et son équilibre.

Neptune est puissant et cherche parfois à affirmer son autorité. Dans le chant 15 de *L'Iliade*, Jupiter dit: « Va, pars, rapide Iris, porte au roi Poséidon, exactement, ce message, et ne sois pas messagère infidèle. Qu'il cesse, dites-le-lui, la bataille et la guerre, pour aller vers les tribus des dieux ou dans la mer divine. Si, loin d'obéir à mes paroles, il n'en tient compte, qu'il se garde, en son âme et en son cœur, d'oser, si puissant qu'il soit, attendre mon attaque, car je suis, je l'affirme, par la force bien supérieur à lui, et par la naissance son aîné. Et il ne craint pas, en son cœur, de se dire égal à moi, que redoutent les autres dieux. »

À regret Neptune cède. Mais dans le chant 13 de *L'Odyssée*, plus sage il dit à Jupiter: «Je redoute toujours ta colère et cherche à l'éviter.»

En un mot: que tout le monde reste à sa place et tout ira pour le mieux dans le meilleur des mondes divins.

• Version harmonieuse:

Par cet aspect harmonieux du mythe, la personne utilise la capacité d'organisation de Jupiter – collectivité, famille, entreprise, engagements sociaux, etc. – pour trouver une communion avec une dimension plus large d'elle-même.

Cela rappelle une parole de Khalil Gibran dans *Le Prophète*: «Le travail est l'amour rendu visible.»

Dans cet ouvrage, la foule propose au prophète un certain nombre de thèmes dont le travail, le respect des lois, le fait d'acheter ou de vendre, la maison, etc. À chaque fois la foule attend du prophète qu'il explique comment au travers de ses activités quotidiennes, peut-être même parfois rebutantes, il est possible de se sensibiliser à une autre dimension plus spirituelle.

La spiritualité n'implique pas nécessairement un sentiment religieux. C'est ce sentiment par lequel un individu a envie de donner un sens à sa vie, de manifester qu'il ne se sent pas isolé des autres hommes et de l'ensemble de la Création.

Toutes les formes d'expression jupitériennes apparaissent comme des supports pour le sujet afin qu'il évolue. Dans ce cas, la profession, la création d'une famille ne sont plus une finalité en elles-mêmes. Elles sont des canaux par lesquels la personne rencontre d'autres individus et peut établir une compréhension, une complicité qui dépassent les apparences de ces différentes organisations.

Ce mythe harmonieux, c'est la capacité à comprendre que dans tout projet, social ou privé, il y a un autre projet plus intime et plus significatif pour nous, que nous oublions parfois au profit du projet le plus apparent.

Dans cette perspective, la création d'une famille n'est pas faite pour se protéger, mieux assumer des responsabilités financières, tenter de faire coïncider deux solitudes, deux frustrations, mais c'est une aventure sensuelle, sexuelle, émotive, également une aventure spirituelle par laquelle deux êtres vont s'apprendre mutuellement un peu plus sur eux-mêmes. Il s'agit de s'ouvrir à des horizons auxquels ils n'auraient pas pu s'ouvrir s'ils ne s'étaient pas rencontrés. C'est la bonne alliance entre ces deux divinités. Ce sentiment d'ouverture neptunien n'est en aucun cas un facteur de déstabilisation puisque Neptune est également un dieu stabilisateur qui vient offrir une base plus large et solide à l'ensemble des activités jupitériennes.

• **Version disharmonieuse :**

Il y a peu de conflits entre ces deux dieux. Une seule fois Neptune a été partie prenante dans un complot qui a échoué contre Jupiter.

Les dieux au lieu de se compléter se nuisent. On peut craindre que l'individu n'utilise les projets jupitériens non pour s'ouvrir mais pour se fermer aux sollicitations neptuniennes. C'est le cas des personnes qui créent une famille non dans un sens d'ouverture mais pour trouver un îlot qui les protège de la réalité qu'elles s'estiment incapables d'affronter seules. Dès lors, l'élan jupitérien s'étiole et cet effort d'organisation cherche à trouver sa fin en lui-même. Il est à craindre que la famille ayant manqué d'ambition pour elle-même ne voie fleurir en son sein de multiples crises la remettant en cause.

D'autres personnes utilisent la profession pour se soustraire des responsabilités plus personnelles et plus exigeantes. Là encore, l'idéal social jupitérien se fane et devient simplement un abri pour peureux.

Richard Bach, l'auteur de *Jonathan Livingstone le Goéland*, dit dans un autre ouvrage *Le Messie récalcitrant* : « La meilleure façon d'éviter la responsabilité est de dire : j'ai des responsabilités. »

La personne peut aussi se réfugier dans les élans neptuniens. Elle n'est pas prête à assumer les responsabilités, la rigueur qu'impose l'expression jupitérienne, et va plutôt tenter de survaloriser ses élans neptuniens, son besoin d'ouverture, son intérêt pour de multiples projets. La personne multiplie le nombre de ces projets plutôt que de multiplier les dimensions d'un même et unique projet. Au lieu de s'astreindre à rechercher dans ce qu'elle vit l'amélioration, la sublimation, la quête du sens, elle va se noyer en multipliant les projets de manières très horizontale. C'est une sorte de sous-Neptune.

C'est la personne qui multiplie les projets professionnels pour éviter d'en pousser un jusqu'à terme. On pourrait parler d'un « don-juanisme social » : il s'agit de collectionner les activités, les conquêtes, les engagements, de sauter de l'un à l'autre. Dans cette débauche d'actions, il faut courir très vite pour échapper à la sensation du vide. Neptune devient le maître des tempêtes et des récifs mobiles qui peuvent à tout instant détruire notre frêle esquif...

Enfin, le comble c'est quand le complot de Neptune réussit. Alors l'individu peut saper sa vie sociale en ne voyant que les grands desseins et en négligeant les impératifs concrets. Il a une réelle sensibilité à quelque chose d'autre, un élan pour dépasser les contingences quotidiennes mais là, il passe carrément au travers des contingences. Il en devient inefficace à servir ses aspirations.

Tout au plus peut-il aller lutter contre quelques moulins à vent.

Jupiter/Pluton

La répartition du pouvoir : la vie et la mort

Jupiter et Pluton n'ont que peu de rapports mythologiques. Pluton est un dieu discret qui préfère rester dans son charmant royaume.

Avec la race des Olympiens, un dialogue plus étroit est lié avec la race humaine. La race humaine n'est pas immortelle et doit passer par de multiples phases de travail, de réajustement, d'assimilation, de bilan de ce qu'elle a fait. Son niveau de conscience durant son incarnation n'est pas suffisant. En général, quand l'âme incarnée s'engage dans l'action, elle se noie dedans. Il est donc nécessaire pour elle de mourir, de s'accorder quelques instants de repos afin de comprendre ce qui s'est passé et de mieux diriger ses futurs efforts.

L'attribution du royaume de la mort à Pluton n'est pas un marché de dupes. Il ne s'agissait pas de lui attribuer une partie de la Création triste, sans avenir. Quand Pluton reçoit le royaume de la mort, il reçoit également le paradis. C'est donc bien d'un lieu de travail essentiel qu'il s'agit. Pluton représente le royaume de la mort et les interférences qui existent entre le royaume de la mort et le royaume de la vie.

• Version harmonieuse :

Le royaume de Pluton est le royaume de la transformation, les mythes où il sera engagé impliqueront cette notion.

Saturne a transmis le rôle d'avaleur à Pluton.

En bonne association avec Jupiter, la personne saura utiliser les expressions de l'organisation jupitérienne pour prolonger ou préparer son propre travail de transformation intérieure.

Certains de nos choix professionnels ou privés sont avant tout dictés par le besoin de récupérer certains équilibres, de se lancer de nouveaux défis qui trouvent leur sens dans le panorama de nos incarnations. Mais une telle interprétation est peu intéressante pour ceux qui n'adhèrent pas à cette perspective. Une relation harmonieuse entre ces dieux permet aux institutions jupitériennes de prolonger ce travail de transformation. On peut penser que les expressions sociales, collectives, sont un lieu privilégié pour l'individu en matière d'engagement personnel.

Une autre perspective : le dieu des transformations peut concerner le projet lui-même. Par exemple dans le domaine professionnel, des imprévus, des changements sont imposés ou implantés par l'individu à l'intérieur de son projet. Pour lui il ne s'agit pas de développer de manière linéaire un projet mais de lui donner, à chaque étape, une nature différente.

Cet aspect harmonieux du mythe désigne une grande capacité d'adaptation en face de changements qui apparaissent comme issus de la fatalité. La personne saura en tirer ce qui est nécessaire pour sa propre évolution.

On peut citer *Le Messie récalcitrant* : « Chaque personne, tous les événements de ta vie sont là parce que tu les as attirés là. Ce que tu choisis de faire avec eux ne tient qu'à toi. »

Ce peut être la promesse pour la personne que dans cette vie, et au travers des organisations jupitériennes, elle trouvera le matériau nécessaire pour évoluer et donc travailler sur elle, ce qui est le propre de Pluton.

Il n'est pas souhaitable que tout cela soit vécu de manière passive. Il faut que la personne soit en mesure de procéder à un décryptage des événements auxquels elle participe afin de tenter d'y discerner un sens plus profond. Dans cet aspect nous n'avons pas l'intervention de Neptune qui donne la capacité de lire intuitivement la plupart de ces messages. Dans le cas qui nous occupe, nous avons simplement l'assurance que la personne, au travers de ces organisations, trouvera le nécessaire pour travailler sur elle. Mais même dans une version harmonieuse, il faut toujours faire preuve de plus de conscience du mythe lui-même !

Par cette relation harmonieuse, Pluton impose dès maintenant dans les activités jupitériennes un travail de bilan, de remise en cause, de transformation, ou des « petites morts » pour jalonner le chemin du héros. Celui-ci pourra alors, avec le sourire, répéter la fameuse formule : « Les enfers c'est ici, sur la terre. »

• **Version disharmonieuse :**

S'il y a un dysfonctionnement entre les dieux, cela mène à deux hypothèses :

a) Perte de contact avec la phase plutonienne

Autant la personne est capable de jouer son Jupiter et de s'engager dans différents projets sociaux ou collectifs, autant elle a du mal à supporter la notion de remise en cause ou d'évolution. Il y a soit une crainte, soit un rejet, et la personne cristallise l'étape jupitérienne... à en faire un Saturne.

La personne peut prendre un grand plaisir à créer une famille mais avoir beaucoup de difficultés à s'adapter à l'évolution des rapports familiaux. Elle peut mettre au point un projet professionnel, s'engager, mais être incapable de le faire passer à des étapes radicalement différentes de ce qu'elle a prévu.

Elle perçoit la phase plutonienne dans ses différentes réalisations sociales comme une mort... morte. Tout changement, toute remise en cause, est perçue comme mettant un terme à une situation et non comme une promesse d'avenir. C'est la mort sans avenir qui apparaît simplement comme quelque chose de profondément dérangeant

b) Survalorisation de la phase plutonienne

Dans une autre perspective, la personne est obsédée par des attitudes plutoniennes. Elle veut toujours mieux comprendre les ressorts cachés des gens qui l'entourent, ou la motivation qui est derrière la motivation qui est derrière la motivation... il s'ensuit un climat d'inconfort, une recherche sans fin.

L'inquiétude inquiète tourne sur elle-même par la survalorisation de cette phase plutonienne. La personne met l'accent sur la recherche d'éléments de compréhension pour préparer un changement... qui parfois ne vient jamais. Dans d'autres cas, la survalorisation de la phase plutonienne se manifeste par le fait que l'individu ne réussit pas à stabiliser ses résultats jupitériens. Dès qu'il obtient un résultat il a immédiatement la volonté d'aller plus loin, de le remettre en cause, ou pire : d'y voir surtout ce qui ne va pas au détriment de ce qui va. La personne semble condamnée à passer d'un projet à l'autre sans maîtriser le changement. Du coup, ce changement perd son rôle pédagogique.

Ce besoin de changement se manifeste par un manque profond de confiance en toute forme de réalisation jupitérienne. La personne semble, au travers de ses différents engagements, chercher quelque chose dont elle ne connaît pas elle-même la nature. C'est par ses changements, ces épreuves, ces « petites morts » que la personne, au plus profond d'elle, peut trouver l'idée d'une continuité. Elle apparaîtra comme quelqu'un d'incompréhensible, ce qui renforcera son inadaptation dans toute réalisation jupitérienne.

Prenons un cas : une personne peut être particulièrement intéressée par les phases initiales de projets professionnels. Pendant un an ou deux elle s'engage pleinement et apparaît même comme un moteur essentiel. Mais après ce laps de temps survient un besoin de se libérer, de retrouver une certaine jeunesse pour se réengager dans un autre projet. La personne sait qu'elle a besoin de vivre, de revivre, puis de revivre encore cette phase initiale de lancement. Aux yeux des autres, elle apparaîtra comme quelqu'un d'instable. Mais elle sait, elle, pour son besoin d'équilibre intérieur, qu'elle a besoin de passer et de repasser par ce type d'épisode. Comme une personne qui aurait des difficultés à apprendre une leçon et qui devrait s'imposer de la repasser plusieurs fois.

Si la personne prend conscience et dirige ce besoin de répétition de la phase initiale d'un projet, elle se dirige vers la sublimation de la difficulté du mythe.

Neptune/Pluton

Mythe du partage des pouvoirs... et des eaux plutoniennes

Une fois la victoire sur Saturne obtenue, les trois frères vont se partager la Création. Il s'agit d'un tirage au sort équitable, mais Jupiter conserve sa prééminence. D'ailleurs, le tirage au sort aura l'heureuse idée d'attribuer à Jupiter le règne sur la terre, ce qui affirme en ce bas monde sa supériorité. C'est pour cette raison que les hommes, de leur point de vue humain, concevront Jupiter comme roi des dieux.

Neptune et Pluton, qui sont également des rois, ne le sont pas dans les domaines ou dimensions qui appartiennent directement à l'incarnation humaine.

Il existe une relation mythologique entre Neptune et Pluton. Mais il y a une nette séparation entre leurs deux royaumes et pourtant... il est évident que le fait de passer du royaume de la vie au royaume de Pluton représente un passage essentiel. Nous reviendrons sur l'ensemble de ce passage lors de l'étude des autres mythes avec Pluton.

S'il y a le passage, Neptune doit intervenir. Il intervient aux abords des Enfers, à la période qui va délimiter le passage entre la vie et la mort par la présence de quatre fleuves. Ces fleuves sont directement sous la domination de Pluton, mais le symbole du fleuve montre qu'il y a passage et transition. La plupart des lieux sacrés, symboles d'une étape de conscience qu'il faut atteindre, sont entourés ou possèdent des fleuves, des rivières ou autres éléments aqueux. Ainsi le Tigre et l'Euphrate de l'Éden.

Les quatre fleuves des Enfers sont :

– Le Styx, un fleuve fangeux, entouré de marécages et constamment plongé dans la nuit. C'est un fleuve que l'on passe sans retour.

– L'Achéron est un fleuve impétueux entraînant dans son cours d'immenses rochers comme des grains de sable. Là encore, il s'agit d'un fleuve que l'on passe sans retour.

– Le Cocyte est le fleuve sur les bords duquel errent pendant 100 ans les morts privés de sépulture. Ensuite ils comparaissent devant le tribunal suprême. C'est un fleuve sinistre, formé des abondantes larmes des méchants.

– Enfin, le Phlégéthon constitué de torrents de flammes sulfureuses.

Ces quatre fleuves ne sont pas constitués exclusivement d'eau. Par conséquent ils appartiennent aussi au règne de Pluton. Symboliquement, ils désignent les épreuves ou les étapes techniques de transformation du passage post mortem. Tout ceci n'a plus beaucoup de sens pour notre culture qui a perdu depuis longtemps contact avec les royaumes de Pluton. Mais dans d'autres cultures il y avait la volonté de comprendre et de rechercher la possibilité d'effectuer le meilleur passage possible de « l'autre côté ». On connaît *Le Livre des morts tibétain* ou encore les manuscrits du *Livre des morts égyptien.*

• **Version harmonieuse :**

Forcément la combinaison est difficile pour une âme incarnée puisqu'il s'agit des dieux qui règnent sur deux royaumes auxquels n'appartient pas l'incarnation.

Dans cet aspect du mythe, les deux divinités vont apparaître comme des interférences maîtrisées dans le royaume de l'incarnation. D'une part, il y a Pluton qui fait intervenir dans la vie de nombreux éléments liés, soit à la vie précédente, soit à ce que l'on appellerait des impulsions inconscientes. Ces situations plutoniennes vont bouleverser et transformer la vie. Neptune agit comme un médiateur permettant de mieux faire passer les « interférences » de Pluton. La personne est suffisamment intuitive, pressent la manière dont il faut gérer ou s'adapter aux heurts plutoniens. Même dans les situations difficiles Neptune apporte l'énergie et la sagesse suffisante pour... faire la planche.

L'association de ces dieux amène à prendre un certain nombre de décisions qui, du point de vue de l'incarnation immédiate, seront jugées mauvaises, mais après coup apporteront des résultats satisfaisants. C'est comme si l'individu avait l'intuition d'une autre logique, avait la capacité de savoir au-delà de ses informations conscientes ce qui est bon pour lui. Il a toujours le temps de sauver la face devant les amis en affirmant que de toute manière il savait plus ou moins consciemment qu'il se dirigeait vers la bonne voie...

Ce mythe permet à l'individu d'échapper à la simple logique du quotidien, de la vie incarnée. Ici, il s'appuie sur deux dieux qui dirigent sa vie – pour autant qu'ils la dirigent – en ayant recours à des informations ou à des outils n'appartenant pas à ce monde incarné. Tout cela est bien difficile à intégrer dans une culture telle que la nôtre qui tend à ramener l'individu à un îlot social bien délimité.

Finalement, ce mythe permet un détachement des conditionnements sociaux, Jupiter étant absent. La personne est en mesure de sauvegarder un jardin, voire un parc, secret. Elle l'exprime sous la forme de projets ou par la recherche de personnes partageant son « étrangeté » à ce monde. Il n'y a pas d'inadaptation puisque c'est une version harmonieuse. La personne cherche à vivre sa vie et non « une vie ». Elle est sensible à ses « appels intérieurs », à ses « vocations », au sens très général du terme. Neptune lui donne suffisamment de ressources et d'idées pour édifier les projets ou changements plutoniens.

La personne veut-elle se lancer dans un projet professionnel audacieux, très attaché à sa personnalité ? Qu'importe ou tant mieux : Neptune lui donne « l'inspiration » nécessaire. La personne ressent-elle le besoin brusque d'un nouveau projet qui lui paraît encore plus nécessaire ? Qu'importe, Neptune accourt et la préserve du découragement. Elle a foi en elle parce qu'elle se sent « grande » à l'intérieur. Intuitivement elle fait appel à toute une série de ressources intérieures qui lui font comprendre ou sentir le sens et le bien-fondé de ses actes. Neptune plante son trident pour fixer notre Delos intérieur.

Mais un excès de confiance conduit à la version disharmonieuse des deux royaumes.

• **Version disharmonieuse :**

La relation est mauvaise et sème la tempête dans l'univers de l'âme incarnée. Il est à craindre que la personne ne s'engage dans « des changements aléatoires pour des objectifs incertains ». Elle s'aventure dans des changements dont elle perçoit très bien la finalité au début du processus, puis après un certain temps intervient comme une démobilisation. Elle se laisse alors entraîner par d'autres intérêts à cause d'une fluidité extrême, et n'est plus très motivée pour poursuivre son engagement. Elle a du mal à se comprendre elle-même lorsqu'elle regarde ses choix. C'est comme si le temps rendait l'individu étranger à lui-même. Il change fréquemment d'objectif ou de point de vue sur certaines questions. Mais ce n'est pas un mythe « tranquille » et la présence de Pluton risque dans son incarnation de le placer en face de situations tout à fait imprévisibles.

Ici, Neptune, au lieu de jouer son rôle de fixateur, va plutôt jouer un rôle de déstabilisateur. La personne manque de discipline, d'organisation et d'engagement volontaire dans les événements qui lui sont présentés. Les adaptations ou les intuitions sont faussées ou mal interprétées.

Pluton est un moteur dont il est difficile de comprendre les finalités. Neptune, en relation disharmonieuse, va faire jouer une fluidité trop importante et rendre la personne perméable à toutes ses velléités de changement. C'est comme si Pluton proposait des processus de transformation par le biais de changements, professionnels ou privés, et que Neptune, jouant sur l'influençabilité de l'individu, l'amenait à adopter des comportements excessifs rendant plus difficile ces situations. L'individu risque en l'occurrence de manquer de recul.

Imaginons qu'un individu rencontre une autre personne qui lui parle du travail qu'elle fait. Après réflexion, l'individu s'aperçoit que le travail qu'il fait lui-même ne l'intéresse pas, alors qu'au contraire la profession de l'autre semble correspondre à une vocation intérieure. L'individu ressentant comme un appel (Pluton !) décide alors de ne pas rester les bras croisés et s'engage dans ce projet. Mais Neptune ne lui permet pas d'établir une nette distinction entre ce qui est souhaitable et ce qui est faisable. Non seulement il va s'enthousiasmer rapidement, mais il va prendre des engagements, peut-être à long terme, briser d'autres liens et foncer tête baissée dans ce projet qui le motive totalement. Dans un premier temps tout cela apparaît positif mais après un temps la personne, sans remettre en cause son projet, s'aperçoit qu'il n'a pas été bien préparé et qu'il y a eu un manque de discernement.

Il n'y a aucune raison d'établir une mauvaise relation entre ces dieux qui s'entendent bien dans la mythologie pour nous faire « passer ».

Uranus/Neptune

Océan et Amphitrite

En voulant établir une relation directe entre Uranus et Neptune on établit surtout un court-circuit... Pourtant il existe une relation, bien qu'indirecte : Océan est le premier dieu des eaux, fils d'Uranus et de Gé. Pour Homère, les dieux tiraient leurs origines d'Océan et de Thétis. Océan avait la maîtrise du « fleuve immense qui entoure la terre ».

Océan est le frère de Saturne. Étant donné les accords établis entre Saturne et les Titans, Océan attend que son frère lui confie le pouvoir. Mais inexorablement la main passe à la race des Olympiens : Saturne est défait et par ailleurs Océan et Thétis se brouillent et ne procréent plus. C'est vraiment le passage de pouvoir symbolique. Océan intervient indirectement dans la race des Olympiens : la mère de Junon souhaitait sauver sa fille de l'avalage de Saturne et la confia à Océan et à Thétis. Ce non-avalage mettait ainsi Junon à égalité de dignité avec son futur mari.

Océan eut un fils et une fille : Doris et Nérée. Tous deux eurent une fille, Amphitrite, qui épousa ensuite Neptune.

Neptune décide d'épouser Amphitrite seulement quand il est pleinement établi dans sa royauté sur les eaux. Avec les fils d'Uranus, ce qui domine avant tout, ce sont les limitations et même l'exclusion de tout rapport direct avec la race humaine. Neptune représente un progrès d'ouverture pour l'aventure humaine, notamment un progrès sur Océan. Celui-ci se contente de sauvegarder l'équilibre de la Création, ce qui n'est déjà pas si mal, par sa domination sur le fleuve immense qui entoure la Terre, et en tentant de sauvegarder Junon, il s'intègre harmonieusement dans le plan olympien. Avec Neptune c'est la mission d'Océan qui va se développer.

• **Version harmonieuse :**

Bien qu'il s'agisse d'une relation harmonieuse, la vie en couple pour Uranus et Neptune n'est pas de tout repos. Uranus est désarçonné par ce dieu des eaux qui, à la différence d'Océan, est désireux de partager son pouvoir. Tout l'enjeu de cette relation harmonieuse va être de voir comment Uranus peut réinvestir sa grande capacité de repli dans les multiples outils que lui propose Neptune. Car c'est bien ici la façon de jouer ce mythe : il ne s'agit pas de nier l'intensité de l'affirmation de soi d'Uranus, mais de réussir à l'endiguer et ne plus en faire une forteresse, ou alors une forteresse dont les murailles seraient trouées par de multiples fleuves. Le Professeur Tournesol en est un exemple :

Le mythe du Professeur Tournesol

La position du Professeur Tournesol pourrait se résumer ainsi : « Je suis isolé des autres non pas parce que je suis égoïste ou méfiant (Saturne) mais parce que je ne vous entends pas ! Mais détaché du triste monde des réalités, j'en profite pour me livrer, pour me laisser absorber par mes recherches et faire ainsi des découvertes et trouver des applications qui sont une autre façon... de dialoguer avec vous. »

Il n'est d'ailleurs pas étonnant que le Professeur Tournesol sache jouer avec Neptune puisqu'il est... radiesthésiste.

Même dans cette relation harmonieuse, il ne faut pas attendre d'Uranus une reddition sans contrepartie. Il peut accepter de communiquer au travers et à la façon de Neptune, mais il lui faut quand même respecter sa propre nature. La personne ne peut retourner à une relation avec l'autre qui soit une relation simple. Elle a besoin de reformuler cette relation au travers d'attitudes ou de concepts neptuniens. Cela peut être l'intérêt pour des enjeux collectifs, des sujets ou des activités qui mettent l'accent sur des aspects peu connus de l'être humain (peu connus dans notre culture), ou toute autre inspiration neptunienne.

Même dans cette relation harmonieuse il y a toujours un risque, celui que l'individu s'intéresse à une image tout à fait théorique de l'homme et soit difficilement capable de s'investir dans une relation concrète. Tout sera donc une question de dosage entre la « protection » d'Uranus et les sollicitations neptuniennes.

• **Version disharmonieuse :**

Ici nous sommes en pleine lutte entre les deux divinités. Uranus refuse de revoir sa façon de travailler et Neptune n'y met pas du sien.

Uranus rejette les informations proposées par Neptune. C'est alors un individu qui risque d'être gêné par sa sensibilité. Il a de grosse difficultés à en tirer un comportement qui soit homogène. La personne ressent au fond d'elle dans sa façon d'agir, de se comporter avec les autres, quelque chose qui ne va pas, mais les informations et peut-être les solutions proposées par Neptune ne sont saisies qu'imparfaitement. Elle préfère se cantonner dans une attitude figée plutôt que d'assumer Neptune qui, par sa « perméabilité » à l'autre, lui fait peur. Dans ce cas, l'individu peut vivre retranché d'une partie de lui-même, les mains crispées sur le gouvernail. Il y aura bien entendu, et heureusement, des court-circuits par l'intermédiaire de certaines rencontres ou événements, l'individu sera amené à remettre en cause certaines de ses attitudes.

Le problème de cette confrontation est qu'Uranus est un dieu qui n'utilise pas pleinement son environnement, et en plus – même s'il s'affirme avec force – ne se connaît pas bien lui-même. C'est une autre différence d'avec Saturne qui entreprend un travail de transformation intérieure par l'intermédiaire de ses fils. Dans une telle relation disharmonieuse, la personne se coupe de ses radars intérieurs.

Ici, Uranus représente une force de fragilisation. Focalisé sur lui-même il n'en tire pas une très grande force. Dans le cas qui nous occupe, il est à craindre que cette crispation ne soit ballottée de temps à autre par l'émergence de sentiments ou d'émotions qui ne sont pas bien maîtrisés ou interprétés.

Prenons un exemple :

La personne prend conscience de son isolement et tente de lutter contre celui-ci en organisant chez elle des réunions. Mais les contacts qu'elle établit la placent dans des situations inattendues : les gens ne réagissent pas comme elle avait pu le penser, elle ne sait pas comment interpréter certaines phrases, etc. Il en résulte des relations compliquées, parsemées de non-dits, jouant sur des schémas à double ou à triple fond. La personne se trouve renforcée dans sa volonté de se replier. La grande différence d'avec les mythes saturniens est que la personne n'est pas assurée de trouver en elle les ressources nécessaires. En fait, avec Uranus, c'est bien un retranchement d'avec l'autre et non pas une méditation sur l'autre. Neptune en confrontation avec Uranus a moins de prise et l'on passe à des excès plus importants.

La personne cherche à vivre en elle-même et seulement en elle-même la sensibilité neptunienne. Ça crée une tempête intérieure !

Il est également possible que Neptune joue, malencontreusement dans ce cas-là, son rôle de fixateur sur des préoccupations ou obsessions uraniennes. Uranus manque de comparaisons et de références. Ceci entraîne le sujet à des attitudes mentales bien tranchées sur des sujets ou des situations qu'il n'a pas vraiment expérimentés. Neptune intervient pour renforcer l'aspect rigide de ces positions en lui donnant l'alibi des grandes idées neptuniennes. Ce jeu n'est pas innocent : cet excès de rigidité crée une confrontation avec l'environnement, apparaissant alors comme une source d'éveil. L'individu veut se protéger de Neptune ce qui le rend d'autant plus fragile aux assauts neptuniens : il se heurte à son imagination, à ses intuitions, auxquelles il fait dire ce qu'il veut qu'elles lui disent, quelque chose comme : « Reste donc retranché à l'intérieur de toi-même. »

Prenons le cas d'une personne qui s'intéresse à l'éducation des enfants, avec un certain nombre de principes bien tranchés... bien qu'elle n'ait pas elle-même d'enfant. Neptune la pousse à fonder son argumentation sur de pseudo-intuitions ou sur des pseudo-idéaux qui ne sont pas convaincants dans la réalité des choses. La personne va s'enterrer dans ses opinions et ce d'autant plus qu'elle est convaincue d'avoir une vision plus large que les autres. Ici c'est Neptune qui joue son rôle de faire-valoir : je suis plus tolérant, plus ouvert, etc. Mais tout cela n'a pour but que de fonder les opinions auxquelles la personne croit dur comme fer, de renforcer la rigidité uranienne.

La poudre à éléphants

Ceci est bien imagé par l'histoire de *L'Homme à la poudre d'éléphants* :

Dans un train, un voyageur voit un autre voyageur jeter de la poudre par la fenêtre. Au bout d'un moment, n'y tenant plus, il lui demande la raison de ce curieux manège. L'autre lui explique qu'il s'agit d'une poudre à éléphants pour écarter les encombrants pachydermes du train. Le premier voyageur s'étonne de cette explication étant donné qu'il n'y a aucun éléphant dans cette région. L'autre lui donne alors l'explication suivante :

– C'est bien la preuve que ma poudre à éléphant fonctionne !

Nous voyons ici la personne, coupée de toute réalité concrète et tangible, s'armer contre une menace. Ce genre de crispation sur une façon de voir rejoint l'attitude uranienne. Mais au lieu de voir dans son comportement original une faiblesse, le deuxième voyageur doit considérer qu'il est le seul à être conscient de ce qui se passe sur ce trajet : les autres n'ont pas d'intuition, ils ne font pas attention, etc. La personne s'isole dans son opinion, mais s'entoure également d'un rideau chimérique qui fonde son opinion.

Uranus/Pluton

Le mythe des avalages

La liaison entre Pluton et Uranus est un court-circuit. Une génération les sépare, celle des Titans, et ils n'ont pas de mythologie en commun. Mais il existe un lien symbolique très fort :

Uranus est le premier dieu avaleur. Mais son avalage est peu productif car il ne se déroule pas à l'intérieur de lui. Il oblige son épouse à conserver en elle toute sa progéniture. C'est le moindre engagement possible pour Uranus. Son fils Saturne s'engage un peu plus en avalant lui-même ses rejetons et en allant jusqu'à les rendre... Dans cette filiation apparaît Pluton. Mais cette fois-ci ce ne sont plus des dieux qui sont avalés... mais nous-mêmes ! Arrivés au terme de notre vie, nous devons nous faire avaler par les Enfers afin d'y vivre une transformation.

La grande différence de l'avalage plutonien est qu'il concerne l'homme et qu'il y est nettement question d'un travail de transformation.

Il faut avoir bien à l'esprit cet élément fonctionnel des Enfers et ne pas se laisser entraîner par des allégories hideuses. Si l'imagerie place des monstres dans les Enfers c'est parce que certains de nos actes ou certaines de nos pensées nous paraissent plus discutables, voire plus hideux quand nous sommes de « l'autre côté » avec un plus de conscience... Donc, sur le terrain de l'avalage il est possible que le grand-père Uranus apparaisse au fiston Pluton comme un « transformateur un peu archaïque ».

• **Version harmonieuse :**

Mythe du Tartare

Le Tartare n'est pas un lieu pour les âmes désincarnées. C'est un domaine à part entière des Enfers tout comme l'Érèbe, les Champs-Élysées et l'Enfer. Dans le Tartare se trouve la prison des dieux. C'est un véritable QHS : triple mur d'airain qui atteint jusqu'aux fondements de la terre et de la mer. Sa profondeur est telle qu'il est aussi éloigné de la surface de la terre que la terre est éloignée du ciel. Y sont enfermés notamment les Titans, fils d'Uranus et frères de Saturne, ainsi que les Géants, fils d'Uranus. On y ajoutera des dieux anciens « chassés » de l'Olympe. Afin d'être plus sûr de ce qui s'y passe, Pluton a installé son palais dans cet endroit.

Ici, Pluton intervient directement comme le gardien des fils d'Uranus. Il affirme ainsi le fait qu'il a maîtrise sur eux. Le Tartare est le dépositaire des symboles ou des phases qui ne concernent plus le niveau « normal » d'évolution de l'homme. Ce sont des phases « dépassées ». Uranus fait avaler Saturne, Saturne avale Pluton qui, une fois sorti, transforme son père, comme nous le verrons, en Thanatos. Les Géants représentent le mauvais côté d'Uranus. L'emprise de Pluton sur eux est un niveau de conscience supérieur. Cette prison est un garage où l'on répare... la conscience.

Dans cette nouvelle association avec Uranus, il faut voir comment l'action de Pluton aide Uranus à dépasser certaines phases et à s'acclimater à ce nouvel état de conscience. Mythologiquement cela revient à demander à Uranus de jouer le rôle de gentil « prisonnier » dans notre Tartare. C'est par des événements de type plutonien que l'individu consent à se décloisonner. Ces événements auront parfois l'apparence de la fatalité, en tout cas ils seront en rupture de logique avec sa vie. Des maladies, des rencontres, des événements imprévus, ou toute forme d'événement qui nous marque de manière terrible parce que nous ne nous y étions pas préparés et qui échappe à ce que nous pensions pouvoir ou devoir vivre. Pluton impose une descente aux Enfers à un individu qui est sagement replié dans le sein de Gé, la femme d'Uranus. Or, c'est justement à l'occasion de ces événements ou rencontres indirectes avec la mort symbolique, que l'individu va commencer à se poser des questions.

Notre culture retrouve le rôle « initiateur » de la mort et ses conséquences dans la vie quotidienne (psychologie transpersonnelle de Grof, recherches de Moody ou Kibler-Ross entre autres).

Le registre plutonien intègre la mort de proches mais surtout la mort de projets ou d'une époque. Pour ces différentes morts, nous portons un deuil psychologique. Mais passé cette période, Pluton inverse le sens de la mort. Ce n'est plus une fin mais une transformation. Il faut accepter d'accompagner Pluton dans le Tartare pour maîtrise notre Uranus profond.

• Version disharmonieuse :

Une relation disharmonieuse implique un moment du mythe où les Géants, fils d'Uranus, se heurtent à l'autorité des Olympiens dont Pluton.

À l'époque d'Uranus, la situation est simple : on rejette tout développement de la Création et tout problème hors de soi. Il n'y a pas de contact, simplement une grande stabilité peu productive. Chez un individu, et en caricaturant, cela l'amène à considérer, à chaque fois qu'un problème surgit, qu'il est issu des autres, de la fatalité, de l'irresponsabilité ou de l'imprudence de ses proches, etc. Il adopte une attitude spontanée qui rejette toute forme d'implication personnelle. C'est une façon négative d'affirmer son moi. Mais bien entendu Pluton ne croit guère à ce genre de solutions. Il est le patron d'une entreprise où chacun vient au contraire constater dans quelle mesure sa responsabilité était engagée bien plus qu'il ne pouvait le penser.

Pluton parle d'un changement, d'une initiation qui concerne directement l'individu. Uranus, lui, pense plutôt qu'une véritable transformation passe par les autres et en dehors de lui. Tous deux parlent de changement, mais pas du même. Le fait qu'Uranus n'ait jamais rencontré Pluton dans la mythologie est l'un des facteurs essentiels qui a évité un « Mai 68 mythologique ».

Cette version disharmonieuse concrétise la grande difficulté pour l'individu d'accepter d'être troublé dans son organisation ou ses conceptions. Il gère mal les imprévus de Pluton. Il n'y a pas d'adaptation, mais au contraire un repli instinctif. À chaque fois qu'un événement plutonien est là pour aider à apprendre et à évoluer, l'individu se crispe sur « sa » réalité. Il en résulte une bataille, c'est-à-dire une crise ou un problème à résoudre.

Dans la relation harmonieuse il semble qu'il y a un minimum d'acceptation qui permet un travail d'évolution. Ici, dans la relation disharmonieuse, le premier travail consiste à assumer l'impact de l'événement plutonien.

Un couple se trouve face à une situation de mésentente. Le natif uranien est profondément convaincu que c'est sa conjointe qui est à l'origine de ces différents problèmes. Il attend donc qu'elle veuille bien évoluer, mourir symboliquement à elle-même, et il est capable de faire preuve d'une grande magnanimité.

Si la conjointe décide d'entreprendre un travail de développement personnel ou de thérapie, elle peut constater que sa responsabilité est engagée au même titre que celle de son conjoint. La première réaction d'une personne marquée par un mythe disharmonieux Uranus-Pluton est de mal gérer cette nouvelle. Cette remise en cause au moment où l'on ne s'y attend pas représente déjà une source de conflit. Mais ce n'est qu'après le conflit surmonté que l'on aborde un travail de transformation : acceptation du système de valeurs de l'autre, tolérance envers ses comportements, etc., afin de sauver le couple. Mais certains vivront plusieurs échecs avant d'en venir à envisager leur propre mort... douce si possible car dans cette situation l'uranien est un grand blessé.

Prenons un autre cas :

Un individu a une image de lui-même exagérément positive, ce qui l'isole de la réalité. Il met l'accent sur tout ce qu'il réussit et possède. Tout cela lui donne une certaine bonhomie et l'éloigne de bon nombre de préoccupations. Mais si un problème imprévisible surgit, comme la maladie d'un de ses proches, cette maladie va d'abord être regardée comme quelque chose de difficile à assumer, comme un choc.

Dans la relation disharmonieuse cette notion de choc est essentielle puisqu'elle a pour but de réveiller l'individu avant que celui-ci ne passe à la deuxième phase : une fois le choc surmonté, il va devoir gérer non pas la maladie elle-même mais plutôt les conséquences psychologiques ou matérielles que cette maladie va avoir. La personne se voit imposer la rencontre avec Pluton, rencontre qu'elle esquivait.

Jupiter/Vénus

Le mythe de la naissance de Vénus

Dans la perspective de ce mythe je ne m'intéresse qu'à la version qui présente Vénus comme fille de Jupiter. Cette naissance est significative : Jupiter a conçu Vénus avec Dioné, fille de Neptune, et par conséquent sa cousine germaine. Vénus est une occasion de synthétiser les potentiels de Jupiter et de Neptune. Mais cette synthèse se fait à un niveau inférieur car Vénus appartient à la quatrième génération. Ce sont des dieux dont les caractères et les attributions sont proches des hommes et les interventions dans les affaires humaines fréquentes.

Jupiter, le grand organisateur, a pour fille Vénus qui insuffle dans les différentes expressions jupitériennes les notions d'amour et d'acceptation de l'autre. Il s'agit des projections des valeurs neptuniennes mais à un niveau plus social, plus concret. Jupiter peut donc continuer à s'appuyer sur ses frères pour la gestion des affaires humaines.

Vénus partage avec Jupiter de nombreux mythes. Mais en fait la répartition est facile : quand elle est obéissante il semble que tout se passe bien pour elle ; mais encore faut-il qu'elle soit en mesure d'intégrer la hauteur du point de vue de Jupiter. Tel n'est pas toujours le cas et elle se retrouve alors en butte à de grandes difficultés, peut-être quand elle est trop Vénus-uranienne.

• Version harmonieuse :

Les multiples projets jupitériens visent à affirmer la présence de l'âme dans son incarnation, la nécessité de ses engagements pour y trouver un lieu de travail : tout cela va se trouver adouci ou servi par Vénus.

Dans cette relation harmonieuse l'amour est conduit avec maturité. Le point de vue de Jupiter s'impose à Vénus fille obéissante. Ceci va avoir une double répercussion positive :

a) Tout d'abord les projets jupitériens : création d'une famille, projets professionnels, engagements sociaux, etc., vont se faire par le biais de Vénus. L'individu sait faire passer dans tous ses projets de la sensibilité, le sens des relations humaines, du dialogue et une forme de générosité. C'est la capacité de disposer dans le tissu social d'une grande force morale pour soi et pour les autres. L'individu sait s'imposer sans créer de conflit.

C'est également la position d'un médiateur. Il peut rétablir entre deux personnes une relation qui était jusqu'alors défaillante. C'est véritablement le sens de l'intervention juste en matière de relations humaines, d'émotions ou de sentiments.

b) Mais ce sont également les sentiments qui se trouvent élevés par l'association harmonieuse avec Jupiter. Il ne faut pas voir exclusivement le projet social bénéficiant de Vénus mais aussi Vénus bénéficiant de la maturité et de la largesse de vue de Jupiter.

Par cette bonne association, Vénus se trouve désengagée des risques de la passion et de l'égoïsme. C'est une force qui trouve son accomplissement et son épanouissement grâce au soutien jupitérien. La personne est en mesure de ménager ses intérêts affectifs et ceux des autres.

Il n'y a donc pas trop de difficultés dans cette relation harmonieuse, si ce n'est qu'il faut trouver une voie d'expression sociale qui fasse travailler dans ce sens. Il ne suffit pas que les dieux se soient penchés sur notre berceau, encore faut-il, par l'intermédiaire de ce que nous faisons dans notre vie, les encourager à rester proches de nous. Il faut organiser notre vie dans le sens de nos mythes.

• Version disharmonieuse

La mythologie fourmille d'exemples où Vénus désobéissante se retrouve confrontée à des situations bien difficiles :

– Tout d'abord en méprisant le mari que lui a choisi Jupiter, elle se retrouve avoir une relation tumultueuse et finalement impossible avec Mars.

– Malgré les conseils ou les ordres de Jupiter, Vénus décide de s'engager dans la guerre de Troie. Hélène, sorte de Vénus humaine, a été promise à Pâris par Vénus après que celui-ci eut désigné la déesse comme la plus belle lors d'un concours. Hélène va devenir l'enjeu d'une guerre effroyable. Cette guerre est à l'image des guerres que peut provoquer Vénus dans nos vies.

On peut envisager un double effet négatif :

a) Toute la vie sociale de l'individu se trouve parasitée par ses sentiments, sa sensiblerie, son absence de maîtrise. Des sentiments comme la jalousie peuvent être prioritaires et le gêner dans tout ce qu'il entreprend. Vénus, fille désobéissante, remet en cause l'autorité de Jupiter sur sa Création.

Dans ce cas l'individu ne se trouve pas remis en cause dans ses engagements mais plutôt dans la façon dont ceux-ci sont, soit motivés, soit gérés par la suite. Par exemple, il peut décider de créer une famille mais, incapable de se maîtriser, en faisant preuve de jalousie ou de colère, adoptant trop facilement une attitude infantile, il ne peut gérer la famille qu'il a créée. On peut imaginer que dans son travail il a tendance à établir des situations de confrontation personnelle sans aucune utilité.

b) C'est également Vénus qui va se trouver atteinte.

L'expression amoureuse transforme en volonté de domination ou de manipulation. C'est comme si Vénus cherchait à utiliser l'autorité de Jupiter de manière malsaine, pour servir ses propres desseins. Le sujet cherche par la sympathie qu'il peut inspirer, ou l'amour, à obtenir certains avantages, à manipuler les autres, ou encore n'hésite pas à mentir afin de maintenir ses intérêts ou sa tranquillité. C'est vraiment toute l'expression amoureuse ou amicale qui est viciée par des motivations qui devraient être laissées à Jupiter.

Si l'on reprend les deux possibilités négatives proposées, on s'aperçoit que la difficulté est que Jupiter cherche à affirmer son autorité par des moyens vénusiens et que Vénus cherche à se dégager de toute sagesse jupitérienne pour vivre sa vie.

Cette relation disharmonieuse est gênante, soit par les interférences, soit par le cloisonnement qui peuvent exister entre les deux fonctions.

Vénus oublie complètement qu'elle est la petite-fille de Neptune, et au lieu de faciliter la communication et les « passages » d'un individu à l'autre, comme c'est le rôle de l'amour, elle établit des cloisons. Les cloisons vénusiennes sont particulièrement étouffantes, même si elles sont esthétiques.

Jupiter/Mars

Le mythe de la naissance de Mars

Une version attribue à Vénus une curieuse naissance en liaison directe avec Uranus.

Il en est de même pour Mars. Une première version lui donne une origine noble puisqu'il s'agit du couple divin Jupiter-Junon. Une deuxième version le place à part. Junon aurait été particulièrement mécontente que Jupiter ait conçu seul Minerve. Elle aurait donc décidé à son tour de concevoir seule un enfant. Conseillée par la déesse Flore, celle-ci lui indique une fleur dont le seul contact permet ce miracle. Et c'est ainsi que Mars naît... grâce à une fleur...

Le problème des rapports entre Mars et Jupiter est semblable à celui entre Vénus et Jupiter. Si Mars s'associe harmonieusement avec son père, il est alors l'expression forte de Jupiter. Si au contraire il se rebelle et cherche à décider par lui-même, comme on le verra dans la guerre de Troie, Mars perd sa force et sa raison.

Dans *L'Iliade*, chant 5, Jupiter dit à Mars : « Ne viens pas, toi qui parles différemment à chacun, te lamenter près de moi. Tu m'es le plus odieux de tous les dieux qui habitent l'Olympe ; car toujours tu n'aimes que la discorde, la guerre et les combats. De ta mère, tu as l'ardeur insupportable, intraitable, celle d'Héra [Junon], que j'ai peine à dompter par mes paroles : aussi est-ce, je crois, à ses conseils que tu dois ces maux. Pourtant, je ne te laisserai pas plus longtemps souffrir, car tu es de ma race ; c'est pour moi que ta mère t'a enfanté. Mais si tu étais né de quelque autre dieu, destructeur comme tu l'es, depuis longtemps tu serais plus bas que les fils d'Ouranos. »

• Version harmonieuse :

Dans ce mythe nous avons Mars qui est le fidèle serviteur de Jupiter.

Cette association harmonieuse indique un sens inné de l'organisation, une force d'entreprise importante. L'individu sait ce qu'il faut faire, ce qu'il faut dire, pour obtenir un résultat précis. C'est une forme de stratégie pragmatique ou opportuniste. Mars ne réfléchit pas aux grands desseins, il prête sa volonté et sa force aux desseins jupitériens. C'est comme si un radar de l'expérience directe fonctionnait.

Ce pragmatique n'est pas en mesure d'expliquer toutes ses motivations, mais il aime mettre sa force au service de quelque chose qui le dépasse ou le motive. Jupiter offre des limites satisfaisantes pour l'action. Non seulement la personne aime s'engager physiquement, volontairement, mais elle semble capable de canaliser sa force dans des projets importants qui font appel au temps, à la discipline personnelle et non à l'impétuosité.

Bien entendu, ce mythe est beaucoup moins affectif que l'association Jupiter-Vénus. Mais il ne faudrait pas tomber dans l'extrême inverse et dénuer cette association de toute sensibilité. Il est probable que le couple Mars-Jupiter ne saura pas trouver les bons mots, au contraire du couple Vénus-Jupiter. Mais Mars, même dans des affaires affectives ou émotionnelles, est capable d'emprunter une forme d'adaptation lui permettant d'obtenir un résultat probant. Il saura faire ou dire ce qu'il faut pour « limiter les dégâts ». Ce n'est pas un grand psychologue mais son sens de l'action fait de lui quelqu'un qui colle bien à ce qui se passe.

On peut rapprocher ce mythe harmonieux d'une pratique orientale : le karma-yoga. C'est un yoga par lequel l'individu évolue non pas exclusivement par des méditations ou des exercices physiques, mais par l'ensemble de ses activités quotidiennes. Il lui importe d'avoir l'esprit orienté de telle manière que chacune de ses actions soit pour lui une rampe de lancement vers le Divin. Il n'y a pas d'actions bénignes, de communications gratuites ou d'activités pauvres et inutiles.

Donc, dans le meilleur des cas, cette association Mars-Jupiter pourrait rejoindre cet état d'esprit. Ceci rappelle une phrase de Khalil Gibran dans *Le Prophète* : « Le travail est l'amour rendu visible. Et si vous ne pouvez travailler avec amour mais seulement avec dégoût, il vaut mieux abandonner votre travail et vous asseoir à la porte du temple et recevoir l'aumône de ceux qui œuvrent dans la joie. »

Ici, nous avons un mythe qui donne l'envie d'œuvrer. Jupiter propose un projet ou une vision du monde qui puisse sous-tendre les efforts du sujet. Jupiter est capable d'élever spirituellement toute l'action de Mars. Cette élévation peut se convertir en une spiritualité sociale.

• **Version disharmonieuse :**

La guerre de Troie

Ascalaphus, fils de Mars, commandait au siège de Troie l'armée des Béotiens. Ce fils de Mars est tué durant le siège et le dieu décide de le venger lui-même. Jupiter, tout comme pour Vénus, s'oppose formellement à ce que les dieux prennent parti pour ou contre les Troyens. Jupiter ne semble pas souhaiter un tel abaissement des dieux. Mars ne tient pas compte des avertissements de Jupiter, et s'engage dans la bataille.

À ce moment, Minerve décide de prendre fait et cause pour les Grecs... afin d'apaiser la colère de Jupiter. Il s'agit pour la déesse de présenter à Jupiter une action qui contrebalance celle de Mars. Elle réussit à soutenir Diomède dans son combat avec Mars et celui-ci est blessé au flanc par la lance de Diomède. Bien entendu, c'était Minerve qui avait dirigé le coup. Mars remonte dans l'Olympe au milieu d'un tourbillon de poussière. Jupiter lui fera quelques remontrances mais acceptera de le soigner.

Nous voyons à quel point Mars est faible à partir de l'instant où son action est livrée à elle-même et non plus dirigée du point de vue élevé de Jupiter. La force devient brutalité, la personne semble perdre tout discernement – ce qui par ailleurs ne retire rien à sa volonté d'engagement, comme en témoigne ce mythe.

C'est d'ailleurs le piège le plus important : l'individu n'est en aucun cas découragé mais prenant appui sur une nature martienne, il est toujours prêt à livrer de multiples combats, même si ceux-ci sont désordonnés et improductifs. Il est bien difficile de le décourager puisque justement c'est par sa force de combativité et son opiniâtreté qu'il pèche.

Il ne tient pas suffisamment compte des propositions jupitériennes. Il est alors difficile de prévoir et d'organiser. L'action devient une drogue. Comme si la personne éprouvait un certain plaisir à mesurer sa force dans des confrontations le plus souvent improductives.

Jupiter n'est plus alors le père de Mars mais devient son adversaire. Cela multiplie les conflits avec des groupes, avec des personnes représentant une autorité jupitérienne. L'association à Jupiter ne lui apparaît pas comme un gain mais comme une perte de pouvoir. Mars se laisse entraîner par sa passion et n'hésite pas à s'engager dans des batailles, même si celles-ci ne sont pas faites pour lui, comme la guerre de Troie. Le radar intérieur de l'action ou de l'expérience ne fonctionne plus bien. L'individu a besoin de se cogner contre les murs pour trouver son chemin. Le martien peut apprécier cette pédagogie.

Il faut se souvenir que dans accès de colère, Mars devenait aveugle et avait besoin d'autres dieux pour le guider. Ici, Mars peut retourner son potentiel contre Jupiter et considérer que ce sont toutes les formes jupitériennes autour de lui qui sont négatives et doivent être agressées. La volonté s'affirme dans la lutte avant même de savoir ce pourquoi on lutte. Mais à son tour le point de vue jupitérien est affecté par ce Mars turbulent. L'autorité jupitérienne perd de sa hauteur et va devenir une force d'appropriation et d'arbitraire. Jupiter devient alors un dieu redoutable, colérique et égoïste.

Le projet jupitérien «descend» au niveau de Mars. On n'y cherche qu'une forme d'extension de sa personnalité, sans apport qualitatif.

Il est souhaitable de faire réfléchir l'individu à des notions de stratégie et d'organisation de sa vie, il faut récupérer la hauteur du point de vue jupitérien: il faut légèrement déplacer le combat: il ne s'agit plus seulement d'attaquer l'extérieur, mais de savoir se faire violence pour diriger son action. Cette violence intérieure, tout en maîtrise, est un combat bien plus difficile mais bien plus intéressant pour le héros du mythe... que vous êtes peut-être.

Jupiter/Mercure

Mythe de la naissance de Mercure

Mercure est fils de Jupiter et de Maia, fille d'Atlas. Les attributions de Mercure sont aussi importantes que diversifiées. Or, ce dieu Mercure s'est trouvé confronté à une difficulté: il lui a fallu conquérir sa place dans l'Olympe. Dans la présentation de la mythologie de Mercure, j'ai cité le « rituel » du sacrifice qu'offre Mercure aux dieux et à lui-même, mélangeant les parts offertes aux dieux et celles offertes aux hommes. Il brouille les pistes et les relations. En fait, il n'est pas du tout un dieu voleur, il symbolise la relation entre les dieux et les hommes. Il doit conquérir sa place dans l'Olympe, et est donc par excellence la relation entre la Terre et le Ciel. Mercure casse les habitudes ou les rigidités et par là même transgresse les lois qui semblent définitivement établies (c'est son rôle de voleur).

Mercure n'est pas un brouilleur de pistes ; simplement, dans la mesure où il tente de nouveaux « réglages », cela apparaît comme un brouillage. Ce vecteur essentiel de communication et de relation s'affirme d'ailleurs avec le voyage de Mercure qui accompagne l'âme humaine jusque dans les Enfers. Mercure est un dieu accompagnateur, relieur et finalement un assistant presque constant de la nature humaine. On le présente comme le messager privilégié de Jupiter avant même d'être le messager des dieux. C'est lui qui réveille l'aspiration jupitérienne en l'âme humaine. Plus qu'un messager, c'est un ambassadeur. C'est lui qui amène bébé Hercule sur l'Olympe pour que Junon devienne, au moins une fois, sa mère nourricière et lui transmette ainsi l'immortalité.

Mercure sert de médiateur à Jupiter qui lui a demandé ce service pour son fils illégitime.

En élevant Hercule c'est l'âme humaine qu'il élève.

• Version harmonieuse :

Si Mercure est le messager des dieux, il est également le messager des hommes, non seulement avec l'au-delà mais avec les intentions de Jupiter. Une bonne association entre ces deux divinités permet de bénéficier de la hauteur du point de vue de Jupiter mais aussi de la capacité à faire passer ses idées ou ses projets grâce à Mercure.

Si Mars représente la volonté et Vénus l'amour, Mercure représente d'une manière plus englobante la notion d'« expérience de la vie ». Il s'agit d'abord de la communication avec les autres, communication qui va s'appuyer notamment sur Mars et Vénus. Mais il s'agit également de la communication au sens très large : les échanges avec l'environnement, l'intelligence. Mercure est ce qui permet d'absorber les informations, de les traiter, de les transformer en quelque chose de créatif et surtout de pédagogique pour l'âme. Une association heureuse entre ces dieux permet de bénéficier d'un point de vue à la fois jupitérien et mercurien. À Jupiter, qui se caractérise par le recul, l'organisation, la planification, le sens de la mesure et une certaine richesse de personnalité que l'on peut appeler psychologique ou spirituelle, vient s'ajouter Mercure qui évite à Jupiter de demeurer isolé dans son Olympe. Par Mercure, on sait trouver les mots, les comportements, les initiatives qui sont nécessaires pour faire passer ses idées. Mais bien plus, il y a une capacité d'adaptation, d'inspiration à partir de ce que l'on rencontre qui permet d'élargir son champ de références et d'action.

Cette association permet un grand discernement dans les jugements ainsi qu'un talent notable pour l'intervention dans certaines situations. L'individu est capable de regarder une situation se dérouler devant lui, d'en comprendre les différents mécanisme, puis d'intervenir pour en changer les règles. Par cette association l'individu n'est pas cantonné dans une conscience de pion. Il est au contraire toujours prêt à remettre en cause ce qui existe : les règles, les habitudes, les rigidités, etc. Non seulement il est servi en cela par la volonté de Mercure mais également par celle de Jupiter qui n'est pas un dieu conservateur mais au contraire un dieu révolutionnaire. Jupiter lui-même a dû faire face aux rigidités de Saturne, des Titans et des Géants.

Ce n'est pas seulement une question de communication. L'intelligence mercurienne crée une capacité à synthétiser des points de vue, à inclure de nouveaux éléments dans une réflexion, à mettre en rapport des éléments que des personnes voulaient au contraire isoler. Il y a une perspective synthétique qui permet d'être créatif : « Je relie les choses pour permettre de nouvelles choses. »

Dès que Jupiter entre en relation avec un membre de sa progéniture, il représente alors une exigence nouvelle pour ce dieu. Avec Jupiter, Mercure ne peut se contenter d'être un simple facteur. Il doit veiller à restituer l'intention profonde de Jupiter. Celle-ci est un appel à sublimer ou à donner un sens plus profond à la vie sociale ou collective. Mercure représente alors le levier pour élever sa vie quotidienne, il donne des outils tels que la compréhension des symboles, des structures sous-jacentes dans les relations humaines. Il sait utiliser une grande variété de langage (il maîtrise symboliquement l'eau douce) pour se faire comprendre de ses interlocuteurs.

• Version disharmonieuse

Il y a rupture entre les deux divinités et Jupiter se trouve isolé sur le mont Olympe. Mythologiquement parlant, il y a eu plusieurs accrochages entre Mercure et Jupiter, mais jamais d'affaires réellement sérieuses. Jupiter est là pour servir d'arbitre dans les conflits qui opposent Mercure aux autres dieux. Il est la sagesse qui permet d'affiner les réglages mercuriens. Quand il ne tient pas ce rôle, non seulement Jupiter est isolé, mais en plus Mercure perd toute mesure et devient un mauvais facteur.

Cela va nous orienter vers deux interprétations de ce mythe :

a) Jupiter isolé

C'est un Jupiter régnant et puissant mais qui a perdu ses relations avec la terre. La personne fait peut-être preuve d'autorité naturelle, de largesse de vue, d'une certaine noblesse intérieure ou extérieure, mais... elle ne le communique pas. Du coup, tout cela devient très fragile. C'est comme une personne qui aurait fait le ménage chez elle et aurait ensuite décidé de n'inviter personne afin de ne pas salir. Jupiter peut, en conflit avec Mercure, isoler l'individu. Ce n'est pas un isolement aussi fort que dans certains cas étudiés avec Saturne ou Uranus. Il s'agit d'une personne qui a réussi à organiser sa vie mais qui manque de communications. Ce n'est pas un scénario catastrophe : il peut y avoir des réalisations jupitériennes, mais elles restent défaillantes.

Ce peut être un manager qui a le sens de l'organisation et de l'efficacité mais qui dévalorise ou sous-estime toute politique de communication. D'une manière générale, c'est ce genre de personne sur qui on peut s'appuyer mais à qui il est bien difficile de parler.

Mentalement, Jupiter s'isolant de Mercure devient un Jupiter manquant de références extérieures. Là encore, les effets sont bien différents de Saturne ou d'Uranus. Jupiter est un dieu qui organise, assure son pouvoir et possède de nombreux potentiels entre les mains. Partant de là, son isolement est celui d'une personne qui jouit un peu trop de sa puissance ou son confort et risque de s'isoler des autres. La personne peut mal supporter l'opposition. C'est un Jupiter trop détaché des choses humaines et qui a tendance à se regarder comme une perfection. Dès lors il recherche la même perfection chez les autres et Mercure n'est plus là pour lui dire que cela est bien difficile !

Film : « Jour de fête »

b) Le facteur désorienté

Le film de Jacques Tati *Jour de fête* représente assez bien ce que peut être le triste sort d'un Mercure isolé de son Jupiter.

Dans ce film, un brave facteur, à l'occasion d'une fête foraine, assiste à la projection d'un documentaire sur les facteurs américains. Durant l'après-midi qui suit il est touché par la grâce des facteurs américains. Il se met à foncer, à prendre tous les risques possibles, à distribuer le courrier n'importe comment. Il semble perdu dans son rêve : il fonce et ne s'occupe plus de savoir précisément quelle lettre il doit porter.

Le modèle des facteurs américains aurait pu être un élément très inspirant pour ce facteur. Dans ce cas nous aurions pu avoir une expression originale et harmonieuse entre Jupiter et Mercure. Jupiter est alors le modèle professionnel inspirant. Mais ici le facteur est dépassé et écrasé par le documentaire qui lui sert de modèle. Il n'a pas de discernement, ne se pose pas trop de questions bien qu'il ait une grande volonté d'engagement. Il devient, soutenu par l'ensemble du village rigolard, une caricature de facteur à l'américaine... qui d'ailleurs terminera son trajet dans le royaume de Neptune (ou dans celui de Mercure suivant d'autres traditions mythologiques) : une rivière.

L'individu est capable de relations, d'échanges d'idées mais il n'a plus la hauteur de vues qu'il avait avec Jupiter. La personne devient manipulatrice, un peu trop pragmatique. On peut la soupçonner de voler non pas pour établir des échanges mais pour ses propres intérêts. C'est comme si Mercure, ayant volé le troupeau de vaches d'Apollon, ne l'utilisait pas comme vecteur de sacrifice vers les dieux – pour se diviniser – mais le gardait intact simplement pour avoir la satisfaction d'être propriétaire !

Tous ces potentiels de compréhension ou de communication ne sont plus des occasions d'enrichissement et d'évolution. La personne n'est plus en mesure, à partir de Mercure, de remonter vers Jupiter. Mercure est décidé à devenir et le facteur, et l'envoyeur, et le destinataire ! La personne peut être jugée sympathique mais encore plus égotiste ou superficielle. Son hostilité à Jupiter lui fait perdre des qualités. Elle risque de vouloir jouer à Jupiter tout comme le facteur de Jacques Tati veut jouer au facteur américain. Elle va utiliser les apparences jupitériennes dans sa communication mais ne semble pas vouloir se donner la discipline nécessaire pour en faire quelque chose de réellement intéressant. Elle se limite aux apparences.

Dans un cas heureux, cette disharmonie s'exprime par une forme d'originalité, de désinvolture. Mais il faut s'interroger sur la réalité de cette désinvolture et tenter de voir si elle ne cache pas un petit drame, rejoignant le mythe du « clown triste ». La personne est capable d'évoluer socialement, d'établir des relations, de participer à des groupes, elle ne manque pas d'entrain, mais elle semble avoir des difficultés à donner un sens à ces différentes relations.

Jupiter/Lune

Jupiter et les déesses lunaires

Lors de l'affrontement de Jupiter avec les Titans Hécate reste en dehors du combat. Plus tard elle s'intègre dans le plan jupitérien en occupant une fonction de réception des âmes au sortir des Enfers. Pour souligner cette bonne entente, certaines versions présentent Hécate comme la fille de Jupiter.

Diane est fille de Latone et de Jupiter, et sœur d'Apollon. C'est une déesse qui au premier abord est complexe : volonté de pureté et en même temps cruauté. Elle représente la conquête de la civilisation ou de l'évolution sur la barbarie. Elle est étroitement liée à Jupiter et n'offre pratiquement aucun conflit avec lui. C'est l'âme confrontée au monde extérieur et à l'incarnation. Cette déesse est à la fois très proche des aspects durs de l'incarnation que sont les conflits, et en même temps très proche du niveau d'évolution de Jupiter. C'est tout l'écartèlement de notre âme.

Quant à Séléné, elle représente l'âme pure. À ne surtout pas confondre avec l'âme désincarnée travaillant dans les Enfers, concernée par Hécate.

Séléné n'est pas la fille de Jupiter mais la fille d'Hypérion et de Théia. Mais après qu'elle a appris le meurtre de son frère Hélios et qu'elle s'est noyée dans l'Éridan, Jupiter décide de la placer dans le ciel.

Ce sont ces deux déesses que nous allons étudier dans leurs rapports mythologiques avec Jupiter.

• **Version harmonieuse :**

Quand nous avons étudié les associations de Jupiter avec Vénus, Mars et Mercure, il s'agissait de systèmes d'expression de l'âme bien précis : l'amour, la volonté, et, avec Mercure, ce qui est à la fois compréhension et communication. Avec la Lune, on étudie l'âme en elle-même, la personnalité profonde de l'être.

Le mythe avec Séléné n'est pas une invitation à la démobilisation. On peut même conclure que si l'individu ne travaille pas suffisamment sur son monde intérieur, ce potentiel donnera peu de résultats, juste une douceâtre sérénité.

L'association Jupiter-Séléné incite l'individu à préserver dans toutes ses activités une part de lui-même qui sert d'ancrage spirituel ou philosophique. Une lumière que l'on entretient en soi. Cela donne de grandes envies-vocations et permet de marcher sur le mont Olympe tout en gardant la tête dans les étoiles, ou la Lune.

Une bonne relation avec Hécate indique que l'individu réalise ses projets jupitériens en accord avec ses desseins les plus intimes. C'est une manière de rester fidèle au programme qu'Hécate a pu imprimer à l'âme avant l'incarnation.

Si l'on se dirige maintenant vers Diane, on assiste à une harmonisation entre l'âme et les nécessités de l'incarnation. Les différentes contraintes jupitériennes, organisation sociale, engagements divers, etc., n'empêchent pas l'âme de s'exprimer de manière authentique. Quelles que soient ses activités, c'est une forme de garantie pour l'homme de rester fidèle à lui-même, ce qui, compte tenu des exigences de notre société moderne, n'est vraiment pas un luxe !

À travers Diane, la personne utilise pleinement son incarnation pour conquérir des zones d'elle-même et en quelque sorte les restituer à la civilisation « intérieure ». C'est encore la personne capable de céder une part de son autonomie, tout comme Diane cède une partie de son autorité à Jupiter, pour s'accomplir dans une perspective sociale.

Dans cette version il vaut mieux parler d'« incarnation de l'âme » plutôt que d'engagement social. Diane, c'est l'âme incarnée sur terre qui va devoir en assumer toutes les exigences. La vie n'est pas un long fleuve tranquille...

Toute la question est de savoir comment Diane peut s'appuyer harmonieusement sur Jupiter pour être «éclairée d'en haut» et donc pouvoir suffisamment se guider. C'est la part de spiritualité qui existe en chacun de nous et peut nous aider à nous sauvegarder face à tous les compromis auxquels nous incite l'incarnation. Jupiter, en temps que dieu des dieux, assume cette responsabilité spirituelle.

Il s'agit de savoir comment l'âme va résister aux pressions et tentations faites pour la conditionner et l'amener à oublier ses exigences profondes. Diane n'est pas exempte de certains problèmes propres à Mars. Une relation harmonieuse entre Jupiter et la Lune est un bon indice de protection pour ne pas se noyer dans les compromis de l'incarnation.

Mais là encore, comme pour Séléné, l'individu doit travailler cette disponibilité naturelle. Dans la mesure où ce mythe concerne la Lune, il fait référence aux profondeurs de la conscience et aux limites de l'ego qu'il faut affirmer par Diane et dépasser par l'obéissance au point de vue jupitérien. Une assurance existe avec ce mythe : la personne ressentira naturellement un élan vers tout ce qui est connaissance, évolution, désir de progresser ou de s'améliorer propre à Diane.

• Version disharmonieuse :

Plusieurs voies sont à envisager

a) Rejeter toutes les expressions jupitériennes

Ici c'est comme si l'individu ne parvenait pas à de bons compromis entre les nécessités de l'incarnation et son authenticité ou sa vocation profonde. La vie est pour lui un combat où il a toujours l'impression de courir après lui-même. Dans ce cas c'est la Diane chasseresse, celle qui est vindicative et cruelle. Elle met en évidence ce qui ne va pas et résout ses problèmes par des décisions brutales. L'individu est comme ballotté par les événements, les nécessités, dont il s'accommode mal. Qu'il s'agisse de vie privée ou de vie professionnelle, les dures réalités du quotidien sont difficilement gérées par lui, ce qui provoque son mécontentement : il ne comprend pas que Jupiter, c'est-à-dire les autres, les circonstances de la vie, ne l'aide pas plus... il ne comprend surtout pas qu'il devrait s'aider à accepter d'être aidé.

Ce mythe met en évidence la difficulté de trouver sa vocation personnelle. Par « vocation » nous comprenons une sorte de voie intérieure que l'on a envie de suivre parfois par des tâtonnements. Les souvenirs du « programme » d'Hécate sont loin et demandent à être réveillés peut-être par un malaise ou une crise.

b) Se protéger derrière Jupiter

Cela signifie que Diane abandonne tout son pouvoir et nous oriente vers un sujet qui se résout à une reddition de lui-même, de son authenticité. Les responsabilités et engagements sociaux, les nécessités de l'incarnation sont traités passivement. Il cherche continuellement à se dérober ou à se protéger derrière des institutions, des groupes. Ce comportement impersonnel est en contradiction avec les exigences de l'âme symbolisées par les déesses lunaires.

C'est comme si l'âme assumait les devoirs de son incarnation avec réticence. Ce serait mythologiquement parlant une Diane peureuse ou une Hécate amnésique.

Le mythe de Latone

Il y a peu de traces de crainte dans la mythologie de Diane, si ce n'est sa relation avec sa mère Latone. En effet, Diane, tout comme sa sœur Minerve, désire garder une virginité éternelle. Dans le cas de Diane ce désir a une origine précise : Diane s'était arrangée pour naître avant son frère Apollon. Contrairement aux bébés habituels, une déesse fait très rapidement preuve de lucidité, ne serait-ce que quelques instants après sa naissance. Diane, non seulement aide à la naissance d'Apollon, mais elle constate les douleurs que doit supporter Latone. C'est à partir de là qu'elle désire conserver une virginité perpétuelle. Cette exigence sera à l'origine de nombreux conflits et morts autour de Diane.

Ce cas montre que l'individu peut être effrayé par des types d'engagements ou tout simplement par la vie, et traduire cela par des blocages, des fuites ou des mensonges. Il cherche parfois à se fondre dans un groupe, une hiérarchie pour remplacer sa faiblesse par la force de l'impersonnel. Diane se dissimule derrière Jupiter.

Le mythe d'Endymion

C'est un mythe qui associe Diane et Endymion, petit-fils de Jupiter. Ce petit-fils avait obtenu un drôle de privilège auprès du maître de l'Olympe : celui d'un sommeil éternel et d'être en plus inaccessible à la vieillesse et à la mort. Il dormait ainsi tranquillement dans une grotte du mont Latmos où Diane venait le visiter chaque nuit.

Ce mythe peut être interprété comme symbolique du contact qui est permis, grâce à la pureté de Diane, avec le sommeil du juste qui par ses rêves se ressource et s'inspire. Mais il peut être également interprété d'une manière disharmonieuse comme étant une union improductive ou désengagée du monde des hommes. C'est l'un des risques : la personne peut être effrayée par certains engagements et chercher des excuses ou des situations qui lui permettront de vivre en repli pour sauvegarder une virginité symbolique qui s'associe ici à la sécheresse.

Ce type de scénario est évoqué en analyse transactionnelle avec un scénario spécifique :

Sans toi

Dans ce scénario la personne affirme qu'elle ne peut pas réaliser ses projets ou ses désirs à cause de quelqu'un d'autre (à cause de mes parents, de mon mari, de ma femme, de mes enfants, etc.). Il s'ensuit une position de frustration et de révolte. Puis un jour, presque par accident, l'obstacle qui était désigné se retire. Par exemple, le mari constate qu'effectivement il bloque peut-être sa femme et décide alors de jouer le jeu de l'ouverture totale et la pousse à participer à de multiples activités. C'est alors que la femme constate que le véritable blocage n'était pas chez son mari mais en elle : elle avait peur d'assumer son indépendance.

Une relation disharmonieuse entre la Lune et Jupiter peut justement désigner une certaine immaturité et une difficulté à s'assumer d'une manière autonome dans le monde de Jupiter.

Dans d'autres versions, c'est Séléné qui visite Endymion. Dans sa version disharmonieuse, ce mythe induit une spiritualité, une attitude un peu « endormies » face aux réalités de ce monde.

Jupiter/Soleil

Jupiter et les divinités solaires

Tout d'abord il faut rappeler que la principale divinité solaire est Jupiter lui-même. Par sa position centrale et sa domination sur l'ensemble des autres dieux, il remplit tout à fait cette fonction.

C'est Jupiter qui décide d'élever Hélios, le dieu solaire assassiné, au rang de divinité. Par ailleurs, Jupiter est le père d'Apollon et le père de Dionysos sur lesquels il a donc autorité.

Pour notre culture Jupiter n'est qu'un dieu mythologique aux fonctions bien définies. Dans la culture antique Jupiter est l'équivalent, par certains aspects, de notre Dieu tout puissant. Par conséquent, il conserve dans la mythologie un pouvoir total, et sur Hélios, et sur les autres divinités solaires présentées comme ses fils.

Le Soleil représente la dimension transpersonnelle de l'être. Tout homme possède une individualité (l'âme), et une fonction, l'esprit ou fine pointe de l'âme, qui lui permet de participer à la dimension transpersonnelle qu'est l'Esprit.

Les aspects entre Jupiter et le Soleil vont montrer de quelles manières cette dimension transpersonnelle ou divine réussit à s'acclimater à la création jupitérienne ou encore dans l'incarnation de l'âme.

C'est un difficile défi que celui de l'incarnation durant laquelle l'individualité se renforce et doit assumer un statut social et familial, alors qu'en même temps elle ne doit pas perdre de vue cette dimension transpersonnelle qui l'incite à dépasser ses limites apparentes.

• Version harmonieuse :

Dans cette phase harmonieuse, nous sommes au moment où Jupiter décide de l'élévation d'Hélios au ciel, lui conférant le statut de divinité sidérale. C'est également le moment où après son séjour sur terre, en exil, Apollon peut revenir dans les régions divines. Après avoir fait régner la grâce et la beauté sur la terre, c'est-à-dire après avoir fait évoluer la conscience des hommes.

Avec Dionysos, la relation harmonieuse est moins évidente. Ce qui apparaît dès la naissance de Dionysos c'est la protection très engagée de Jupiter. Par la suite on a un peu caricaturé les différentes cérémonies dites dionysiaques – les bacchanales des Romains – pour en faire des descriptions orgiaques. En réalité, les différents rites, cérémonies et techniques liés à Dionysos apparaissent sous l'angle de la folie... à celui qui reste tranquillement dans ses pantoufles. C'est le vieux dilemme du sage qui paraît fou aux yeux des hommes. Pour réveiller l'homme, les fêtes dionysiaques le plongent momentanément dans sa folie apparente, mais au bout du compte apparaît bien l'étape finale de toute initiation, l'accomplissement de soi. Dionysos désigne la part de folie nécessaire, d'adaptation difficile quand on veut changer sa vie en un aspect de celle-ci. En harmonie avec Jupiter il donne ce coup d'œil critique ou contestataire qui permet aux engagements de chacun, et au groupe, de conserver une jeunesse en se renouvelant.

L'association harmonieuse entre Jupiter et le Soleil montre que la personne, tout en s'engageant dans son incarnation, est capable de ne pas se crisper sur son individualité. Elle voit comment elle doit assumer sa vie, vivre avec les autres, avec ses propres projets, tout en ne faisant pas de sa vie un petit îlot cloisonné, la rendant sourde et aveugle. Il ressent que sa vie ne peut avoir de sens qu'à condition de la replacer dans une perspective plus vaste. L'individu qui se recroqueville sur lui pour mieux se défendre risque avant tout de se fragiliser. Prenons un cas :

Certaines personnes constatent au moment d'épreuves que ce qui les aide est un vestige de la foi qu'elles avaient pu conserver en elles. Prières maladroites, croyances approximatives, mais autant d'éléments qui suffisent à réveiller tout doucement une dimension transpersonnelle et susciter de nombreux appuis intérieurs.

Réveiller cette dimension transpersonnelle en nous consiste à s'interroger sur des thèmes tels que l'au-delà, le sens de notre vie, le karma, l'éventualité de vies antérieures, prendre en compte la multiplicité des éléments que propose Neptune. Neptune collabore directement à la naissance d'Apollon en stabilisant l'île de Délos. Parmi ces différents plans de réalité, Hélios représente la dimension la plus élevée, la plus proche de Jupiter. Apollon symbolise par son retour d'exil la capacité pour l'homme de s'ouvrir à cette harmonie intérieure. L'homme vivra cette harmonie non dans la solitude mais par ses engagements dans des projets jupitériens.

Prenons un autre cas: Certaines personnes ne ressentent pas l'envie de se poser des questions philosophiques ou spirituelles, elles semblent intéressées par tout ce qui est «concret» ou plus proche. Jupiter impose des contraintes trop lourdes, la personne est vampirisée par cette réalité qui est la nôtre. C'est une forme de sécurité. Dans ce cas, la perspective de l'existence d'autres corps ou encore une meilleure utilisation de ses rêves sont autant de petits leviers qui peuvent réveiller l'idée qu'il existe quelque chose d'autre, au-delà des apparences étriquées de notre vie. Il ne faut pas limiter la notion du transpersonnel: c'est seulement le sentiment qui donne l'envie à quelqu'un de vivre dans une vie un peu plus vaste.

Film: «Les Ailes du désir»

Ce film de Wim Wenders transmet ce que peut être le sentiment du transpersonnel dans la vie quotidienne. C'est l'histoire d'un ange qui s'ennuie quelque peu dans son éternité et décide alors d'assumer l'incarnation. Ce film merveilleusement poétique rejoint l'exil d'Apollon sur la terre. Avant d'avoir pris sa décision on voit l'ange se promener parmi les hommes et tenter de les réconforter simplement en posant sa main sur leur épaule, leur transmettant quelque énergie positive.

C'est ainsi que de métro en appartement, l'ange traverse des vies qui semblent confrontées à de terribles problèmes. Il entend les gens réfléchir et triturer dans leurs têtes leurs préoccupations. On ressent le conflit terrible qui peut s'établir entre ces deux existences : l'homme perdu dans ses ennuis ayant la souffrance ou l'isolement pour compagnons, et de l'autre côté un ange qui semblerait presque indifférent à tout ça. Mais en réalité il a la perspective de l'ange : il communique du réconfort et peut être... une touche solaire.

Lui-même, quand il décidera de s'incarner, s'orientera vers un type d'existence qui n'est pas en rupture avec tout ce qu'il a vécu. Il s'avance dans la vie pour vivre un grand amour, excellent levier pour attiser en soi l'Esprit. Il a une perspective ou une approche de la vie qui peut paraître « poétique » mais qui apporte une touche de sérénité.

• Version disharmonieuse

Il existe plusieurs éventualités :

a) Hélios sacrifié

C'est le moment tragique du mythe où Hélios est assassiné. Nous ne sommes pas encore à l'étape de l'élévation au ciel. Cela veut dire que l'Esprit est rejeté de l'incarnation. Plus précisément, le mythe nous indique que ce sont ses oncles, les Titans, qui décident d'assassiner Hélios parce qu'il a trop de vertus. La fonction brutale et exclusive, représentée par les Titans, frères de Saturne, ne peut s'accommoder de la dimension du transpersonnel. Les Titans représentent un état de conscience antérieur à celui de Jupiter, où la personne est encore très crispée sur son individualité et ses certitudes.

La personne laisse les Titans dévorer son Soleil dans sa vie. Les Titans peuvent prendre l'apparence de son travail, de ses relations familiales, de ses activités professionnelles ou de ses loisirs. Mais dans tous les cas ces activités tendent à exalter l'individualité et encore trop peu le goût du transpersonnel. Peut-être certaines crises pourront susciter chez la personne sinon un intérêt, tout au moins une interrogation. C'est à partir de l'instant où il est tué que le Soleil peut envisager son ascension céleste. On a besoin parfois d'une crise pour réveiller un potentiel défectueux.

Ici c'est le royaume de Jupiter qui se trouve coupé de l'apport solarien. Comme si une personne s'enterrait dans son travail et plutôt que d'y voir une opportunité de communication avec l'environnement ou une occasion de collaboration avec une équipe, y trouvait en réalité une exaltation de soi brutale. C'est le but inverse qui serait atteint.

La personne se retrouve aussi démunie qu'un Mars aveugle. Elle peut faire preuve d'égoïsme, manquer de perspective à long terme, de points de vue suffisamment hauts pour prendre partie de manière objective. Elle ne fait pas confiance à ceux qui l'entourent ou reste insensible à la notion d'idéal, qui peuvent être utiles même dans un projet particulièrement « sérieux ».

Nous sommes dans une culture qui n'intègre pas les valeurs transpersonnelles. Un peu partout on cherche des ersatz afin de pallier cette absence. Ainsi depuis quelques années, dans les entreprises, on s'interroge avec gravité sur la notion de « motivation ». Et le plus souvent on s'aperçoit que des éléments matériels, tels que des augmentations, ne sont pas suffisants pour faire avancer un individu. Alors on recherche des motivations qui pourraient relancer l'intérêt de l'individu pour son travail et son entreprise.

C'est ce qui peut se passer pour un individu qui devient moins motivé pour son existence. Il advient souvent qu'un individu arrivé à un certain âge, ayant réalisé des objectifs qui lui tenaient jusqu'à présent à cœur, se trouve alors comme « démuni ». Il lui faut non plus trouver un autre projet qui remplacerait le précédent, mais quelque chose de radicalement différent. Dans ces cas-là, les individus cherchent effectivement non pas un autre projet mais un projet d'une autre nature. Certains retrouvent l'idéalisme de leur adolescence qui, depuis, avait dû lui aussi être noyé dans un quelconque Éridan.

b) La soûlerie de Dionysos

L'ivresse des rites dionysiaques est une ivresse mystique permettant à l'individu de franchir les limites de son individualité. Malheureusement, le grand élan spirituel des années 70 a davantage mis l'accent, par l'utilisation erronée de substances sacrées, sur la soûlerie plutôt que sur l'expérience mystique. En termes modernes nous dirons que la « défonce » a supplanté l'élan mystique.

Dans cette relation disharmonieuse entre le Soleil et Jupiter, on peut craindre que l'individu soit révolté contre toute forme d'organisation ou d'institution, se sente mal dans sa vie et adopte un comportement original, voire provocant. Or, comme la relation est disharmonieuse, l'individu s'enlise dans des comportements improductifs ou négatifs. Il perd le sens de sa révolte et passe de l'ivresse à la soûlerie. Jupiter dépasse très largement la notion d'institution et représente bien la notion d'engagement global dans sa vie, son incarnation. Ce sont tous ces engagements, formels ou informels, qui représentent le véritable enjeu. Or, le malaise de Dionysos s'exprime indifféremment vis-à-vis de tous ces domaines. Un tel mythe désigne une démobilisation de l'individu, un découragement devant certaines réalités qui lui paraissent absurdes. Si l'on voulait travailler sur un tel scénario il ne faudrait pas tenter de brider la révolte mais au contraire tenter de la diriger en l'acceptant. Sinon le sujet ne se sentirait guère concerné par une solution qui irait à l'encontre de sa personnalité.

c) La révolte d'Apollon

Apollon a eu quelques difficultés avec Jupiter. Notamment lorsque son fils Esculape est tué par la foudre du père des dieux, ceci après la protestation de Pluton qui considérait qu'Esculape n'avait pas à ressusciter les morts et qu'il empiétait sur son royaume.

À juste titre, Pluton considère que la mort est nécessaire pour permettre un travail de réflexion intérieure. L'immortalité n'est pas faite pour les hommes, pas pour les hommes imparfaits. Apollon ressent durement la mort de son fils mais ne va pas jusqu'à assumer la révolte contre Jupiter. Malgré tout il tuera les Cyclopes qui ont fabriqué la foudre. Apollon a une prudence solaire.

Ce qui a motivé tous ces drames est une mauvaise maîtrise du pouvoir. Esculape a transgressé ses prérogatives et Apollon lui-même se sent envahi par la vengeance. C'est un mythe qui montre la tendance qu'ont certains à vouloir trouver le royaume de Dieu ici-bas. Apollon est l'un des rares dieux à subir un exil sur terre. Son fils Esculape aux nombreux pouvoirs a notamment celui de maintenir les mortels sur terre mais non pas de les mener jusqu'au royaume de Pluton. Le mauvais Apollon est une falsification de la dimension transpersonnelle. Tels ces empereurs romains qui se présentaient comme des dieux. L'individu s'engage dans des projets en leur attribuant une valeur démesurée. Il en ressort un engagement faussé, peut-être disproportionné avec d'autres engagements de sa vie. C'est ainsi qu'un individu peut considérer que son travail est pour lui un engagement sacré auquel il doit totalement se dévouer. Dès lors, son travail devient pour lui un nouveau dieu ou en tout cas une idole. Surviennent des dislocations, des ruptures, des conflits dans sa vie quotidienne dus au déséquilibre de l'engagement.

L'autre problème qui en découle est que la personne qui a transformé quelque chose de terrestre et immédiat en une quasi-divinité a souvent tendance à se crisper sur cette nouvelle idole en refusant tout changement ou toute évolution. Cela rappelle certaines utopies politiques visant à créer l'homme de demain tout de suite. On rejoint Esculape qui prive le mortel Hippolyte de la phase plutonienne. Pluton, qui est pourtant un dieu discret, intervient et revendique son dû.

Ainsi une personne survalorise des engagements et en plus a tendance à ne pas permettre leurs évolutions. Les ayant survalorisés, elle considère que tels ils sont, tels ils doivent rester. Or, la véritable mission d'Esculape est de soigner et non de ressusciter. Les soins impliquent des maladies ou des blessures, autant d'éléments qui viennent avec les combats et permettent d'évoluer. C'est ainsi que de nombreux initiés, au cours de leur cheminement, reçoivent une blessure qui est autant un élément malheureux qu'un... certificat de garantie. Dans le cas qui nous intéresse, la personne se crispe sur des aspects de sa vie quotidienne et y investit exagérément ses émotions, ses sentiments, son temps, etc. Tout changement, tout renouvellement lui apparaît dès lors comme une forme d'attaque personnelle. La personne a tellement investi sur son projet qu'elle ne peut pas regarder sans frayeur toute forme d'évolution. Il y a une crispation conservatrice amenant alors la personne à dire que son engagement, ou son activité, est tellement parfait que toute tentative de renouvellement lui apparaît comme une soustraction.

C'est peut-être pour éviter ce type de scénario que certains moines zen ont pris une habitude dans leurs travaux d'artisanat : quand ils fabriquent une poterie et que celle-ci leur semble quasiment parfaite, ils prennent un petit marteau avec lequel ils l'ébrèchent. Ils considèrent que ce geste est nécessaire pour éviter de croire que la perfection est de ce monde. C'est un peu le message apollinien puisque après que ce dieu eut fait régner la grâce et la beauté sur terre... il s'en retourne chez les siens, chez les dieux.

Esculape voulait maintenir les hommes en vie pour qu'ils restent dans le royaume de Jupiter. Mais Jupiter est véritablement le grand patron et montre qu'il est lui-même très « jupitérien » : il refuse de menacer l'équilibre de la Création en sa seule faveur.

Vénus-Mars

Le mythe de Vulcain trompé

Vulcain, dieu le plus laid de l'Olympe, fut malgré tout uni à Vénus sur les ordres de Jupiter. D'un point de vue allégorique, la décision de Jupiter paraît curieuse. Mais ceci change si l'on se place du point de vue symbolique. Vulcain est un dieu souterrain, intervenant peu dans les affaires des dieux ou alors uniquement quand il s'agit d'éléments pratiques comme l'ouverture en deux du crâne de Jupiter, d'un coup de hache, pour libérer Minerve.

La boiterie

Vulcain est un dieu qui boite et c'est là un symbole important. La boiterie désigne l'existence d'un travail intérieur. Le symbolisme est simple à comprendre : dès qu'une personne entreprend un travail de grande intensité sur elle-même qui a pour premier effet de la déstabiliser, de remettre en cause son système de valeurs, ses habitudes, et peut-être l'orientation générale de sa vie. Cette faiblesse qu'est la boiterie est une faiblesse nécessaire. On retrouve souvent ce symbole :

– Le squelette de la lame 13 du tarot est boiteux. Cette lame 13 se place dans le tarot après que l'initié s'est séparé de sa vieille peau en lame 11, la Force, et a accepté l'épisode de déstabilisation par le renversement du Pendu en lame 12.

– Jason, avant son équipée avec les Argonautes, apparaît à la cour du roi avec une chaussure en moins. Il est donc boiteux. C'est le même Jason qui détruira un géant de bronze qui le menaçait, en le blessant au talon.

– D'anciennes formes d'initiation du compagnonnage, et certaines formes d'initiation maçonnique qui en découlent, reprennent ce symbole en demandant au futur initié de retirer une chaussure durant le processus d'initiation.

– Œdipe, mortel dont la vie est une suite de terribles transformations, a été pendu par un pied à un arbre (comme Odin) et son nom signifie d'ailleurs « pied gonflé ».

– La marelle : il faut accepter d'être à cloche-pied pour se rendre de la Terre au Ciel.

Dans tous ces cas la phase de déstabilisation montre que le chemin a été entamé. Vulcain est un dieu qui travaille avec ses compagnons, les Cyclopes, dans des lieux souterrains, par exemple sous des volcans.Ces lieux peu accueillants pourraient rappeler les Enfers mais il y a une différence notable : les Enfers sont un lieu d'initiation mais réservé aux personnes qui passent dans l'au-delà. Alors que Vulcain représente une autre forme de descente aux Enfers, accessible aux mortels encore incarnés. Bien entendu il faudrait nuancer tout cela car une grande quantité de symboles proposés dans les enfers plutoniens seraient à reprendre si l'on voulait désigner le chemin initiatique d'un mortel.

Le scénario de la liane et le problème du changement

La vacuité du changement fait peur. Quand nous quittons quelque chose ou quelqu'un il y a l'incertitude, voire la peur du lendemain et du vide.

Des personnes pratiquent de matière affective le scénario de la liane : dès qu'elles ont quitté quelqu'un ou que quelqu'un les a quittées, elles se précipitent vers un autre partenaire comme on lâche une liane pour pouvoir en attraper immédiatement une autre. Le problème n'est plus d'identifier la bonne liane mais d'attraper n'importe quelle liane qui se présente. Cette politique n'est pas sans péril quand la liane est vraiment très mauvaise...

D'autres, une fois qu'elles ont réussi à attraper une liane, s'y tiennent farouchement. Elles se crispent sur ce qu'elles vivent, sur les plans qu'elles se sont donnés, même si finalement l'expérience ne semble pas leur promettre une pleine réussite. Ici, la liane finit par ne plus se balancer du tout et reste parfaitement immobile. Cette attitude, qu'elle soit adoptée dans la vie quotidienne ou dans la jungle, n'est pas sans dégager un petit air ridicule pour la personne qui en est victime...

Il faut donc accepter que le changement en profondeur s'accompagne de certains « blancs ». La personne qui se précipite de liane en liane ne le fait pas pour la liane mais pour elle-même. Et ceci même si, après coup, elle affirme être follement amoureuse de sa liane ! Bien entendu ce scénario n'est pas limité aux choses amoureuses.

Imposer à Vénus l'union avec Vulcain n'est donc pas une punition mais au contraire une invitation à l'initiation. Il est peut-être difficile à la déesse de l'amour de se soumettre à toute la procédure de changement qui devrait la faire évoluer. Elle est donc très attirée par un autre dieu : Mars. Celui-ci partage de nombreux défauts en commun avec elle, et notamment une forme de violence. C'est Phoebus, le Soleil, qui avertit Vulcain des infidélités de Vénus ; tout comme le Soleil sera le seul à voir le visage de Proserpine lors de son enlèvement par Pluton. Pourtant Mars avait pris ses précautions. Il avait demandé à un complice du nom d'Alectryon de faire le guet. Celui-ci s'endort et pour le punir, Mars le transformera en coq... C'est pour réparer sa faute que désormais le coq annonce le premier le lever du soleil.

Vulcain, le dieu boiteux, le dieu le plus lent, peut malgré tout attraper et fixer le couple explosif grâce à un filet invisible, magique, et dont les mailles sont indestructibles. Vulcain et Mars sont tous deux symboliquement liés au feu. En alchimie, pour désigner une opération de « fixation » on dit que le feu lent a attrapé le feu rapide. Fixer permet de renforcer, d'éliminer ce qui est volatile, fragile, et freinerait le processus d'évolution.

Dans l'ensemble des mythes, il faut traduire ce qui apparaît comme un hasard en termes de nécessité. L'infidélité de Vénus permet à Vulcain, par l'intermédiaire de son filet invisible, de fixer non seulement son épouse Vénus mais aussi l'association Vénus-Mars. En dehors de cet épisode, Vulcain n'aurait jamais eu l'occasion de fixer Mars avec lequel il n'a que peu de relations, si ce n'est pour fabriquer ses armes.

L'association Vénus-Mars semblait pratiquement inévitable : ils concernent la passion, l'affirmation de soi et une certaine forme de violence. De même que leur union était inévitable, il est normal que le seigneur de l'Olympe désire faire progresser cette jeunesse. Jupiter fait donc intervenir un dieu – Vulcain – ayant en quelque sorte plus de bouteille que les deux autres et qui va pouvoir tirer de chacun de ces dieux les éléments les plus subtils.

Vulcain est vraiment un dieu fixateur car, en dehors de ce filet invisible, il a déjà fabriqué un siège qui retient prisonnière Junon pendant quelque temps. Par contre, il ne supporte pas de voir Junon enchaînée dans le ciel : cette position de déséquilibre va à l'encontre de son symbolisme. Plus tard, il fabriquera des sièges qui se rendent tous seuls à l'Olympe quand il y a une réunion des dieux. C'est le dieu de la bureautique !

• Version harmonieuse :

Cette version implique que le mythe a été accompli : les deux potentiels divins ont été fixés. Cela ne signifie surtout pas qu'ils ont été bloqués ou inhibés, tout au contraire ! La fixation que leur impose Vulcain n'est pas synonyme de passivité ou de tristesse, ni même d'éteignoir de passion et de sentiments, mais c'est une façon de séparer, à l'intérieur de ces deux potentiels, ce qu'il y a d'excellent, de profondément désintéressé et, d'autre part, ce qui n'est que violence, complaisance envers soi-même.

Vénus permet à Mars d'être une force de conquête clairvoyante. Ceci non seulement grâce à la fixation de Vénus mais aussi – il ne faut pas l'oublier – parce que Mars a été aidé par le Soleil dans le mythe. Vénus permet l'émergence d'une volonté harmonieuse qui ne se réalise pas systématiquement aux dépens de l'autre. Et Mars communique aux sentiments vénusiens la force de s'affirmer, même dans des situations contraires.

Scénario de gagnant ou de gagneur ?

En psychologie, on fait la différence entre ces deux types. Le gagneur est celui qui gagne contre les autres, contre l'environnement. Il multiplie les conflits même s'ils ne sont pas nécessaires. Il trouve sa victoire autant dans le résultat qu'il obtient que dans la défaite de son interlocuteur. Tout au contraire le gagnant tente d'obtenir le résultat désiré en ménageant le plus possible son interlocuteur ou son environnement. Il recherche des voies de conciliation et, s'il réussit à obtenir tout ce qu'il désire, il n'y ajoutera pas le sentiment de défaite chez son interlocuteur.

Par la fixation de Vénus, Mars va passer du stade de gagneur au stade de gagnant.

Sa force n'est plus aveugle, Mars n'est plus simplement une volonté ; il réussit à s'harmoniser avec sa Vénus intérieure grâce à la fameuse fixation.

Tout cela permet à l'individu de disposer d'une volonté qui n'est pas exclusivement conflictuelle, de s'affirmer avec mesure et adaptation. La volonté est une « force tranquille » qui peut alors servir l'individu lui-même mais aussi son environnement. Cela ne retire rien à la capacité d'affirmation ou d'action mais au contraire la rend plus efficace. Tant que Mars est livré à lui-même, sans aucune fixation de Vulcain, il fonce en avant et multiplie les conflits improductifs, s'engage dans des actions ou des projets irréfléchis. Après l'union à Vénus et la fixation, il paraît en mesure de mieux guider son action et livre tout autant de batailles mais en trouvant beaucoup plus d'alliés que d'adversaires.

Enfin, il faut considérer que ce Mars-là permet de mener une guerre sainte : la guerre envers soi-même, la guerre qui peut provoquer une blessure au talon...

Vénus se trouve également élevée par l'action de Vulcain. La force de séduction ne s'exprime pas pour elle-même. Vénus va au-delà de ses intérêts immédiats et purement personnels. Vénus, grâce à sa bonne association à Mars, accepte de s'engager dans une relation qui nécessite un effort, un combat serein et non de s'abandonner à la facilité et la violence. Vénus redevient alors l'amour transformateur, cette puissance primordiale qui fait que les auteurs grecs ont parfois placé le dieu Éros à l'origine de toute mythologie, et bien avant Uranus.

Par son association à Mars, Vénus gère mieux la notion de confrontation ou d'effort. Il n'y a plus de caprices, de réactions passionnelles ou encore colériques, Vénus affirme ses désirs et ses sentiments grâce à l'appui de Mars, appui rendu stable par Vulcain.

Dans leur vie amoureuse, certaines personnes passent de crise en crise et semblent constamment générer des malentendus. C'est ici la Vénus un peu brutale et aveugle qui s'exprime. Mais dans quelle mesure cette violence externe, ces échecs ne viennent-ils pas du fait que la personne se dérobe à une violence interne ? Par ces malédictions Vénus règle ses comptes d'une manière un peu facile. La fixation amènera l'individu à étudier d'un peu plus près ses comportements quotidiens, observer sa subjectivité, son art d'interpréter les situations pour mieux condamner l'autre.

Ce mythe harmonieux unit deux divinités qui sont proches des hommes, des divinités de la quatrième génération. Mars et Vénus sont des expressions très directes de l'âme. Il ne s'agit plus ici d'observer des mécanisme profonds de la conscience humaine ou d'étudier des éléments ordonnateurs de la Création comme Pluton, Neptune ou Jupiter, mais des fonctions de l'âme incarnée, faciles à intégrer dans notre psychologie.

• Version disharmonieuse

Nous avons deux lectures symboliques :

a) Avant Vulcain

Nous sommes au moment érotique où Vénus et Mars s'étreignent en toute tranquillité avant l'intervention du mari jaloux.

Avec une relation disharmonieuse, Vénus n'a aucun égard pour son époux qui représente tout le contraire d'elle. Mars a du mépris pour ce dieu physiquement faible. Mais ceci est un aveuglement car les deux divinités sont redevables à Vulcain : celui-ci a fabriqué la ceinture de Vénus où se trouvent tous ses dons de séduction et fabrique également les armes de Mars. Par conséquent ce dieu laborieux n'est pas sans rapport avec les dons et qualités qui caractérisent Vénus et Mars. Ce n'est pas lui qui les utilise directement mais il est capable de les fabriquer.

Le lieu de travail de Vulcain est sous terre ou sous les volcans, ce qui correspond à notre monde intérieur. Or, c'est bien de l'expérience intérieure que peuvent naître certaines découvertes et certains dons. C'est pour cette raison que Vulcain peut ainsi fabriquer tellement de choses utiles aux dieux, sans oublier la foudre de Jupiter.

Dans la version disharmonieuse, Mars et Vénus oublient complètement qu'ils sont redevables à Vulcain. Mars redevient le gagneur qui oublie les personnes qui ont pu l'aider, Vénus se contente d'utiliser ses différents dons sans aucun égard pour celui qui les lui a donnés.

Dans cette relation disharmonieuse, Mars et Vénus ne savent pas utiliser Vulcain ; ils vont donc se nuire : Vénus utilise délibérément la force de Mars pour ses intérêts immédiats et égoïstes. Elle est alors passionnelle, capricieuse, agressive, et peut-être même destructrice. Mars à son tour trouve dans Vénus des motifs supplémentaires pour alimenter sa colère. Il donne à Vénus ses réactions brutales, sa capacité d'initiative qui dans ce cas-là repose sur des bases bien tortueuses. Les deux divinités alimentent mutuellement leurs faiblesses.

b) Le mythe d'Adonis

Adonis était un simple mortel. Pourtant il sut réveiller en Vénus un grand amour. Mais le drame justement était qu'Adonis, en tant que simple mortel, ne pouvait pas monopoliser pour lui seul Vénus sans éveiller la colère des dieux. Étant donné ce qui précède, on comprendra aisément que c'est surtout Mars qui fut indigné par cette situation. Il se changea alors en sanglier et blessa Adonis à la cuisse, causant sa mort. Vénus voulut accourir à son secours mais il était déjà trop tard. Après l'avoir longtemps pleuré, elle le changea en anémone.

Pour être honnête et ne pas chercher à charger constamment Mars, il faut signaler qu'une autre version dit que c'est Diane qui s'était changée en sanglier. L'instruction reste ouverte.

Donc, le grand amour de Vénus meurt à la suite d'une blessure à la cuisse. Nous avons déjà rencontré le symbole de la cuisse avec

Dionysos, et plus précisément ce que ce symbole impliquait d'énergie sexuelle. Le fait qu'Adonis meure à la suite d'une telle blessure veut simplement dire que son union avec Vénus ne remplit pas toutes les exigences voulues d'un grand amour tel que le voient les Olympiens. Vénus et Adonis représentent l'entente sensuelle mais elle est insuffisante et ne rend pas l'amour assez fort pour résister aux charges de Mars ou de Diane.

Une mauvaise association entre Mars et Vénus peut conduire à vouloir tirer un peu trop bas Vénus. Cela peut amener un couple à vivre des premières années très exaltantes, mais à s'apercevoir ensuite qu'il existe un vide causé par un phénomène de surcharge sur l'entente sexuelle ou émotionnelle. Bien sûr, il est bon de pouvoir s'exprimer pleinement dans ce domaine afin d'établir un équilibre général. Le problème vient plutôt du fait que Vénus dédaigne la fréquentation des dieux pour se vouer totalement à Adonis. Or non seulement Vénus ne peut se contenter d'une telle relation mais elle doit encore être sublimée par son mari Vulcain. Il y a une grande distance entre les deux partenaires que sont Adonis et Vulcain. D'ailleurs tout le trajet de Vénus est représenté par ce crescendo que sont Adonis, puis Mars puis Vulcain.

Pour l'individu on peut craindre qu'il ne survalorise ce type d'entente. Cela peut l'amener à négliger des motivations plus affectives, des expressions de tendresse. Il est à craindre que l'impétuosité martienne ne se contente des apparences. À son tour, Vénus devient abusée par ses propres charmes et réduit sa mission divine. Nous sommes ici dans un scénario qui est à l'envers de celui de Vulcain : les deux divinités s'affaiblissent mutuellement.

Assumant cette disharmonie, l'individu risque de manquer de tact ou de diplomatie en matière sentimentale. Il fera usage de son Mars dans des affaires qui demanderaient plutôt de la compréhension ou de l'écoute. À l'inverse, au moment où il faudrait faire preuve de force et de volonté, il se laissera entraîner par de la sensibilité ou par une forme d'amour très particulière : l'amour de soi-même, sous forme de complaisance.

Mais il est inutile de s'appesantir plus longtemps sur les différents problèmes que peut poser une association difficile entre ces deux dieux puisque dans notre vie quotidienne nous avons tout le loisir d'étudier les effets de ces dieux de la quatrième génération...

Vénus/Mercure

Le mythe d'Hermaphrodite

Astronomiquement parlant ces deux planètes, dont les orbites sont comprises entre le Soleil et la Terre, ne s'éloignent jamais l'une de l'autre de plus de 76 degrés. Il est rassurant, mais cette fois-ci sur le plan symbolique, de voir que l'amour ne peut guère se détacher bien loin de la communication mercurienne...

Ceci nous est confirmé par le mythe d'Hermaphrodite.

Cette légende, d'origine grecque, dit qu'un jour un fils d'Hermès et d'Aphrodite se baigne dans une source gardée par la nymphe Salmacis. Cette nymphe voit le jeune homme et tombe immédiatement amoureuse. Ils s'unissent de manière tellement intime que bientôt ils ne forment qu'un seul et unique être, celui-ci conservant les deux sexes réunis. Ce nouvel être porte le nom conjugué des deux dieux : Herm-Aphrodite.

Dans d'autres versions, Hermaphrodite est directement le fils de Mercure et Vénus.

Ce mythe montre à quel point il y a une relation étroite entre ces deux dieux de la quatrième génération.

• Version harmonieuse :

C'est la naissance d'Hermaphrodite. L'amour, l'affectivité, la sympathie, la chaleur humaine s'expriment de manière tout à fait satisfaisante. L'individu sait trouver les mots, les attitudes, les initiatives nécessaires pour séduire ou tout simplement pour faire plaisir. Le potentiel mercurien est compréhension, mémorisation, créativité ou lecture des symboles, et bénéficie également de l'apport vénusien. Comment cela ? Lorsqu'on aime quelque chose on l'apprend plus facilement. Cela rejoint la notion de motivation. Il y a des individus qui ont beaucoup de mal à assimiler parce qu'ils sont isolés de la matière à apprendre. Ici au contraire il y a une sorte de capacité amoureuse à apprendre. La personne sait se trouver des motivations ou faire preuve de créativité pour remodeler ce qu'elle doit apprendre. Elle sait aimer ce qu'elle apprend et l'apprend d'autant plus facilement qu'elle l'aime.

Ici, l'apprentissage est étendu par Mercure à la notion d'expériences de la vie en général.

Mercure apporte à Vénus le sens du dialogue. La réelle prise en compte de l'autre. Dans les mythes c'est Mercure qui est le négociateur de Vénus et ceci même dans les affaires amoureuses. Vénus apporte une dimension affective qui parfois peut manquer à Mercure. Vénus évite à Mercure de communiquer simplement pour le plaisir de communiquer, avec Vénus il s'intéresse sincèrement à la personne avec qui il communique.

Le mythe d'Hermaphrodite montre à quel point l'union entre ces deux divinités est nécessaire... pour l'homme.

• Version disharmonieuse :

Cette relation disharmonieuse est particulièrement gênante. L'amour est mal compris et mal transmis par Mercure. C'est comme si la personne ne parvenait pas à comprendre ses propres sentiments et parvenait encore moins bien à les formuler et à les faire comprendre aux autres. Le risque est que, Mercure en disharmonie avec Vénus, l'individu s'exprime moins en fonction de la réalité de l'autre que de l'image faussée qu'il s'en fait. Nous ne pouvons jamais prétendre à une parfaite authenticité mais il nous appartient de réduire autant que possible les parasitages. Ici, avec la disharmonie mercurienne, ils sont nombreux. On peut imaginer que le sujet veut apporter de l'amour, de l'aide morale moins en fonction des besoins de l'autre que de ce qu'il pense être les besoins de l'autre. Ceci réduit l'impact du potentiel vénusien qui au contraire est le symbole même de la reconnaissance et de la compréhension en profondeur des gens qui nous entourent.

En termes concrets c'est l'ami qui vous offre le cadeau qu'il a toujours rêvé qu'on lui offre.

Vénus peut également dans ce rapport disharmonieux devenir cruelle et égoïste. Mercure va alors devenir le dieu du mensonge et de la manipulation. Les sentiments sont invoqués ou utilisés pour mieux manipuler l'autre. La vie sentimentale, ou l'utilisation d'une communication basée sur l'émotion ou le sentiment, est conçue plus comme un outil que comme une expérience sincère.

S'il est vrai que le potentiel vénusien est comme vicié, le potentiel mercurien ne l'est pas moins : tous les actes de compréhension, de mémorisation sont faussés par une mauvaise relation à Vénus. C'est ce que l'on appelle par exemple la mémoire sélective. La personne ne se rappelle que de ce qui l'arrange. Les facultés de compréhension peuvent être affectées par une forme d'intolérance ou par le fait que la personne est dominée par ses sentiments d'amitié ou d'inimitié. Dès lors elle ne comprend plus ce qui lui est étranger mais au contraire éprouve une grande complaisance envers certaines affirmations ou systèmes qui recoupent ses propres opinions.

Aimer l'autre est une chose qui se ressent mais également qui s'apprend, dans la mesure où l'autre est une « expérience étrange », « étrangère » et représente une « planète » à conquérir. Cette volonté de comprendre l'autre fait fleurir un peu plus d'amour en nous, puis à son tour cet amour favorise une meilleure compréhension de l'autre. Par le mythe disharmonieux on se coupe de ce dynamisme.

Ceci se retrouve dans les formes d'apprentissage modernes. De plus en plus on cherche comment il est possible d'enseigner aux enfants non plus en utilisant les bonnes vieilles méthodes de la discipline et de la menace mais des formes de motivation qui font appel à plus d'imagination, de créativité et d'autonomie. Dans une relation disharmonieuse Mercure-Vénus, on bloque totalement ces différents potentiels pour brider l'enfant dans ce qu'il a de plus authentique. Il advient alors que l'acte d'apprentissage est pénible et comme une punition. Il est à craindre que tout notre système éducatif classique ne soit frappé par une relation disharmonieuse Mercure-Vénus... Peut-être pas d'ailleurs seulement le système éducatif...

Mercure/Mars

Les Aloades

Il n'y a pas beaucoup de mythologie entre Mercure et Mars. Mars est un dieu qui fait ses commissions lui-même et Mercure n'a pas de tendance belliqueuse.

Mars rencontre avec ce mythe deux fils d'Uranus : Les Géants, Otos et Éphialtès. Une fois de plus, le dieu est vaincu, enchaîné et emprisonné dans un pot de bronze. La nourrice des Géants, Éribœa, prévient Mercure qui intervient et réussit à délivrer le dieu guerrier. La résistance et la pesanteur des Géants sont vaincues par Mercure qui triomphe ainsi d'une force à laquelle Mars n'a pu s'opposer.

Une autre version de ce mythe est présentée dans la relation Mars/Neptune où ce dernier remplace Mercure.

L'équivalent celtique de Mercure, Lug, associe plus naturellement la notion d'affrontement et celle d'ingéniosité, voire de magie. Dans le grand récit mythique de la bataille de Mag Tured, Lug défait ses ennemis autant par ses qualités militaires que par ses dons magiques.

• Version harmonieuse :

Par ce mythe l'individu communique principalement par son comportement : sa façon d'agencer son espace ou d'organiser son temps, ses initiatives, sa façon de s'habiller, de gérer ses rapports d'autorité, etc. Il n'y a pas, comme avec Vénus, de relation privilégiant l'affectivité. Il s'agit d'un mode d'expression direct et non verbal. Cette dimension est en train d'être redécouverte par la psychologie moderne qui s'intéresse aux expressions symboliques de l'être.

Dans cette relation harmonieuse, Mercure apporte son talent de communicateur et récupère toute la force d'action et d'initiative de Mars. Ici la relation entre ce qui est pensé et ce qui est fait est satisfaisante. La personne n'est peut-être pas en mesure d'élaborer de grandes explications, peut-être même manque-t-elle de chaleur humaine, mais elle sait adopter les comportements nécessaires pour réaliser un objectif ou encore pour trouver une solution à une situation complexe.

Mercure est également le dieu des techniques. Il est donc capable d'agencer des éléments bruts pour en faire des instruments ou des techniques. Dans cette relation harmonieuse, Mercure utilise la « force brutale » de Mars comme support d'expression. Mais grâce à l'intelligence mercurienne, la force martienne est disciplinée. Mars n'est plus le guerrier qui devient aveugle lorsqu'il se met en colère, il est guidé.

Le sujet est un pragmatique. Il a une forme d'adaptation instantanée et juste aux situations qui se présentent à lui. Il aura des difficultés à trouver des solutions à partir de dossiers ou de références théoriques. Par contre il se présente comme un homme de terrain, de dialogue direct. Cela ne veut pas dire nécessairement qu'il apprécie la confrontation. Mars est également le dieu des décisions à prendre, des assemblées qui doivent se réunir pour porter un jugement, autant de fonctions éclairées par Mercure.

• Version disharmonieuse :

La personne n'établit pas une bonne relation entre ce qu'elle pense et ce qu'elle fait. il s'ensuit des incompréhensions et des malentendus douloureux. Cela montre bien que l'individu utilise principalement son comportement, son action pour s'exprimer. Mais la disharmonie avec Mars laisse présager des actions mal conduites ou à contretemps. C'est la personne qui utilise mal son temps : on ne peut pas lui reprocher de ne pas s'investir complètement, mais on peut lui reprocher une certaine improductivité.

Ici les conflits verbaux ne sont finalement que les conséquences des actions maladroites. Le sujet se retrouve dans des situations de conflits ou de malentendus dont il ne comprend pas toujours les origines : ses inadaptations, ses maladresses, lui semblent à lui très naturelles. Dans cette relation disharmonieuse, Mars n'a plus vraiment de messager et doit faire ses commissions lui-même. Or, en voulant se couper de Mercure, Mars ne réalise pas une bonne opération. C'est une autonomie tout à fait apparente. Mars se retrouve réduit au rôle de guerrier et perd toute forme de conviction ou de mobilisation vis-à-vis de son environnement. C'est un guerrier isolé et démuni. Mars se coupe de la technique mercurienne et devient un guerrier sans stratégie, et peut-être même sans tactique. Le comportement s'adapte de manière très approximative. Les capacités de compréhension, de « calcul » de Mercure sont faussées. Mars désire imposer sa volonté à Mercure, et ce, même dans les domaines qui sont ceux de Mercure...

Cela nous ramène à des comportements qui pourraient être ceux des gens qui pensent que tout peut se résoudre grâce à la volonté. Dans ce cas il n'y a plus d'effort de compréhension et d'analyse, l'engagement de l'individu se fait totalement sur son comportement, sur sa volonté, et même pourrait-on dire sur sa bonne volonté car celle-ci est rarement à remettre en cause. Il faut apprendre à illuminer un peu plus son action.

Dans notre « mythologie » moderne c'est le sportif qui à la fin de la compétition ne peut donner pour tout commentaire stratégique que : « C'était dur, mais je ferai mieux la prochaine fois. »

Quant à Mercure, démuni de toute énergie martienne... il n'a même pas pu participer à la course !

La personne a de bonnes idées mais la volonté lui manque, il n'y a plus le goût de l'engagement.

Le héros bien organisé peut ainsi déclarer la guerre à la fois à son Mars et à son Mercure.

Pluton/Mars

La première étape vers les Enfers

Pluton reste presque tout le temps dans les Enfers et Mars ne s'aventure guère dans cet endroit. Il en résulte que la mythologie commune à ces dieux est pauvre. Pourtant tous deux sont liés par le processus de la désincarnation et de la mort.

Mars est le grand pourvoyeur de Pluton. Ceci ne doit pas faire attribuer à Mars un rôle négatif. Mars représente tout ce qu'il y a de conflictuel et d'affirmation chez l'homme. Il affirme les limites et en même temps il est capable de les briser : celles des autres ou les siennes propres. Mars représente la volonté de dépassement, de compétition, l'esprit de décision. Ce dieu était souvent invoqué dans les assemblées où il représentait l'épée de justice, la capacité à trancher. Mars va donc représenter tout ce qu'il peut y avoir de tumultueux dans l'incarnation. Mais quand le tumulte franchit une certaine intensité on débouche sur une rupture des limites finales de l'incarnation : la mort.

Mars représente la rupture de l'incarnation, le décès, le dieu qui frappe. Ensuite on entre dans tout le processus de la mort : arrive Thanatos qui mène l'âme vers les Enfers, puis Mercure qui défait les liens entre le corps et l'âme, et celle-ci peut alors réellement pénétrer dans le domaine de Pluton.

Mars et Pluton sont deux étapes distinctes et distantes dans ce processus. Pluton est maître du royaume de la transformation alors que Mars représente à la fois l'affirmation de l'individualité et en même temps, par ce même élan poussé à son extrême, tous les dangers de l'incarnation et finalement la désincarnation.

Bien sûr, Mars n'a pas de place en tant que tel dans le royaume de Pluton. Ce que l'homme désincarné rencontre dans le domaine de Pluton ce ne sont plus les actes martiens mais plutôt les conséquences de ses actes. L'âme peut regarder l'ensemble de ses actions et évaluer leurs conséquences. Il n'y a plus besoin de travail extérieur mais simplement d'un travail intérieur. Nous sommes alors bien loin du travail martien. Mars est le feu tout extérieur et Pluton le feu tout intérieur.

Mars représente l'action de l'individu au moment de son incarnation et Pluton permet à l'âme d'avoir une vue surplombante sur cette action. Ainsi existe donc bien une complémentarité mythologique même s'il n'y a pas d'association directe.

• **Version harmonieuse :**

Ce qui nous intéresse ce n'est pas la période de transformation dans les Enfers mais la manière dont ce mythe peut influencer l'individu dans son incarnation. À chaque fois que Pluton intervient dans un mythe il introduit une notion de changement radical. Il peut aussi désigner des « parasitages » venant ou bien de vies antérieures si l'on prend cette option, ou d'impulsions et d'élans inconscients difficiles à déterminer...

L'individu va se trouver confronté à des situations curieuses ou en rupture de logique avec son cadre de vie ou avec le style de situations qu'il a l'habitude de rencontrer. Il ne s'agit plus d'affecter ses sentiments ou sa manière de penser, Pluton travaille directement sur les expressions martiennes du sujet : son comportement, ses initiatives, sa volonté.

L'individu sait faire preuve d'une adaptation pragmatique. Son travail de changement sur lui-même, il le crée à partir de l'action. Il ne semble pas y avoir de discours intérieur, pas de commentaires philosophiques, mais simplement la volonté d'agir, de trouver des solutions. C'est un travail sur soi qui se fait au travers de l'action. La vie va être marquée par des soubresauts, voire des tempêtes.

Dans certains cas les changements peuvent commencer en empruntant une allure menaçante. Ce sont alors des crises ou des situations difficiles à gérer. Mais puisque nous sommes dans un mythe harmonieux, le sujet sait faire appel à sa volonté et à son courage pour trouver une issue favorable. Cela amènera l'individu à transformer des situations désespérées, ou très difficiles, en atouts. C'est parfois même un peu comme s'il semblait provoquer ce type de situations. Il y a bien deux perspectives possibles de tels bouleversements :

a) La psychologie

Il semble que l'individu structure des situations de manière inconsciente. Il établit différents scénarios dans sa vie qui n'ont pas de liaison logique apparente mais recèlent bien une logique personnelle plus profonde. Parfois cette succession de scénarios entraîne des crises. On peut même avoir l'impression que l'individu va directement au devant des ennuis. Mais dans cette succession de scénarios, on s'aperçoit que l'individu réussit à se ressourcer. C'est comme s'il avait besoin de ces différents coups de fouets pour avancer.

b) La perspective réincarnationniste

Les différents problèmes qui vont surgir sont en relation avec des vies antérieures. Il s'agit alors de continuer dans cette vie un plan de travail qui ne peut trouver sa logique qu'en prenant en compte d'autres épisodes.

Inspiré des travaux d'Edgar Cayce, citons l'ouvrage de Gina Cerminara *De multiples demeures* qui met en évidence cette logique sous-jacente dans la vie.

Au total, quelle que soit l'une des deux hypothèses que l'on choisisse, la vie peut ressemble à un gymkhana. C'est comme si l'individu cherchait à garder un équilibre précaire... et y arrive !

De l'extérieur tout cela donne une allure d'improvisation, mais on doit faire confiance à son instinct. Ici Pluton « colle » directement à Mars. Pluton commence son travail de transformation intérieure dès cette incarnation en jouant sur les circonstances, les actions ou les conséquences des actions de l'individu.

Instinctivement, le sujet s'implique pleinement dans chaque situation, ce qui lui permet de n'avoir aucun état d'âme et de savoir tirer profit de tous ces renouvellements. L'individu est amené ici-bas à mener un combat plutonien par des moyens martiens.

• **Version disharmonieuse :**

Dans le mythe harmonieux la personne disposait du potentiel martien pour faire face à toutes les situations. Dans le mythe disharmonieux ce potentiel s'exprime de manière trop débridée et imprévisible. Pluton, au lieu de trouver un allié en Mars, trouve un dieu affaibli que les facéties plutoniennes fatiguent et déconcertent.

Ce qui caractérise le martien c'est sa capacité d'investissement dans une action. Ici Pluton impose des remises en cause, des crises. Toutes les bases qui pouvaient être considérées comme acquises vont alors brutalement avoir besoin d'une redéfinition. L'action est affectée par les multiples changements imposés par Pluton. On peut imaginer différents types de problèmes : une action qui opère à contre-temps, des moments de découragement quand la remise en cause est trop profonde, une obstination à vouloir maintenir d'anciennes solutions même si celles-ci s'avèrent inopérantes, etc.

Quoi qu'il en soit, la leçon plutonienne n'est pas acceptée et la personne exprime sa révolte ou sa résistance à l'aide de moyens martiens. Nous allons emprunter un scénario de psychologie moderne :

Il suffit d'insister

Quelqu'un semble chercher quelque chose sous un réverbère. Une personne qui passe lui propose de l'aider.

– Qu'avez-vous perdu ?

– Une clé.

Les deux personnes commencent à chercher et, au bout de quelques instants, la deuxième commence à s'impatienter et s'inquiète :

– Êtes-vous bien sûr d'avoir perdu votre clé à cet endroit ?

– Non pas du tout, je l'ai perdue un peu plus loin.

– (Après un moment de stupeur :) Mais alors pourquoi cherchez-vous cette clé ici ?

– Mais tout simplement parce qu'ici il y a de la lumière...

En fait la personne sait pertinemment qu'elle ne peut pas trouver la clé à cet endroit mais elle est partie du principe qu'il y a de la lumière et que sa recherche par conséquent en sera facilitée.

Ici une personne a adopté un comportement précis pour résoudre une situation et est incapable de remettre en cause sa solution. C'est dans l'obstination de l'application de sa solution qu'elle espère trouver sa récompense. Imaginons que Pluton, pour corser la situation, fasse s'éteindre, par fatalité », le réverbère... Or c'est bien le problème ou l'intérêt de Pluton que de créer des situations qui motivent des comportements nouveaux. Mais, avec un Mars défaillant, il est à craindre que la personne ne se décourage plus qu'elle ne parte à la conquête de nouvelles solutions.

Il y a une forme de résistance passive. La personne est troublée par ces différents changements qui lui sont imposés et ne peut y faire face. Ou au contraire, la personne peut inverser le mécanisme et faire preuve de façon tout à fait délirante d'une volonté de changement. Dès lors, son comportement martien est obnubilé par le fait de détruire et ne se pose plus vraiment la question de savoir ce qu'elle mettra à la place de ce qu'elle détruit. C'est une « Plutonite aiguë ». Cette volonté de changement à tous crins peut être aussi une façon d'esquiver certains efforts à long terme ou certaines responsabilités.

Tout comme dans le mythe harmonieux la personne aura sa récompense et obtiendra des leçons importantes pour son évolution au travers des différents changements qu'elle aura à gérer. Mais ici elle risque de subir, de vivre de manière plus douloureuse ces situations. Elle sera ballottée par les événements.

Mais cette relation disharmonieuse à Pluton peut être une bonne occasion pour renforcer un Mars quelque peu déficient. Par exemple dans le cas où l'héritage plutonien des vies antérieures soulignerait une grave déficience de la capacité de décision. Les différentes situations ou crises imposées peuvent alors mettre la personne en demeure de travailler et d'améliorer ses fonctions martiennes.

Pluton/Saturne

Le mythe de Thanatos ou le ballet des avaleurs

Saturne et Pluton sont des dieux avaleurs qui s'entraident mutuellement.

Saturne avale Pluton qui est peut-être même le seul des trois frères à avoir été avalé par Saturne si l'on prend en considération la version où Neptune y échappe Après la victoire de Jupiter, Pluton reçoit les Enfers qui sont un autre lieu d'avalage, non pas pour les dieux uniquement, mais aussi pour les hommes. En recevant les Enfers, Pluton reçoit un pouvoir de transformation bien différent de celui de Saturne... tout d'abord parce qu'il s'agit d'un pouvoir partagé avec ses deux autres frères.

Les phases de transformation saturniennes, et encore plus uraniennes sont des phases plus ou moins inconscientes. C'est l'éveil de la conscience et en même temps l'éveil du déroulement de la mythologie. Par contre, Pluton représente un travail où la conscience de l'homme est pleinement engagée. C'est à l'intérieur des Enfers que l'homme récupère sa pleine conscience.

La mythologie semble faire un clin d'œil quant au reclassement de Saturne. On nous dit tout d'abord que lorsque Saturne est vaincu il descend sur terre et fait régner l'Âge d'or. Une autre version le présente ensuite comme vivant au milieu des délices... dans les Champs-Élysées. Ceci concerne le Saturne initial, c'est-à-dire le dieu Saturne ayant accompli sa mission double de renverser Uranus et en même temps de préparer l'achèvement de la conscience humaine au travers de sa défaite face à Jupiter.

On voit réapparaître pratiquement un autre Saturne sous les

traits de Thanatos. Mais déjà il y a un travail de transformation puisque les grecs, progressivement, transforment « CRONO » en « KRONOS », c'est-à-dire : le Temps. Cronos est armé de sa faux. Il est également souvent en compagnie d'un corbeau tout comme le dieu Saturne. Le corbeau était un oiseau oraculaire censé habiter l'âme d'un roi après que celui-ci a été sacrifié. Le dieu Cronos va donc devenir Kronos, c'est-à-dire le gardien du temps. Mais il est curieux de noter que les différentes représentations qui sont faites du dieu de la mort, Thanatos, reprennent le dieu Saturne sous sa forme Kronos de gardien du temps. Cela n'est pas très étonnant puisque Thanatos met un terme au temps de l'incarnation ; c'est véritablement le dieu qui compte les secondes pour l'homme.

Ce Thanatos qui tient sa faux, assez fréquemment représenté sous la forme d'un squelette semblable à la lame 13 du tarot, occupe une étape qui se trouve juste après celle de Mars. Mars représente l'explosion des limites, Thanatos représente le processus de mort proprement dite. C'est bien le décès. C'est lui qui va chercher le mort sur la terre avant de l'entraîner dans les Enfers, avant que l'âme ne soit prise en charge par Mercure. Ce dieu est particulièrement funèbre et a souvent été confondu avec Pluton qui n'est pas exclusivement lié au processus de mort. Autant Saturne représentait à lui seul l'avalage, autant Thanatos ne fait plus que représenter une étape du processus complet de transformation.

Le mythe de Sisyphe

Je ne vais pas ici m'intéresser au fameux supplice de Sisyphe. Ce fils d'Éole régna à Corinthe où il instaura pratiquement une paix parfaite. Mythologiquement cette paix se traduisit par le fait que la Mort était enchaînée à la merci de Sisyphe. Ce fut Mars, à la demande de Pluton, qui réussit à délivrer la Mort. Il est d'ailleurs intéressant de voir que l'association Mars-Pluton évoquée dans le mythe précédent se manifeste pour rétablir l'étape qui manque dans le processus qui mène aux Enfers : l'étape Thanatos. Je développe le mythe de Sisyphe dans la relation Mars-Saturne.

Un peu partout des travaux modernes comme ceux du Dr Moody, et bien d'autres encore, collectent des témoignages d'expériences *post mortem*. Il est souvent question d'un tunnel, d'un moment difficile à gérer. Si Mars représente ce qui cause la mort, on serait tenté de considérer ce tunnel comme l'une des premières manifestations de Thanatos. C'est le premier glissement vers les Enfers. L'individu progressivement quitte le monde de l'incarnation et glisse vers le monde de la désincarnation. Ce n'est encore qu'une étape obscure. On comprend que Pluton ait demandé l'aide de Mars car la mythologie nous précise que, suite à cet enchaînement de Thanatos, le royaume de Pluton était totalement désert! Cette nouvelle est d'ailleurs plutôt rassurante car que ce royaume soit totalement désert signifie que toutes les âmes qui étaient entrées avant l'enchaînement de Thanatos en étaient sorties... il y a donc bien une porte de sortie! Bon sang, mais c'est bien sûr!

Enfin, il faut rappeler que dans certaines versions Saturne est en villégiature aux Champs-Élysées. C'est une forme de récompense pour le travail qu'il a pu accomplir.

• **Version harmonieuse:**

Dans sa relation avec Saturne, Pluton trouve une résonance tout intérieure à ses changements. Il ne s'agit plus d'œuvrer sur le comportement martien ou sur des situations extérieures.

Par ailleurs, Pluton impose ses transformations qui sont vécues très intérieurement. Ici toute l'œuvre plutonienne va se passer essentiellement en travail intérieur, en réflexion, en remise en cause de sa personnalité, de sa manière de penser. Ici le travail ne se fait pas directement sur le comportement mais sur le commentaire du comportement. La personne a besoin de recul et réussit à l'obtenir pour gérer les transformations plutoniennes.

En outre, elle n'est pas prise au dépourvu par la notion de «mort». Bien sûr, il s'agit avant tout de mort symbolique: mort d'un projet, d'une relation ou d'une situation. Mais ceci peut impliquer aussi la notion de mort physique de personnes dans son entourage.

Par ce mythe l'individu a le sens de la relativité des événements ou même de la vanité. Cela ne le conduit en aucun cas au découragement, mais il a une appréhension toute saturnienne des événements qui se proposent à lui.

Le sujet sait jouer avec la durée. Il n'éprouve pas le besoin d'intervention constante comme dans une relation harmonieuse entre Mars et Pluton. Il sait plutôt utiliser l'élan naturel des choses. Il donne ainsi au changement plutonien une certaine douceur. Cela ne signifie pas qu'il n'y ait pas de graves cas de conscience, des crises aiguës, bien difficiles à gérer sur le plan psychologique. Mais nous sommes ici dans le cadre d'une relation harmonieuse, cela implique que la personne réussit à exprimer le changement plutonien d'une manière maîtrisée. Pluton a été avalé par Saturne et Saturne se retrouve avalé à son tour, ou en tout cas présent dans le royaume de Pluton. L'œuvre de transformation va donc se parachever tranquillement.

Sachant utiliser le temps ou la durée des événements, la personne, quand elle est confrontée à la notion de « mort », n'est pas désarçonnée. Elle y voit même, de manière intuitive, une promesse pour l'avenir. La notion de fin est pour elle tout de suite accompagnée de la notion de renouvellement. C'est bien ici l'œuvre plutonienne qui parachève la réflexion du saturnien.

Dans certains cas, des personnes ont à gérer des changements importants. Certaines sont désarçonnées ou attristées que quelque chose doive changer et se retrouvent dépassées par les conséquences d'un tel changement. D'autres au contraire, et c'est le cas ici, réussissent à trouver l'attitude nécessaire, les décisions souhaitables pour préparer sur le champ la renaissance. Prenons quelques cas concrets :

– Une personne se voit obligée de changer de travail. Une fois passé le coup de la nouvelle, elle constate une impression de délivrance. En réfléchissant, en pesant les différentes options qui se présentent à elle, elle finit par concevoir que ce changement imposé n'est pas nécessairement si négatif : elle se sent plus libre, disposant comme d'une nouvelle jeunesse professionnelle, et désire partir à la conquête d'un nouveau devenir professionnel. C'est donc bien l'entrain et la volonté d'aller au-delà de ce qui est momentané qui prennent le pas sur la tristesse et la nostalgie de ce qui a été.

Prenons un autre cas :

– Supposons qu'à l'intérieur d'un couple règne une certaine

tension, une désaffection mutuelle des deux conjoints due à la routine ou au poids du quotidien. Si l'individu joue un mythe harmonieux Saturne-Pluton, il peut trouver en lui suffisamment de ressources et de recul pour prendre des décisions qui donnent une nouvelle jeunesse au couple.

Ici il ne s'agit plus simplement de négocier sagement et intérieurement les différents changements imposés mais aussi d'être un plutonien créatif. C'est ainsi que certaines personnes sentent le moment où quelque chose doit changer et n'attendent pas qu'une crise éclate. Par Saturne on dispose d'une dose de réflexion, de recul, de maîtrise suffisante pour méditer activement sur le quotidien. L'alliance harmonieuse avec Pluton donne le goût du changement choisi plutôt que de la mort subie et parfois désarmante. Il y aura un travail d'explication nécessaire pour l'environnement.

• **Version disharmonieuse :**

Ici l'œuvre de Thanatos est en rupture de Pluton. Nous sommes placés avant la révolte des trois frères et plus précisément au moment où Saturne avale Pluton. Il n'y a pas de restitution de la part de Saturne, mais un blocage qui nécessite l'intervention de Jupiter. C'est la perspective de la mort qui reste sans au-delà. C'est le visage de la mort limitée à Saturne-Thanatos, une mort-néant.

Si l'on reprend le processus de mort, on peut imaginer que c'est Thanatos qui décide de bloquer les âmes à son guichet, et ne veut plus les laisser aller jusque dans le royaume de Pluton.

Nous allons retrouver un travail de transformation qui va se manifester par des événements ou des relations qui vont s'achever, et par là même obliger à tout un travail de remise en cause. Mais puisqu'il s'agit d'un rapport disharmonieux la personne est laissée sans réaction, désarmée ou découragée, voire déprimée. Toute remise en cause produit d'abord chez elle une nostalgie de ce qui a été, de la sécurité d'antan. Il s'ensuit un comportement mal adapté qui traîne lamentablement derrière Pluton.

On imagine aussi un comportement qui, devant une telle absence de sens, choisit plutôt la voie de la révolte. La personne peut être affectée directement et intérieurement par des changements, des projets ou des relations qui s'achèvent et considère que la vie est bien absurde. Elle décide de se révolter, même si cela est improductif.

Dans tous les cas elle gère mal ces «passages» qu'elle prend pour des impasses. Un tel rapport disharmonieux engendre des comportements de défense préventive: la personne étant particulièrement déçue par la manière dont des projets ou des relations s'achèvent, alors qu'elle pensait que leurs formes devaient être éternelles, se trouve découragée de prendre toute autre forme d'engagement. Qu'il s'agisse de projets professionnels ou affectifs, la personne considère que cela n'a pas de sens, que l'on ne peut pas avoir confiance dans les gens, et qu'il est inutile de faire le moindre petit effort. Elle rejette toute promesse d'avenir plutonien et reste prostrée au creux de l'estomac saturnien.

Saturne, qui apparaissait comme un potentiel de réflexion et de force dans le rapport harmonieux, représente ici un blocage. La personne reste prisonnière d'elle-même. Prenons un exemple:

Imaginons une rupture affective. Le sujet pourrait, dans le cadre d'un mythe harmonieux, chercher à mieux comprendre dans quelle mesure son attitude et celle du conjoint ont progressivement conduit à cette rupture.

Mais ici le sujet est d'abord submergé par l'impact de cette rupture. Il a l'impression que le monde s'écroule, que c'est l'ensemble de sa vie affective qui meurt. Nous avons ici une première expression de ce mythe. Mais allons plus loin: la personne peut dès lors considérer qu'une relation solide n'est pas faite pour elle, que tout engagement est accompagné d'une menace et décide donc de cantonner sa vie privée à de simples petites relations qui n'impliqueront aucun engagement.

La personne, toujours dans le même scénario, peut être hantée par des fantômes. On sait qu'aux abords des Enfers, certainement du côté de la région de Thanatos, il y a de nombreux fantômes, des ombres. Tout cela n'est pas bien méchant mais peut faire reculer le voyageur. Mercure accompagnant Hercule dans les Enfers lui dit qu'il est inutile de tirer son épée contre la Méduse qui n'est ici-bas qu'un fantôme.

Pour notre homme qui vient de subir une rupture affective, il peut perpétuer ou développer ce scénario, mais cette fois-ci en étant prisonnier du fantôme de la personne avec laquelle il a rompu. Désormais, dans toutes ses relations affectives, il cherche l'image de la personne perdue. Qu'il s'agisse du physique, des habitudes, des activités qu'ils avaient en commun, l'individu refuse toute ouverture vers l'avenir et désire avant tout reconstruire ce qui était avant. Nous sommes bien dans le cas d'un Thanatos enchaîné. Ce n'est pas sans rappeler l'éternel retour nietzschéen.

Quand Saturne commence à se prendre pour Pluton, il ne peut rien en résulter de bon. Gœthe disait que l'on ne meurt que si on le veut bien. Ici la personne a tendance à mourir de manière trop prématurée...

Pluton/Mercure

Le mythe de Mercure psychopompe

Mercure est à deux reprises en relation avec Pluton : une première fois d'une manière générale comme conducteur des âmes aux Enfers. Une deuxième fois d'une manière plus ponctuelle dans le mythe de Proserpine.

Mercure est le guide des âmes dans les Enfers. Il permet aux âmes de passer les régions éprouvantes et effrayantes. Son rôle est de défaire les derniers liens qui unissent l'âme au corps. Une fois que la décorporation est accomplie l'âme peut se diriger vers les Enfers.

Mercure est un dieu proche de la condition humaine. Ce dieu des connaissances et de la communication représente tout ce que peut acquérir une âme durant son incarnation. Mercure désigne les processus d'évolution, les fameux passages ou carrefours. Il ne se contente pas de l'accumulation des connaissances.

Quand l'âme descend aux Enfers, elle doit, par l'intermédiaire de l'opération mercurienne, casser les attaches de sa dernière incarnation. Chacun d'entre nous s'identifie à son incarnation, à son statut social ou familial. Nous sommes conditionnés par cette incarnation, par notre culture. Tout ceci nous éloigne de notre âme profonde, de notre dessein symbolique. Au moment de la séparation du corps et l'âme, celle-ci reprend pleinement conscience et surtout prend ses distances à l'égard de sa dernière incarnation. Cette séparation n'est que momentanée jusqu'à la prochaine incarnation. En effet, nous savons que de l'autre côté des Enfers se trouve l'épouse et de Pluton et de Mercure qui attend l'âme pour la diriger vers sa prochaine incarnation.

Il est courant d'identifier Proserpine au voyage de l'âme dans les Enfers. Pluton enleva son épouse à sa mère Cérès. Celle-ci voyant son enfant kidnappée se plaint auprès de Jupiter. Jupiter permet que Proserpine soit rendue à sa mère à condition qu'elle n'ait rien absorbé dans les Enfers. Malheureusement Proserpine a déjà avalé six pépins de grenade. Dans certaines versions, on dit que c'est Mercure lui-même qui a fait manger ces six pépins de grenade à la future épouse de Pluton. Dans la Grèce antique la grenade était symbole de mariage.

On trouve un compromis : Proserpine passera six mois dans les Enfers et six mois auprès de sa mère. Certains y ont vu le symbole de la réincarnation. Dans ce mythe, on trouve Mercure assumant son rôle de guide mais également d'initiateur : il permet à l'âme d'épouser les Enfers sans lui retirer sa capacité de réincarnation.

• **Version harmonieuse :**

Il n'y a pas de conflit mythologique entre Mercure et Pluton. C'est donc un rapport relativement facile à négocier. Il peut y avoir deux interprétations.

a) Les héritages lointains

Avec cette première possibilité le sujet bénéficie de quelques héritages positifs de ses vies précédentes. Ce sont des « dons ». Pour les personnes que la notion de réincarnation gêne, on y verra la notion de « don » sans lui affecter une origine précise.

Mercure qui représente les capacités d'expression et de compréhension réussit à bien utiliser et intégrer dans l'incarnation présente des éléments reçus en héritage par l'intermédiaire de Pluton. Pluton serait alors comme des séquences mémorielles imprégnées sur le « Mercure » de l'homme.

Cet héritage peut se manifester par des événements ou des rencontres. Ce sont les différents concours de circonstances qui font que le sujet rencontre des personnes ayant avec lui des liens particuliers, lui permettant d'accéder à des étapes importantes de son existence. Il peut s'agir de rencontres qui révèlent l'individu à lui-même ou qui lui révèlent certains « talents » dont il n'avait pas pris conscience.

b) Le changement

Nous venons de voir que Mercure apprivoise les Enfers pour l'âme et pour Proserpine. Il y permet une acclimatation. Si l'on considère maintenant que les Enfers représentent la notion de transformation, on peut déduire qu'il y a chez l'individu une bonne capacité à conduire des transformations dans sa vie. Cette notion de changement l'amène à des remises en cause, des synthèses originales et des attitudes créatives. Les centres d'intérêt de la personne ne sont pas nécessairement focalisés sur des sujets plutoniens tels que la mort. L'important ici n'est pas le contenu, mais l'attitude générale à l'égard des contenus. C'est la notion de transformation qui intéresse la personne. Ce qui s'applique aussi bien à des domaines sociaux, médicaux, scientifiques, qu'au management, etc.

Par ailleurs, cette tendance à la remise en cause ou à la synthèse originale peut l'amener à se démarquer de son environnement. Toutefois, comme il s'agit d'une relation harmonieuse, elle saura faire passer son message, ses idées nouvelles, sans que celles-ci soient perçues comme des agressions.

Pluton représente la notion de « rupture » à l'intérieur même de l'existence. C'est l'aspect surprenant et même déconcertant des idées plutoniennes. Elles n'appartiennent pas tout à fait à notre logique, à notre incarnation. Avec ce mythe harmonieux, impliquant les fonctions mercuriennes, le sujet négocie au mieux ces différentes ruptures. Même si elles demeurent des ruptures, il sait les transformer en richesse et non en handicap. Cela donne à la personne une manière de penser ou de se comporter suffisamment en décalage pour lui donner un point de vue intéressant, sans créer de conflits. La personne reste en mouvement. Elle peut apprécier les « petites morts », les petites révolutions qui pimentent sa vie. L'individu est bien confronté aux Enfers par l'intermédiaire de Pluton, mais il est solidement encadré grâce à l'apport de Mercure.

• **Version disharmonieuse :**

Ici tout se passe comme si l'âme était envoyée dans les Enfers sans bénéficier de l'accompagnement de Mercure, alors en conflit avec

Pluton. C'est la notion de passage et d'intégration des valeurs plutoniennes qui est difficile. Reprenons les deux points de vue précédemment présentés :

a) Les héritages lointains

Il s'agirait d'attitudes en relation avec des vies antérieures, qui s'intègrent mal, qui viennent parasiter l'incarnation actuelle. Le degré de ce parasitage peut être élevé et conduire à des problèmes graves.

Si l'on se place dans une perspective plutonienne, l'âme est concernée par plusieurs incarnations. Dans l'incarnation actuelle nous continuons un programme qui a déjà été entamé dans des vies précédentes. Dans ces vies nous avons réussi à construire certaines choses et peut-être avons-nous dû constater quelques déficiences. Bien heureusement, il y a un lien cohérent entre ces différentes vies. Dans certains cas la personne, pour récupérer certaines faiblesses, mieux travailler sur elle, donc mieux œuvrer dans le sens plutonien, est obligée d'accepter certains comportements défaillants dans cette vie-là.

Si l'on prend le cas d'une personne habituée dans une vie précédente à diriger et ayant fait usage de manière excessive de ce commandement, elle pourrait être amenée à devoir travailler sur cet aspect de sa personnalité. Ce travail peut surgir d'une crise venant de ce que cette personne dispose d'un esprit de commandement mal adapté aux circonstances réelles de son existence. Elle peut être tentée de continuer à vouloir s'adresser dans un même rapport aux gens qui l'entourent alors que les conditions matérielles ne le justifient plus. Ceci entraîne une lutte extérieure, mais également intérieure, faite d'adaptation et de prise en compte des informations venant de l'environnement. La personne fera comme dans le rapport harmonieux un travail sur elle, mais il aura lieu, ici, par l'intermédiaire d'un conflit.

b) Le changement

D'une manière plus générale, ce mythe peut engendrer un goût pour le changement, l'évolution, le désir de connaître d'autres informations, d'autres attitudes, d'autres façons de penser, etc. Mais tout cela s'intègre moins bien avec l'environnement. L'individu risque soit d'être marginalisé et de manquer de contact avec son environnement, soit d'adopter une attitude trop agressive. Comme s'il était trop obsédé par le contenu des idées qu'il voulait faire passer et ne savait pas soigner la forme. Il lui manque le goût d'arrondir les angles. Il a tendance à vouloir véhiculer l'œuvre plutonienne de manière brutale et sans préparation. Mercure est défaillant : il ne sait pas préparer le terrain et rendre admissible son point de vue original.

Tout se passe comme si la personne était amenée dans sa vie à adopter des attitudes jugées contradictoires. Elle est bien la seule à comprendre pourquoi elle adopte ces tournants brusques dans son existence. Le plus souvent elle ne ressent pas le besoin de s'expliquer. Tout cela la rend incompréhensible, voire carrément odieuse pour certains.

Il ne s'agit pas de travailler sur l'individu pour le rendre moins original. Tout en conservant son dynamisme et son point de vue très particulier, il s'agit de revitaliser l'ensemble des symboles mercuriens : son expression verbale et comportementale, sa manière d'être en groupe. Au bout du compte cela rendra son point de vue plutonien plus efficace.

Le rôle de Mercure est de guider l'âme jusqu'aux portes des Enfers pour lui permettre de passer victorieusement des régions éprouvantes. Dans la vie quotidienne, la personne est tentée d'adopter une attitude ou un système de pensée original. Elle a également une certaine curiosité. Or, cette attitude, si elle n'est pas soutenue par un Mercure conducteur, peut amener au découragement. La personne s'arrête en chemin dans les zones éprouvantes précédant les Enfers. Elle vit mal les critiques, les incompréhensions. Elle cède au découragement devant des obstacles qui ne sont pourtant pas si méchants que ça puisque ce ne sont que des fantômes. Autant d'éléments qui incite la personne à se recroqueviller sur elle-même, dans ses propres Enfers, et à ne plus chercher à accomplir jusqu'au bout l'œuvre de transformation.

On peut imaginer que certains parasitages aient valu des échecs cuisants à l'individu et que celui-ci n'ait pas su les gérer. Si ces échecs obsèdent l'individu ils tiennent le rôle des spectres.

Pluton/Lune

Le mythe d'Hécate

Les relations d'Hécate avec Pluton permettent de mieux comprendre les attributions de cette déesse.

À l'origine c'est une déesse toute-puissante. Dans sa *Théogonie*, Hésiode insiste sur ce statut. C'est une triple déesse toute puissante aussi bien sur la Terre, au Ciel qu'aux Enfers... ceci jusqu'à la révolution jupitérienne. À ce moment, il est bien précisé que Jupiter ne lui retire pas toutes ses prérogatives mais qu'elle assume un rôle plus « spécialisé ». Au début Hécate est la première épouse de Pluton. Ensuite, là encore, on rencontre un phénomène d'évolution mythologique puisque c'est Proserpine qui va devenir l'épouse de Pluton. Hécate est alors « cantonnée » au rôle de réception de l'âme au sortir des Enfers et jusqu'à la prochaine réincarnation : elle devient l'épouse de Mercure. Avec Jupiter et la victoire de ses frères, l'âme accède à une conscience plus large. Ceci entraîne une spécialisation du rôle d'Hécate, même si celui-ci reste très important.

Proserpine symbolise le voyage de l'âme dans les Enfers, Hécate le sortir de l'âme après la transformation. Hécate ne règne plus sans partage sur la Terre, le Ciel et les Enfers, mais représente une phase de la conscience humaine. Cette phase ne doit pas être négligée même si elle est moins présente à nos esprits. Cet avertissement vaut d'autant plus pour une culture comme la nôtre qui a tendance à négliger toute cette dimension invisible.

Hécate, en devenant la première épouse de Pluton, puis l'épouse de Mercure, s'intègre totalement à l'œuvre de transformation de l'âme. Le culte qui lui était rendu était directement en relation avec la magie, le maniement des forces occultes. Son culte était en faveur chez les sorcières de Thessalie.

Hécate est un complément de Pluton : elle ne représente pas les Enfers mais la face cachée de l'âme, la vie de l'âme dans l'au-delà ou encore les contacts de l'âme avec les forces invisibles. Hécate représente cette fonction de l'âme capable de « communiquer » avec l'« au-delà ». Cela peut se faire à l'occasion de rituels, d'initiations par les substances sacrées ou par les rêves. C'est donc bien la déesse lunaire la plus proche de Pluton tout en restant proche des hommes. Par cette relation privilégiée avec l'au-delà, Hécate est toujours restée une déesse puissante. Même s'il y a une certaine conquête de la conscience, l'âme reste tributaire de l'œuvre transformatrice de la mort. Même si Hécate n'est plus l'épouse de Pluton, elle n'en reste pas moins l'une de ses proches collaboratrices.

Elle a un travail qui est le pendant de celui de Mercure. Dans les Enfers l'âme travaille sur elle-même. Au sortir des Enfers, l'âme doit se préparer à se réincarner. Ceci est symbolisé par la déesse Hécate qui reconduit l'âme jusqu'à la Lune puis jusque sur la Terre. L'âme va retrouver son statut d'incarnation mais Hécate restera toujours présente, même dans l'incarnation, ne serait-ce que par les songes... À notre époque Hécate s'est recyclée dans l'inconscient.

• Version harmonieuse :

C'est un mythe différent de celui qui associait Pluton à Mercure car ce dernier intégrait les notions de communication et de comportement. Ici avec la Lune-Hécate, nous avons un mythe qui concerne la personne en soi sans que les répercussions soient directement visibles sur l'environnement. En tout cas, la problématique de l'intégration, du dialogue avec l'environnement, n'est pas posée de manière aussi aiguë qu'avec Mercure. Avec le mythe Pluton-Lune c'est l'ensemble de la personnalité qui est concerné, intégrant les profondeurs de l'âme.

Cela donne une attitude quelque peu détachée. La personne n'est pas irréaliste mais entretient quelque distance avec son environnement et avec la vie en général. Cela ne correspond pas à un désengagement négatif. C'est une prise de recul spontanée, attachée à la personnalité de l'individu. C'est comme si au fond d'elle-même la personne avait le sens de ce qui est relatif parce qu'« une partie d'elle est restée dans l'au-delà ». Dans cet aspect harmonieux, nous avons un individu qui n'est pas trop attaché aux choses ou aux êtres, ou pas attaché d'une manière égoïste. Il aime peut-être établir des relations ou posséder des choses mais il n'y a pas d'investissement excessif. Ceci vaut également pour les projets dans lesquels l'individu s'engage. L'engagement est volontaire mais il n'implique pas un investissement aveugle. Il est intéressant ici de rappeler un exercice traditionnel : l'anamnèse de la mort.

L'anamnèse de la mort

Cet exercice, pratiqué entre autres dans la religion orthodoxe, demande aux personnes de méditer sur leur mort prochaine : que regretteront-elles de ne pas avoir réalisé ? Dans quels projets regretteront-elles d'avoir investi du temps ? Quelles sont les véritables priorités ?

Tout cela n'entretient pas un état d'esprit pessimiste, mais au contraire donne plus d'intensité au moment présent et à la vie en général.

Cet exercice entre dans le cadre d'un enseignement spirituel permettant à la personne de ne pas tourner en rond dans cette méditation. Dès lors, l'idée qu'il faut faire quelque chose d'intéressant de sa vie devient une idée pressante. Il ne suffit plus de la remplir par des habitudes, des routines, des obligations plus ou moins nécessaires, il faut créer une expression originale et personnelle. Se laisser entraîner dans le tourbillon de la vie amène l'âme à convertir des « plus tard » en « jamais ». La personne risque de manquer d'ambition pour son âme.

Cette sensibilité naturelle, issue de cet exercice, se retrouve dans ce mythe. La personne ne se laisse pas entraîner par le tourbillon de la vie. C'est pour elle l'occasion de retrouver certaines réalités et assumer des responsabilités d'une nature différente, qui lui semblent plus importantes. De nos jours, quand on dit d'un homme qu'il est un homme responsable, cela désigne avant tout ses responsabilités dans le monde. Nous avons tendance à négliger nos propres responsabilités spirituelles. Ce mythe maintient au fond de nous un appel constant dans ce sens.

L'enfance

C'est également une dimension importante. Il est normal que la Lune soit attachée à l'enfance car l'âme se réincarne par Hécate. L'enfance est un moment très important puisque l'âme incarnée n'est pas encore totalement conditionnée par l'éducation et la culture ambiante. C'est dans cette période privilégiée de la vie que la personne peut être la plus proche d'elle-même... et peut-être de ses héritages passés. Cela impliquerait qu'un individu particulièrement marqué par un tel mythe aurait intérêt à explorer son enfance, les structures symboliques de cette période, afin de retrouver les lignes directrices, les vocations, qu'il aurait eu tendance à oublier arrivé à l'âge adulte.

La « souvenance » de la mort provoque un recadrement de sa vie. Lorsque l'on est enfant, les obligations sociales moins lourdes permettent à l'âme de s'exprimer. On retrouve une certaine urgence de l'authenticité similaire à celle de l'adulte qui se replace dans la perspective de la mort. Aux deux extrémités de la vie, nous sommes proches de l'authenticité de l'âme. C'est une dimension qui appartient bien à Hécate et qui, une fois explorée minutieusement, comprise et méditée, peut redonner à la vie d'adulte une ligne directrice symbolique perdue.

Ici la personne reste « instinctivement » fidèle à ses lignes directrices. Elle est sensible aux échos de son âme profonde. La Lune apaisant Pluton et l'âme ayant épousé l'au-delà, il en reste un vague « souvenir ». En se plaçant sous la domination de Pluton, l'âme se soustrait un peu à ce monde. Les exigences de l'âme sont pressantes. L'individu ne peut se détacher de son dessein profond, au risque de vivre parfois dans une réalité un peu décalée. La personne peut prendre un malin plaisir à « surprendre » et à se surprendre.

• Version disharmonieuse :

Ici la jonction entre Pluton et Hécate se fait mal. La personne assume mal ce détachement. Elle est trop absorbée par ses méditations, ses doutes, ses inquiétudes, ses efforts de compréhension improductifs. La personne transforme ce détachement en un repli tout à fait négatif : elle hésite à s'investir ou n'en éprouve plus aucune envie. Elle se cherche mais tout cela n'entraîne pas chez elle de véritables comportements de décision. L'individu est prisonnier de son monde intérieur. Il hésite à s'investir et s'étonne de se retrouver dans des situations stériles et peu motivantes.

Contrairement à un rapport disharmonieux avec Saturne, l'âme a l'impression que sa réflexion ne lui appartient pas totalement. L'héritage plutonien la travaille et lui impose des éléments qui mettent l'individu en difficulté.

Dans des cas plus prononcés il y a risque d'un pessimisme latent. Non seulement elle ne ressent pas en elle le feu sacré mais, à chaque fois qu'elle s'investit, elle ne le fait qu'à moitié et constate ses échecs.

La mauvaise relation entre la Lune et Pluton amène le sujet à mal assumer ses héritages passés. Il s'oriente vers le scénario du « robot dans le labyrinthe ». Ce sont ces robots qui réussissent à sortir d'un labyrinthe à condition de se cogner contre les murs et d'en tirer un certain nombre d'informations. Quoi qu'il en soit, l'individu assume ou reçoit mal les informations en direct de « radio Pluton ». C'est au travers de difficultés, de conflits, de décalages ou de marginalisation mal assumée que, progressivement, il dégage des lignes de conduite et parvient à définir et à assumer sa personnalité.

Dans cette relation disharmonieuse, au moment où l'âme doit sortir des Enfers pour être prise en charge par Hécate, il y a comme une réticence, une difficulté à intégrer l'étape Pluton-Hécate. L'âme est engluée et se rattache négativement à cette étape. Dans la vie quotidienne, cela conduit l'individu à se laisser envahir par des sentiments et des attirances qui finissent par le rendre incompréhensible à lui-même. Il ne parvient pas à naître définitivement.

Cette réticence profonde s'exprime par des « difficultés », psychologiques ou physiques, en analogie avec certains héritages lointains ou certains conflits intérieurs non résolus. La personne traîne derrière elle un boulet. Le mythe Pluton-Hécate l'oblige à chercher au plus profond d'elle pour s'en débarrasser. Ces deux époux ne pardonnent pas la superficialité.

Ce regard intérieur de l'âme peut être guidé par le symbolisme d'Hécate : travail sur les rêves, et si possible le rêve lucide, et sur les structures symboliques de l'enfance.

L'étape d'Hécate s'est faite comme dans un goulot d'étranglement. C'est la leçon de ce rapport disharmonieux. Mais ce goulot d'étranglement n'est pas en soi négatif, il oblige la personne à travailler sur ce qui pose problème et non pas à s'endormir dans une douce quiétude.

Mercure/Saturne

Le mythe de Saturne aux Enfers

De son vivant, si l'on peut dire, Mercure n'a guère eu le loisir de rencontrer Saturne. La différence de génération entre les deux dieux rend cette rencontre normalement impossible. Il n'y a donc pas de mythologie directe entre eux. Mais nous savons que Saturne a pu bénéficier d'un reclassement professionnel sous la forme de Thanatos où il conserve ainsi sa fonction symbolique d'avaleur. C'est ce reclassement qui le met en contact avec Mercure.

Une telle réinsertion professionnelle n'est pas ce que l'on peut espérer de mieux lorsqu'on a régné sur l'ensemble des dieux. Mais il existe une autre fonction peu connue qui est celle de Saturne présidant aux Champs-Élysées à l'intérieur des Enfers.

Le PDG des Enfers reste Pluton, mais il a le sens de la délégation. Entre autres, il délègue à Saturne la direction générale des affaires des Champs-Élysées. Il y a peu d'éléments dans la mythologie qui nous renseignent sur ce nouveau rôle de Saturne. Mais dans la mesure où Mercure assume un rôle de psychopompe, c'est là l'un des rares épisodes qui mettent indirectement ces deux dieux en rapport l'un avec l'autre.

• **Version harmonieuse :**

L'avalage Saturnien est un acte positif sur le plan symbolique. C'est une façon de préparer la révolution des Olympiens. Ce dieu avaleur doit donc être perçu sous un angle positif et c'est ce qu'exprime finalement sa présidence aux Champs-Élysées. Il reste dans sa fonction d'avaleur, mais toute connotation péjorative ou effrayante disparaît.

Dans les Enfers, Mercure n'est pas directement en relation avec Saturne. Il aide les âmes à se diriger jusqu'au seuil des Enfers. Mais dans une certaine mesure il prépare le travail de Saturne. Une fois que les liens entre l'âme et le corps seront détachés, l'âme pourra, aux Champs-Élysées, faire un récapitulatif de ce qui a bien été, et peut-être même de ce qui aurait dû être prolongé, mieux poursuivi. Le Saturne des Champs-Élysées va aider l'âme à devenir elle-même une « avaleuse » transformante de ses propres expériences. Saturne aide l'âme dans sa fonction de récapitulation, de compréhension symbolique de ce qui a été vécu.

Ce mythe inverse en partie le rôle de Mercure : autant par ses tendances naturelles Mercure est porté vers la liaison ou la communication extérieure, autant en association avec Saturne il est porté vers un travail plus en profondeur. Nous avons un Mercure qui devient le Mercure lecteur de symboles, initié à la divination par Apollon. C'est le Mercure qui réfléchit, qui juge avec discernement et en profondeur les situations qui lui sont proposées. Son association positive avec Saturne permet à toutes les informations qu'il reçoit ou qu'il émet de passer par une phase de réflexion saturnienne. On pourrait parler ici de méditation, de réflexion. C'est une personne capable de discerner dans ses rapports quotidiens des structures, des schémas permanents, et qui ne se laisse pas ainsi aveugler par les apparences immédiates.

Mercure peut capter ou émettre des informations, verbales ou symboliques, mais dans tous les cas, par cette association avec Saturne, ces informations sont filtrées, non pour être censurées mais pour être mieux réfléchies et mieux exploitées. Cette phase d'avalage saturnien retire quelque peu de sa spontanéité à Mercure. Mais dans la mythologie le rôle de Mercure lecteur de symboles et psychopompe est tout aussi important que son rôle de messager.

Grâce à cette bonne coordination, à ce nouveau discernement, la personne engendre des types de communication ou de comportement, crée des situations qui sont proches symboliquement des Champs-Élysées, ou de ce que l'on appellerait aujourd'hui la pensée positive. Dès ici-bas la personne se prépare sa petite part de paradis.

Enfin, la relation positive avec Thanatos désigne chez la personne une capacité à tirer des enseignements des projets ou relations qui arrivent à leur « terme ». Les petites morts de la vie sont transformées en expériences mûrement réfléchies, servant de références pour l'avenir.

• Version disharmonieuse :

Dans cette association négative, Mercure n'introduit plus l'âme dans les Champs-Élysées mais dans des régions plus sinistres.

Cette absence de coordination fait que les fonctions mercuriennes ne sont plus en mesure d'utiliser harmonieusement la fonction d'avalage. La notion d'avalage ne recoupe pas seulement la notion de méditation, mais aussi le discernement. C'est la capacité par laquelle une personne est en mesure de recevoir une information venant de l'extérieur et de lui faire subir tout un trajet intérieur pour l'enrichir. C'est bien plus qu'une prise de recul. Ici Mercure est totalement laissé à lui-même.

On peut imaginer deux réactions possibles :

a) Le rejet de l'avalage

La personne craint d'approfondir ses réflexions, ses motivations. Elle recule devant le dieu avaleur qui lui apparaît comme un vrai dragon, un monstre symbolique. Le conflit s'instaure entre les deux dieux. L'absence de solides fondations, de discernement, rend le comportement et la réflexion plus superficiels, imprévisibles.

L'individu ne prépare plus sa petite part de Paradis. Il tend à isoler artificiellement les fonctions mercuriennes des fonctions saturniennes : le mental n'analyse plus suffisamment les situations.

Chacun d'entre nous, surtout dans notre culture, peut ressentir le désir de s'engager totalement dans son action et de rester à la surface des événements. C'est alors un acte de rupture d'avec les fonctions saturniennes. Mercure n'est plus un bon guide intérieur.

b) L'avalage exagéré

Dans une autre version, on peut considérer que c'est au contraire Mercure qui est défaillant. Mais dans ce cas nous n'avons plus affaire au Saturne des Champs-Élysées mais plutôt au Saturne-

Thanatos, celui qui précède l'entrée dans les Enfers. Il ne s'agit plus d'intériorisation ou de mort symbolique mais d'une mort improductive. Tout se passe comme si l'association Thanatos-Mercure cherchait à être une fin en soi, se refusant à déboucher sur l'œuvre transformatrice de Pluton.

Mercure et Thanatos cherchent à monopoliser l'âme pour leur seul intérêt. C'est ce que l'on peut appeler un détournement d'âme...

Concrètement, la personne trouve trop de raisons pour brider ses fonctions mercuriennes. Elle a peur de s'engager et appuie cette crainte sur de multiples réflexions. L'avalage devient un véritable gouffre et Saturne se transforme en Thanatos. Soit par le biais de raisonnements intellectuels, soit par des compulsions, des répétitions de raisonnements improductifs, la personne se convainc, et peut-être même convainc son entourage, de ne pas s'engager. L'individu est absorbé par le gouffre de Thanatos qui devient une mort dangereuse.

Scénario de la réflexion improductive

Le groupe de Palo Alto a mis en évidence un scénario psychologique proche de cet état de fait : la personne, après avoir pris une décision d'engagement ou de communication, cherche à analyser, toujours plus en profondeur, ses réelles motivations. À force de chercher ses motivations, puis les motivations des motivations et ainsi de suite, elle finit par se convaincre qu'il n'y a dans son engagement aucune spontanéité et que celui-ci n'est donc plus valide ! La personne en a terminé avec son problème : elle ne s'engagera pas !

Mercure se laisse corrompre par Thanatos et est saisi par l'inanité de ses efforts. La personne sélectionne des exemples qui la renforcent dans son idée et finit effectivement... non plus par se préparer ici-bas une petite part de paradis mais... une petite part de néant.

Saturne/Lune

Avec cette association nous trouvons principalement deux mythes :

Les retrouvailles d'Hécate et de Saturne

Du temps de sa splendeur Saturne règne sur la création. Hécate est fille de l'un des frères de Saturne, elle est de la lignée des Titans, mais au moment de la révolte jupitérienne, elle ne prend pas parti et conserve de nombreuses prérogatives alors que Saturne est exilé.

De la même façon qu'il y a eu un reclassement professionnel de Saturne aux Enfers, il y en a eu un concernant Hécate. Ainsi, tous les deux se retrouvent à travailler aux Enfers afin d'y transformer les âmes. Du temps de leur splendeur – splendeur qui équivaut à une moindre conscience pour l'homme –, Saturne et Hécate avaient de grands pouvoirs. Cette « descente aux Enfers » ne correspond pas vraiment à un amoindrissement de leur état. Nous avons vu qu'Hésiode insistait sur le fait que Jupiter respectait toutes les prérogatives d'Hécate. Quant à Saturne, nous avons vu sa retraite dorée aux Champs-Élysées. Ainsi la conscience humaine n'est-elle plus monopolisée par un seul dieu mais se trouve symbolisée par de multiples dieux qui représentent son déploiement évolutif.

Saturne et Hécate sont des phases de la conscience qui s'éveille et se transforme.

La noyade de Séléné

Séléné décide de se suicider après avoir appris que des Titans ont tué son frère Hélios. Les Titans, frères de Saturne, sont donc indirectement responsables de la mort de Séléné. Ils seront également indirectement responsables de son élévation au ciel.

• Version harmonieuse :

a) Le travail d'Hécate

Hécate est la rare, voire la seule déesse à permettre une transition entre les deux règnes : celui des Titans et celui des Olympiens. Elle garde d'excellentes relations avec Jupiter et également avec Saturne puisqu'elle collabore avec ce dernier dans les Enfers.

Dans cette association on insiste avant tout sur la « profondeur » du travail : en effet la phase de transformation de Saturne à Hécate se passe dans « l'au-delà », dans les Enfers. C'est un travail qui n'est pas toujours discernable ou facile à évaluer. C'est un travail de bilan, mais aussi de préparation pour affronter la prochaine incarnation.

Cela donne un individu qui, durant l'incarnation, continue à travailler dans ses profondeurs. Il ne s'agit plus d'un travail sur les fonctions mercuriennes ou d'un travail par le biais des institutions et des engagements sociaux représentés par Jupiter. Ici nous avons l'âme, représentée par la Lune, qui travaille par elle-même et sur elle-même. Dans cette association harmonieuse il n'y a pas d'inhibition, mais une certaine « gravité ». La personne est difficilement accessible. Son travail est difficile à juger et même à comprendre de l'extérieur. Elle ne s'appuie pas en priorité sur les événements, les projets, ses relations avec les autres. C'est un travail de maturation, de recherche, de discernement intérieur qui se fait tout en silence. La personne a à cœur de donner un sens à sa vie. Mais ce sens ne s'exprimera pas nécessairement dans des éléments extérieurs. En tout cas, elle ne se sent pas le droit de gâcher le temps ou les occasions.

Ce mythe correspond assez bien à l'Œuvre au noir alchimique. Cette Œuvre au noir, symbole saturnien, représente une période où la matière première alchimique semble mourir. Ce n'est qu'une préparation à la résurrection, à l'Œuvre au blanc. La personne réalise son Œuvre au noir en elle-même. C'est la nécessité de la descente pour une plus belle remontée !

Elle paraît détachée, peu encline au dialogue ou aux engagements. La personne vit, non dans un climat d'inhibition, mais de réserve. Tout ce que d'habitude on investit à l'extérieur, elle en dérive une grande partie à l'intérieur. Réfléchir, soupeser, prendre sur soi, s'imposer une discipline intérieure, tout cela est chose coutumière pour elle.

La maîtrise de ses émotions, de ses sentiments, de ses colères, de ses élans, peut paraître bien tristounet à une culture extravertie comme la nôtre. Mais la personne y trouve une source de joie et une force. Il en découle un partage de cette joie ou cette force avec son entourage. La personne, disposant de solides assises intérieures, est capable d'assister les autres, de leur offrir un soutien de qualité.

Dans ce rapport harmonieux, Saturne avale la Lune, l'âme, mais il la rend. Cela incite le sujet à prendre appui sur un travail précis, psychologique ou spirituel. Dans le cas contraire, il est à craindre que ce mythe ne donne pas tout ce qu'il peut donner. Une culture comme la nôtre n'offre pas de manière très spontanée de tels cadres. On peut imaginer que l'individu ressentira instinctivement le besoin de s'en trouver pour mieux conduire son travail intérieur. Saturne éprouve le besoin de limiter ou canaliser les efforts de recherche.

Tout cela n'implique pas que la personne soit incapable d'assumer une vie familiale ou professionnelle. Simplement, elle donnera une coloration particulière à ses différents investissements : pour elle, l'acte compte moins que la pensée qui préside à l'acte.

Dans cette perspective, il faut se souvenir qu'Hécate représente le monde qui précède l'incarnation et l'action. Entre autres le rêve, là où s'organisent nos projets qui s'incarnent ensuite dans le monde. Dans certaines traditions, Hécate représente également une dimension subtile de la Création, un lieu où les intentions, les volontés, les sentiments, s'imprègnent bien avant d'affecter le monde concret.

Par ce mythe, c'est comme si l'individu avait gardé un pied dans l'au-delà.

b) Le suicide de Séléné

Ce sont des frères de Saturne qui ont tué Hélios. À cette nouvelle, Séléné décide de se noyer et est ensuite élevée au ciel. Dans un premier temps les forces hostiles à la pureté et à l'évolution semblent l'emporter mais, finalement, c'est bien Séléné qui l'emporte par son élévation.

Par ce mythe, l'individu peut paraître, face à certaines situations, particulièrement fragile. Ceci n'est qu'une apparence. Il lui faut du temps, du recul, de la réflexion ; il est ensuite capable de maîtriser les différents obstacles qui se présentent à lui. C'est au comble de sa faiblesse que Séléné va trouver sa véritable force. C'est en acceptant momentanément une fragilisation de sa personnalité, une faiblesse apparente, que l'individu se donne le temps et le recul nécessaires pour affronter d'autant plus fortement les épreuves qui lui sont proposées. La personne ne ressent pas le désir d'intervenir immédiatement, activement, ou d'une manière spectaculaire.

- **Version disharmonieuse :**

a) Hécate et les fantômes

Dans cette relation disharmonieuse avec Saturne, Hécate représente plus spécifiquement la première Hécate, celle qui coexiste avec Saturne au moment où les Olympiens n'ont pas encore assumé la victoire de la conscience.

C'est comme si, au moment de sa nouvelle incarnation, l'âme semblait s'agripper à une dimension qu'elle ne veut plus quitter. Plus concrètement, cela implique un attachement excessif à certaines croyances, à la fatalité, à tout élément qui démobilise l'âme à l'égard de son incarnation. Ici, par son excès de pouvoir, Hécate empêche la Lune Diane de bien s'exprimer. C'est un déséquilibre global pour l'incarnation.

L'individu n'est pas nécessairement affecté dans sa communication, dans ses fonctions mercuriennes. Mais si ces fonctions ne sont pas affectées, elles ne reflètent pas la vérité de son être. Et même si l'individu apparaît comme un homme de dialogue, capable de s'adapter à peu près à toutes les situations, il n'en demeure pas moins, au fond de lui, en véritable repli. On peut considérer alors que ce pseudo-engagement est une forme de camouflage.

Dans d'autres cas, les fonctions mercuriennes sont directement affectées. La personne est absorbée par elle-même. Le découragement, le pessimisme, l'incapacité à prendre des décisions ou l'incapacité à sortir de soi-même affectent tout rapport avec l'environnement. La personne est victime de ses propres doutes, se cherche constamment et oublie d'affronter le monde concret de Diane.

Par ce mythe, l'individu cherche à se réfugier dans un monde qui lui est propre, soit une chimère, soit tout autre dimension protectrice. Il y a la volonté de rester dans le ventre de Saturne. L'individu, à force de s'interroger sur lui, sur le sens de son action, de sa vie, sur ce qu'il faudrait faire ou ne pas faire, finit de toute façon par ne plus rien faire. Le repli devient une forme, soit de mort prématurée, soit... d'avortement psychologique. La personne s'empêche de naître et s'agrippe au stade d'Hécate. Tout se passe comme s'il y avait une coalition d'Hécate et de Saturne pour s'opposer à la victoire des Olympiens. De ce fait, l'âme ne s'affirme plus dans son environnement. Elle cherche sa vérité en elle-même et par elle-même, sans dialogue constructif avec l'environnement. Ses engagements restent fragiles, indécis.

Dans d'autres cas elle acceptera des engagements... pour qu'on la laisse en paix. C'est une autre forme de refus d'engagement, de refus d'incarnation, mais qui s'abrite derrière un camouflage astucieux. La personne prend toutes les apparences d'une personne assumant des engagements, mais il n'y a pas d'intérêt véritable.

La Lune désigne l'âme, donc toute la force vitale. Une mauvaise association avec Saturne implique que, même dans son corps, la personne se refuse à naître ou encore cherche à s'effacer.

Si Hécate est bien la déesse des envoûtements et des fantômes, l'individu risque de rester prisonnier de ses fantômes : ses craintes, ses souvenirs, ses blocages personnels. Ces fantômes prennent d'autant plus d'assurance et de vitalité qu'ils puisent leur énergie dans l'esprit de l'individu. Celui-ci ne cherche plus à vérifier si oui ou non ses craintes et ses fantômes sont justifiés. Plus il y réfléchit, plus il ressasse ses problèmes, plus il leur donne de vitalité. La personne finit par s'étouffer et devient comme vampirisée par cette

Hécate négative. Ceci n'est pas tellement éloigné des rituels d'envoûtement...

Face à cette menace des fantômes, il est intéressant de citer un scénario présenté par Watzlawick dans son ouvrage *Faites vous-même votre malheur* :

Scénario des haricots

Sur son lit de mort, une femme arrache à son mari la promesse de ne plus jamais aimer d'autres femmes. S'il manquait à sa parole, son fantôme reviendrait le persécuter sans fin.

Au début l'homme tient bon, mais finit par faire la connaissance d'une femme et il tombe amoureux. Peu après, un fantôme féminin lui apparaît chaque nuit pour l'accuser d'avoir rompu son engagement. Le spectre connaît tous les détails de la relation entre l'homme et la femme, mais aussi les pensées et les sentiments les plus secrets de l'homme. La situation devenant intolérable, l'homme va consulter un maître.

Celui-ci, plutôt que d'essayer de convaincre l'homme que le fantôme est issu de son mental, lui conseille d'une méthode : quand le fantôme apparaîtra, l'homme saisira une poignée de haricots et en demandera le nombre à ce fantôme si futé. Si le fantôme ne peut répondre, alors ce sera la preuve qu'il est bien un produit de l'imagination.

La nuit suivante, le fantôme apparaît et l'homme le flatte.

– C'est vrai, dit le spectre, je sais vraiment tout. Je sais même que tu es allé consulter ce maître.

– Ma foi, répond l'homme, puisque tu es si savant, dis-moi combien de haricots j'ai dans la main.

Le fantôme disparut et ne réapparut plus jamais.

b) La mort sans lendemain

Si l'on reprend le mythe de Séléné, avec le rapport disharmonieux, nous nous bornons au suicide de Séléné. C'est un aveu d'échec.

L'individu, face à des menaces, préfère se tuer, disparaître, pratiquer la politique de l'autruche. La fragilisation est extrême. C'est d'ailleurs parce qu'il se sent faible que l'individu va chercher à esquiver toute confrontation. Or, il entre ici dans un cercle vicieux : plus il évite la confrontation plus il s'affaiblit. Avec ce rapport disharmonieux l'individu est privé de sa récompense, monter au ciel, et la Lune reste dans le caniveau...

Dans le rapport harmonieux l'individu avait gardé un pied dans « l'au-delà ». Ici, il a seulement un pied dans la tombe.

Mercure/Lune

Les deux portes

Il n'y a pas de grands moments mythologiques entre Mercure et Diane ou encore Séléné. C'est donc vers Hécate que nous allons nous tourner. Le principal épisode qui associe Mercure et Hécate est, une nouvelle fois, le travail qui se déroule dans les Enfers. Hécate est l'épouse de Mercure après avoir été celle de Pluton.

Tous deux représentent pour l'âme l'entrée et la sortie des Enfers.

• Version harmonieuse :

Mercure est le dieu qui accompagne l'homme durant toute son incarnation et ceci jusqu'à la porte des Enfers. Hécate l'accueille à l'autre bout de la chaîne et lui facilite sa nouvelle incarnation. Il est normal que ce dieu et cette déesse soient mari et femme dans la mesure où ils représentent une complémentarité symbolique.

La relation harmonieuse entre ces divinités est facile à interpréter. L'âme accepte pleinement son incarnation, la vie. Elle s'associe harmonieusement et efficacement au dieu qui est là pour faciliter les rapports, la communication, la création, etc. Tout cela est une promesse d'adaptation aux contingences de l'incarnation. Contrairement à la problématique que nous avons déjà évoquée dans le couple Lune-Saturne disharmonieux, l'âme désire véritablement s'incarner et vivre. Le potentiel d'engagement est important.

Il y a une bonne association entre l'âme et les différents moyens d'expression, verbaux ou symboliques. C'est comme si la personne réussissait à établir une connexion extrêmement fluide entre les aspirations de son âme et les moyens de leur expression. Cette jonction déborde de loin les domaines de la communication interpersonnelle. C'est pour la personne la capacité à accéder à une bonne conscience d'elle-même, de saisir et comprendre ses véritables motivations.

Dans cette association harmonieuse, l'âme s'accepte pleinement dans l'incarnation et utilise à souhait toutes les possibilités qui lui sont offertes pour exercer ses talents dans ce nouveau statut. Les fonctions mercuriennes reflètent de manière authentique les aspirations et les desseins symboliques de l'âme. L'individu sait de manière instinctive ce qui lui convient, connaît ses véritables vocations, etc.

Il ne faut pas déduire de tout cela que l'individu est nécessairement doué d'une intelligence surhumaine. Ce qui compte ici c'est l'harmonisation qui existe entre l'âme et les moyens de son expression.

D'une manière plus générale, on peut y voir un potentiel d'adaptation important. Il ne s'agit pas d'un simple opportunisme mais d'une utilisation créative de son environnement, des relations que l'individu entretient. Il sent de manière instinctive ou intuitive ce qui est bon pour lui et ce qu'il doit faire.

Mercure, en bonne association avec la Lune, accomplit sa mission, c'est-à-dire accompagner l'homme dans son incarnation. Mercure fut initié à la divination par Apollon, cela signifie que si Mercure le désire, il ne se contente pas d'être un homme de dialogue et de communication, mais sait également discerner les structures symboliques ou profondes d'une situation ou d'une relation. Cette possibilité est proche de ce que nous appellerions l'intuition. Elle est, dans ce mythe, pleinement au service de l'âme.

Enfin une telle association permet à la personne d'utiliser, toujours au service de son incarnation, la dimension du rêve. Il ne s'agit pas seulement de l'imagination, mais bien des messages ou commentaires symboliques qui lui sont communiqués ou que la personne se communique à elle-même au travers du royaume d'Hécate.

Cette alliance avec Hécate facilite le travail de l'âme incarnée, de Lune-Diane.

• Version disharmonieuse :

Ici nous sommes en pleine scène conjugale... et cela n'arrange pas du tout les affaires de l'individu !

Il y a une rupture entre ce que l'individu est réellement et la manière dont il cherche à l'exprimer. Que ce soit dans le choix de ses amis, de ses activités, dans sa manière de vivre, l'individu est plus ou moins en porte à faux avec lui-même. Il a beaucoup de mal à saisir ce qui lui permettrait véritablement d'exister et de s'exprimer. C'est d'ailleurs au travers de ses erreurs ou échecs qu'il réussit à mieux définir ses aspirations et son programme de vie.

Ce rapport disharmonieux est d'abord un facteur conflictuel avec l'environnement. Mais cette notion de conflit n'est pas nécessairement négative : elle permet d'obtenir des informations de l'environnement, même si ces informations arrivent parfois par des canaux désagréables. De tout cela on peut espérer tirer une meilleure connaissance de soi-même.

Une telle relation disharmonieuse engendre un comportement hésitant : Mercure n'est plus le messager adroit des dieux, ni même le guide judicieux des hommes, il est au contraire un guide hésitant, sans véritable plan, et à la recherche de son épouse qui est censée lui communiquer le programme qu'a reçu l'individu dans les Enfers ! En l'absence de ce programme, Mercure devient un outil sans réelle finalité : un micro-ordinateur sans disque dur ni disquette.

La communication devient un jeu improductif. Cela peut être une façade derrière laquelle l'individu se cache. Insaisissable, inconsistant, Mercure se contente d'être un joueur. Il devient le voleur qui ne restitue pas. Il vole, mais n'établit pas de relation entre la personne et l'environnement.

Il en découle une défaillance pour l'âme. L'être symbolique profond représenté par Hécate n'est plus bien perçu par Mercure, c'est-à-dire entre autres le mental. Il en résulte des complexes, un mal d'être et on retrouve ici Hécate la déesse des tourments et des fantômes. Hécate est avant tout l'âme désincarnée en mesure de se parler à elle-même, notamment par les rêves. Concernant l'incarnation, l'engagement social, ce sont les plans symboliques qui sont dans notre conscience et sont là pour nous guider. Si Hécate est en bataille avec son époux qui est là pour l'accueillir sur terre et la guider – sinon elle, tout au moins l'âme qu'elle est censée inspirer – il en ressort un déséquilibre qui se répercute sur l'incarnation.

Dans la version harmonieuse, nous parlions de l'intuition. Ici ce facteur est directement mis en cause. La personne n'a plus cette sensibilité interne qui lui permet de saisir ses véritables motivations, de diriger sa vie avec adresse. Il y a au contraire une muraille entre elle et elle. La personne ne dispose plus d'un Mercure intérieur. Il en résulte des situations de blocage, ou des engagements dont les bénéfices laissent l'individu peu satisfait. La personne passe d'une activité à l'autre ou d'une relation à l'autre, cherchant toujours quelqu'un ou quelque chose, mais ne sachant jamais vraiment quoi. Quand elle finit par trouver elle se demande si finalement ce n'était pas autre chose qu'elle cherchait...

Il y a un court-circuit entre Hécate et Mercure.

Ici le côté insaisissable va se muer en instabilité ou en hyperactivité. Dans ce dernier cas la personne dissimule son inquiétude dans des activités multiples qui, à défaut d'être pleinement épanouissantes, vont occuper son temps.

Dans cette dernière interprétation, on se rapproche d'un comportement négatif proche du symbole de Diane. L'âme incarnée a un Mercure « brouillé » ou instable. Elle perd son côté « civilisateur » et devient surtout une chasseresse agressive ou imprévisible.

Mars/Saturne

Le mythe de Sisyphe

En entendant parler de ce mythe, vous vous attendez certainement à la description du fameux supplice... eh bien non ! Pour mieux comprendre la relation qui s'établit entre Mars et Saturne, étudions ce qui a valu ce supplice à Sisyphe. Ce dernier a fauté en voulant par deux fois échapper à Thanatos.

Une première fois, il demande à sa femme de ne pas lui rendre les honneurs funéraires quand il sera mort. La femme de Sisyphe respecte scrupuleusement ses recommandations, ce qui oblige Thanatos à rendre Sisyphe. Voilà sans doute une excellente recette pour chacun d'entre nous.

Une seconde fois, Sisyphe a recours à des moyens beaucoup plus primaires : il ligote carrément Thanatos ! Cette fois-là, Pluton, hors de lui, fait appel à Mars pour délivrer Thanatos. Le dieu de la guerre va aider la Mort, ce qui est, somme toute, normal.

• Version harmonieuse :

D'ordinaire, Mars, qualifié par Jupiter de fléau des hommes, a des missions « ingrates ». Ici c'est l'un des cas où Mars réussit à assumer une fonction mythologique autre que la guerre dans la vaste organisation de la Création. Il doit aider la Mort à suivre son cours naturel.

Mars représente tout ce qui affirme l'individualité et la défend. Mars s'oppose aux limites et en même temps défend les limites de notre individualité. Il est par excellence le conflit, la confrontation avec les vicissitudes de l'incarnation. Mars met l'accent sur le caractère difficile de cette confrontation. S'il est le fléau des hommes, c'est qu'il concerne le combat, la discorde, la trahison, etc.

Mars est négatif s'il cherche à se suffire à lui-même. Dans ce cas, il n'est qu'un dieu barbare et destructeur. Si au contraire son activité débouche sur un renouvellement, alors il apparaît comme une étape difficile mais nécessaire. C'est bien le cas dans le mythe de Sisyphe.

Mars s'accomplit en Thanatos : il brise des limites ou des habitudes, remet en cause des projets, met un terme à certains épisodes de notre vie, et tout cela trouve sa suite dans Thanatos, c'est-à-dire non pas la simple destruction, mais une mort qui est une promesse de changement ou de résurrection. S'il n'y a pas Thanatos débarrassé de ses liens, alors Mars est simplement une terrible tempête qui secoue notre vie. Nous voyons alors des destructions, des échecs, mais aucune possibilité de renouvellement. L'épisode de Sisyphe est important, car il souligne ce que l'on pourrait appeler un espace de renouvellement. En effet, certains personnes s'engagent totalement dans une activité, et dès qu'elles sentent que cette activité vient à son terme, elles commencent à en imaginer d'autres et à entreprendre leur réalisation. Il n'existe aucune période de repos et de réflexion. Dans les traditions, il y a le jour de repos de la Création. Pour la tradition chrétienne c'est le dimanche. C'est un moment privilégié de prise de recul, de réflexion, de recherche pour échafauder de nouveaux plans. C'est un repos nécessaire qui permet de mieux préparer les prochains projets. Certaines personnes, au contraire, semblent toujours passer d'un Mars à un autre Mars, voulant surtout ne pas affronter cette période de réflexion, cette mise entre parenthèses proposée par Thanatos. Nous sommes dans une culture où il y a à la fois beaucoup de stress et la mise entre parenthèses de Thanatos apparaît effrayante ou déprimante.

Il y a une complémentarité entre ces dieux : Mars est la tempête qui détruit ; quant à Thanatos, il est ce qui permet un passage progressif vers les Enfers si l'on prend cette perspective ou vers un nouveau projet. C'est une période de mise en attente.

Cette association harmonieuse est facile à interpréter : la personne sait, au cours de sa vie, faire usage d'une grande capacité de renouvellement sans que celle-ci se traduise par des conflits profonds. C'est comme si l'individu avait le sentiment immédiat d'un certain rythme du changement. Il y a d'une part la volonté de construire, mais aussi, au bon moment, la volonté de changer de projet et de peau. Pour cela il sait s'imposer des périodes de latence. Dans cette situation, il n'attend pas d'être mené par les événements. Le plus souvent, il prend l'initiative lui-même du tempo du changement. Il sait quand il est nécessaire d'entreprendre par l'intermédiaire de son Mars et quand il est nécessaire soit de mettre un terme à une situation, soit de lui donner un caractère différent. C'est l'utilisation judicieuse du rythme Mars-Saturne. Prenons un exemple :

Un homme et une femme se rencontrent, le couple se forme, chacun vivant dans son appartement. Mars représente non plus l'individualité de chaque personne mais « la personnalité du couple ». Au bout d'un certain temps, les deux êtres s'aimant, la structure, telle qu'elle existait au départ, n'est plus satisfaisante. Grâce à cette bonne relation entre Mars et Saturne, le couple sait faire usage de « son » Saturne pour remettre en cause l'organisation telle qu'elle existe. Il n'est pas nécessaire d'attendre qu'il y ait crise ou gêne. Au contraire, après avoir conquis son amour, il est en mesure d'imaginer avec Saturne une période qui met un terme aux conditions de vie actuelles et prépare une nouvelle forme, par exemple une vie commune.

À ce moment, le couple fait usage de son potentiel martien pour construire cette nouvelle forme. Si après un certain temps des habitudes s'installent, commencent à étioler la joie de vivre du couple, cela signifie que Mars commence à s'épuiser. Mars n'est pas un dieu invincible ! Aussitôt, il faut faire usage de ce Saturne-Thanatos en mettant un terme à la vie du couple telle qu'elle existe et en lui trouvant une nouvelle forme d'expression, peut-être un enfant.

En soi cette stratégie n'a rien d'original, mais il est intéressant d'observer comment une personne qui bénéficie de ce rapport harmonieux, n'a pas besoin de se laisser guider par les événements ou les crises. Il y a une anticipation des problèmes, une aussi grande capacité à construire qu'à renouveler les structures.

Sisyphe refusait d'aller dans les Enfers et par là même de travailler sur lui. Il cherchait à se crisper sur son individualité telle qu'elle existait. Il a bien fallu que Mars vienne aider Thanatos, c'est-à-dire qu'il crée une véritable tempête, des accidents dans la vie de Sisyphe, afin de permettre à celui-ci de rencontrer ce bon vieux Thanatos qui, après tout, n'est pas si effrayant (j'espère qu'il se rappellera de cette phrase quand je le rencontrerai).

Pourtant, nombreux sont parmi nous ceux qui se comportent comme Sisyphe : nous nous crispons sur ce que nous connaissons, ce que nous avons, nos habitudes, nos relations. Tout renouvellement ou remise en cause revêt une apparence de menace, un passage difficile à négocier. Il est plus aisé, plus reposant, de continuer à penser d'une manière linéaire sans trop réfléchir. C'est un mode d'action très martien, mais l'on s'aperçoit vite que Mars s'épuise, d'où la nécessité d'une bonne coordination avec Thanatos. Ici avec le rapport harmonieux, la personne est en mesure de ressourcer les énergies martiennes. Thanatos, c'est le dimanche de Mars.

Thanatos sait qu'il a besoin de Mars : c'est en s'essayant aux confrontations, en faisant un usage de sa vie, que l'individu va vivre le renouvellement. Si l'on reste frileusement protégé dans un cocon, on risque moins de vivre des situations de renouvellement. Au contraire, si on s'engage, on constate des difficultés, des changements de cap à effectuer. C'est donc par l'action que la notion de mort-renouvellement apparaît évidente.

Mars a également besoin de Thanatos. Cela lui permet de recharger ses batteries. Si une personne s'engage dans un projet, après un certain temps ce projet, compte tenu de son passé, des changements survenus dans l'environnement, a besoin d'être redéfini. Cela demande à ce que l'on s'arrête quelque temps, que l'on réfléchisse sur les bases du projet, et sur de nouvelles orientations. Ici nous sommes bien dans la phase Thanatos.

Finalement, cette relation harmonieuse entre ces deux divinités évite les excès de chacune d'elles : d'une part l'individu ne s'abandonne pas à un repli saturnien excessif, il comprend dans quelle mesure l'action peut favoriser sa méditation. D'autre part, l'individu n'est pas tenté par une action poursuivie d'une manière irréfléchie. Il sait que la prise de recul est nécessaire à une action efficace.

• Version disharmonieuse :

Dans cette relation disharmonieuse on va assister au triomphe, dérisoire, de Sisyphe.

Sisyphe s'agrippe à la vie. Cela revient à dire qu'il veut consacrer le triomphe de Mars. Il veut vivre constamment, ne jamais mourir, ne jamais quitter l'incarnation et l'ivresse de l'action martienne. Or, celui qui va justement aider Thanatos à tromper les pièges de Sisyphe, c'est Mars lui-même. Cela montre que Mars comprend que Thanatos est son allié. Mars a dans ce cas une grande sagesse symbolique (qu'il se rappelle également cette phrase à chaque fois que je le rencontre).

Dans la relation disharmonieuse, la personne a tendance à trop privilégier l'action. L'action devient irréfléchie et linéaire. Il n'y a plus de possibilité de remise en cause ou de renouvellement. Ce qui est intéressant avec Thanatos, et encore plus avec le travail dans les Enfers, c'est la capacité d'évoluer, c'est-à-dire de changer de plan, de nature. Au contraire, si l'on veut se crisper sur le royaume de Mars, il n'y a plus de changement de nature. C'est toujours et toujours la même action qui revient, les mêmes termes, avec les mêmes objectifs. Donc, il est à craindre avec ce rapport disharmonieux que la personne soit littéralement... ligotée par Mars lui-même. L'autre risque, c'est la désynchronisation dans l'utilisation de ces deux facteurs. Prenons tout de suite un exemple :

Si la personne veut créer un projet professionnel, elle va prendre des initiatives, par exemple des engagements financiers ou une recherche de collaborateurs. Or, cela se fera à un moment où, nerveusement, la personne n'est pas très en forme. Elle est peu conciliante et peu réceptive au dialogue. Il en résulte tout naturellement que ses rencontres aussi bien avec d'éventuels financiers qu'avec d'éventuels collaborateurs sont improductives.

Ici nous avons une première erreur dans le rythme. Il était nécessaire que la personne fasse plutôt usage de Saturne ou Thanatos, c'est-à-dire se ménage une période de recul.

Supposons maintenant que cette personne ait réussi à monter son projet. Alors même que des difficultés semblent s'élever, elle se sent brusquement atteinte par le découragement. Elle réfléchit et considère qu'il serait intéressant de prendre du recul. Or, une analyse de la situation lui aurait montré qu'avant de prendre ce recul, il était nécessaire de prendre des décisions urgentes afin de faire face aux difficultés. Malgré tout, la personne se retire et laisse son affaire à l'abandon. Les obstacles augmentent, gagnent en vigueur, et mettent en péril son projet. On peut imaginer toute une série d'enchaînements, de désynchronisations entre la prise d'initiative et la prise de distance.

Toujours dans cette relation disharmonieuse, il peut y avoir une désynchronisation dans la perception des difficultés. Nous savons que Saturne représente les grands renouvellements, c'est-à-dire des périodes qui exigent beaucoup de l'individu. Mars représente beaucoup plus des combats ponctuels qui sont peut-être violents, mais qui ne remettent pas en cause l'individu ou le projet lui-même.

Dans une relation disharmonieuse, la désynchronisation amène l'individu, face à de graves difficultés, à les traiter comme s'il s'agissait de simples petits problèmes passagers très faciles à résoudre. Au contraire, face à des petites attaques de son environnement, l'individu a tendance à faire une surcharge, c'est-à-dire à augmenter sa perception des difficultés. Il adopte une attitude désinvolte face aux problèmes réels et une attitude de Don Quichotte face aux moulins à vent martiens.

Toutes ces difficultés entraînent l'individu vers une autre forme de stratégie. Plutôt que de diriger son potentiel martien vers l'extérieur, il le dirige vers l'intérieur. C'est comme si l'individu se faisait la guerre à lui-même. Bien entendu il y a un aspect positif à cela : la capacité de remise en question. Mais cette guerre risque d'être particulièrement et inutilement violente. L'individu peut se culpabiliser à outrance, se charger de maux dont il n'est pas réellement responsable. Il peut y avoir une violence dans son découragement. C'est comme une implosion.

Une bonne façon de traiter les retombées néfastes serait de faire un retour sur le passé de l'individu, et de voir comment la mécanique de l'alternance entre l'initiative et le repos a pu être adaptée à un certain nombre de ses réalisations. Il faut rééduquer sa sensibilité à ce rythme.

Ce rythme activité/mort et renaissance de l'activité est difficile à comprendre pour une culture qui a transformé la mort en décès et la méditation en relaxation.

Vénus/Uranus

Mythe de Vénus et mythe d'Éros

Nous avons vu Vénus naître soit d'une goutte de sang, soit d'une goutte de sperme d'Uranus, après que celui-ci eut été blessé à mort par Saturne. Avec Uranus nous remontons à la « préhistoire » de la Cosmogonie ou de la Théogonie.

La génération d'Uranus ou les divinités qui l'ont précédée représentent les forces initiales de la Création. La Vénus issue d'Uranus est bien différente de celle issue de Jupiter. Il s'agit d'un amour plus « primitif ». C'est ce que l'on pourrait appeler une « force gravitationnelle psychique ». Ceci est rendu par le mythe d'Éros :

Selon les Anciens, Chaos, Nuit et Érèbe ont pu s'unir et générer grâce à une puissance divine et éternelle : Éros. Celle-ci préexiste à toute chose. La mythologie s'est empressée de donner un complément à Éros : Antéros, qui incite ou permet la séparation et la différenciation.

Il n'y a pas équivalence parfaite entre la Vénus issue d'Uranus et Éros. Mais on retrouve la même idée : une force initiale qui permet l'union et la création. La Vénus uranienne est d'une génération bien postérieure à celle d'Éros. Uranus ne laisse libre cours à aucune de ses créations. Ce n'est que blessé à mort qu'il donne naissance à Vénus. Issue des profondeurs d'Uranus, Vénus est une fonction qui subsiste, en s'adaptant, jusqu'à la génération des Olympiens. En fait, la mythologie montre que la Vénus uranienne est remplacée par la Vénus jupitérienne.

Cette vénus profonde, issue d'Uranus, désigne les forces qui assurent la cohérence de l'individualité. C'est l'amour de soi. Il ne s'agit pas des forces combatives de Mars qui permettent de garantir ses propres limites ou de chercher à les dépasser. Ce n'est pas non plus une auto-admiration. C'est le besoin profond d'exister, de vivre et de survivre. Ce mythe d'Uranus montre que, même dans une attitude ou un comportement symboliques aussi éloignés du dialogue que ceux d'Uranus, il y a toujours possibilité de faire surgir quelque chose qui permette le développement de la situation, quelque chose qui peut ressembler, même de loin, à l'amour.

• Version harmonieuse :

Dans l'étude de ce couple, il faut bien faire la différence avec Vénus-Jupiter qui insiste sur le relationnel. Dans la relation harmonieuse Vénus-Uranus, l'individu a une bonne confiance en lui, une volonté à base d'optimisme. À proprement parler ce n'est pas un combattant de la vie, c'est plutôt un « allié de la vie ». Il ne lutte pas pour s'affirmer mais cherche plutôt le « bon vent », le « bon courant » au bon moment. Vénus-Uranus va représenter une force d'adaptation instinctive et importante aux différentes circonstances de la vie. Cette adaptation n'est pas aussi sophistiquée que celle d'un Mercure. Il ne s'agit pas par cette adaptation de nouer un dialogue ou de s'adapter à un système de valeurs. Ici l'adaptation consiste à avoir la satisfaction de participer. C'est bien de Vénus qu'il s'agit, mais dans ce mythe Vénus n'en reste pas moins fille de son père Uranus. Il ne s'agit pas de se lancer dans de vastes scénarios relationnels, la personne a envie de participer d'une manière peut-être un peu primitive ou instinctive à des projets, à des groupes. Elle se donne, sans trop de réflexion ; elle participe à la relation individuelle ou en groupe sans idées préconçues.

Cet allié de la vie, par la confiance qu'il dégage, donne à ses interlocuteurs une nouvelle confiance en eux-mêmes. Il réveille, il inspire plus qu'il ne protège. Ce n'est plus l'amour de la Vénus jupitérienne mais un amour, une écoute revigorante. Ce rapport harmonieux Vénus-Uranus aide à séduire parce que l'individu... se plaît à lui-même. Il rayonne une confiance qui, dans certains cas, peut paraître exagérée. Quelqu'un qui croit en lui et en la vie a toujours quelque chose d'attirant, même s'il est excessif. Bien sûr ce rapport Vénus-Uranus va s'appliquer en priorité à tout ce qui est relationnel. Mais la personne peut l'utiliser pour s'engager dans un projet professionnel ou autre. Ce mythe sert à mobiliser son environnement ou à convaincre. La personne ne s'engage pas dans un projet : elle aime son projet ! Et elle cherche par tous les moyens à le faire aimer de la même façon aux autres. La personne ne tente pas d'utiliser des arguments par le canal de Mercure, ni à forcer les résistances d'une manière martienne. C'est une toute autre stratégie qui est proposée par Vénus-Uranus : la conviction par l'amour.

• **Version disharmonieuse :**

Dans le film de David Leyland, *Too Much*, un jeune homme tente de faire la conquête d'une jeune fille en suscitant son admiration. Le soir il émerge de la salle de bains vêtu d'un pyjama jaune resplendissant, et un fume-cigarette à la main. Il lui demande :

– Est-ce que je te plais ?

Et la jeune fille, tout à fait consciente de la situation, lui répond :

– Pas à moitié autant qu'à toi-même...

Cette réplique peut résumer l'ensemble du rapport disharmonieux. Le natif se plaît... surtout à lui-même. Ici Uranus possède encore Vénus en son sein. C'est déjà un progrès puisque les autres créations d'Uranus sont enfermées non pas en son sein mais dans le sein de Géa, son épouse. Vénus est donc une étape plus avancée dans l'évolution d'Uranus.

L'individu garde une bonne confiance en lui, mais cette confiance n'a plus vraiment de rayonnement car il manque de réalisme. On se rapproche ici du mythe de Narcisse qui meurt en se mirant dans l'eau.

De ce rapport disharmonieux émane une curieuse forme d'amour ou d'échange. À travers l'autre l'individu s'aime et se parle à lui-même. Tout comme Uranus, il ne lâche pas Vénus qu'il retient en son sein. L'autre est comme un miroir dans lequel le sujet aime à se contempler. Par ailleurs, comme il est large d'esprit, il aime à dire au miroir qu'il l'aime pour lui-même. Si le miroir est un peu naïf, il peut y croire et ainsi tout le monde est heureux. Si, au contraire, le miroir se rebelle et ose prétendre qu'il est un être humain, l'individu le trouvera particulièrement ingrat.

Cette manière d'effacer l'autre peut prendre plusieurs formes. L'individu maîtrise ou paralyse l'autre en lui imposant un comportement, un système de valeurs qui ne sont pas les siens. Bien entendu, il présente ces éléments comme qualitativement supérieurs à ceux adoptés jusqu'à présent par l'interlocuteur. Une fois que l'interlocuteur aura adopté tout cela, de nouveau l'individu pourra se mirer avec ravissement dans un modèle extrêmement proche de lui-même.

Pygmalion

Pygmalion était un fameux statuaire de l'île de Chypre. Révolté contre le mariage, il avait décidé de se vouer au célibat. Malgré tout, il devint amoureux d'une statue d'ivoire, ouvrage qu'il avait lui-même créé, et obtint de Vénus, grâce à ses prières, que cette statue devînt vivante. Il l'épousa et eut même un fils.

L'application du mythe de Pygmalion au couple Vénus-Uranus est évidente. À défaut de trouver une statue d'ivoire qui pourrait s'animer, l'individu a besoin de trouver une ou plusieurs personnes pour jouer le rôle particulièrement exaltant de la statue.

Dans d'autres cas, ce couple Vénus-Uranus disharmonieux peut se traduire par une réelle incapacité à nouer des relations affectives. La personne invoque différents prétextes pour ne pas établir de contacts authentiques : le manque de temps, la surcharge du travail, le manque d'espace pour recevoir, etc.

Si le sujet joue bien ce scénario, il peut même insister sur le fait que tous ces obstacles le gênent, le peinent, et qu'il est véritablement une victime... qu'il faudrait si possible et choyer, et... admirer.

Film : « My Fair Lady »

C'est la version moderne du mythe de Pygmalion. Un professeur d'université féru de linguistique rencontre une jeune fille, issue des bas-fonds, qui parle un argot très intéressant. Dans un premier temps, il désire la rencontrer uniquement pour étudier son langage. Ensuite il se met en tête de la transformer et de lui apprendre les bonnes manières. Il s'agit là pour lui d'un geste de générosité qu'il va, progressivement, interpréter comme un geste d'amour.

Le problème est qu'en l'occurrence la statue d'ivoire ou le miroir est ingrat. La jeune fille ne se sent pas reconnue pour ce qu'elle est, mais pour ce que le professeur d'université voudrait qu'elle soit. Du coup, c'est le professeur lui-même qui est remis en cause. Le sculpteur devient d'une certaine manière le sculpté... En termes plus directs, il perd les pédales car Uranus est surpris quand l'autre existe.

Vénus/Saturne

Le mythe d'Adonis ou les relations distantes

Vénus procède soit de Jupiter, soit d'Uranus. Elle saute par conséquent la génération de Saturne. Il n'y a pas de mythe direct entre Vénus et Saturne. Par contre, le mythe d'Adonis permet d'établir une relation un peu plus précise sinon avec Saturne, tout au moins avec Thanatos, le dieu de la mort, qui a l'apparence de Saturne-Kronos. Ceci est normal puisque, du « vivant » de Vénus Saturne n'existe plus, ou plutôt, que son royaume se trouve dans les Enfers, soit sous la forme de Thanatos, soit dans son règne sur les Champs-Élysées.

Adonis était un beau jeune homme qui avait suscité l'amour de Vénus. Mais Mars est furieux et décide en se transformant en sanglier de tuer son concurrent. Dans d'autres versions, c'est Diane qui suscite la fureur du sanglier. Dans tous les cas de figures Adonis meurt et descend aux Enfers. Alors que l'affaire semble réglée, Adonis suscite l'amour de la déesse des Enfers, Proserpine. Vénus, s'apercevant que tout n'est pas terminé, se plaint auprès de Jupiter de cette déloyale concurrence. Il semble que Vénus soit incapable de descendre dans les Enfers contrairement à un autre dieu de sa génération, Mercure. Jupiter rend le jugement suivant : durant quatre mois Adonis passera son temps avec Proserpine, durant quatre autres mois il passera son temps avec Vénus et enfin, durant les quatre derniers mois, on le laissera en paix... et tout le monde s'accorde sur cet arrangement. C'est l'une des rares fois où Vénus se confronte aux notions de mort et de résurrection.

• Version harmonieuse :

Même dans le cas d'un rapport harmonieux, il ne faut pas perdre de vue qu'il n'existe pas de mythe majeur direct entre Vénus et Saturne. Cela signifie bien qu'il y a une sorte de « discordance » symbolique entre ces deux divinités. Autant Saturne représente l'absence transformante, autant Vénus représente la présence à l'autre. Donc, puisque nous sommes dans l'hypothèse d'un rapport harmonieux, il faut considérer que cette absence transformante de Saturne – représentée par la descente d'Adonis aimé par Proserpine – est bien acceptée et gérée par Vénus.

Sur la terre, l'amour de Vénus et d'Adonis semble impossible. D'ailleurs la plupart des amours de Vénus posent problème. Ce sont autant d'épreuves sélectives qui semblent là pour faire évoluer la déesse... ou nous-mêmes. Par contre, une fois qu'Adonis se rend absent et meurt à Vénus, alors sur le jugement de Jupiter il est possible d'établir une nouvelle forme d'union entre le jeune homme et la déesse. Mais celle-ci doit accepter au moins deux sacrifices :

– Tout d'abord le partage avec Proserpine, c'est-à-dire le fait qu'Adonis est absent et va d'une manière ou d'une autre devoir travailler sur lui (Proserpine est quand même la femme de Pluton ! L'union avec elle implique le désir de transformation).

– Ensuite, Vénus doit accepter qu'Adonis se consacre du temps à lui-même.

Dans ce cas l'amour vénusien est capable de générosité, en respectant mieux la liberté de ses interlocuteurs. Sur la terre, l'amour avec Adonis est impossible, et pourtant il ressemble à une merveilleuse passion. Au contraire, avec la mort d'Adonis, donc la confiscation d'Adonis par Saturne-Thanatos, l'amour devient possible même si ce n'est que quatre mois par an ; amour qui semble promis, par le jugement de Jupiter, à une forme d'éternité.

L'individu est capable de faire abstraction de ses exigences, de ses élans. Il n'aime pas l'autre avec égoïsme mais en le respectant. Après tout ce n'est pas un exercice aussi facile que ça. La preuve nous en est donnée par le couple Vénus-Uranus. Ici l'absence, le respect de l'autre, ne sont pas une forme de rejet mais un renforcement des liens. D'une manière pragmatique, c'est la capacité de donner sans nécessairement espérer un retour.

C'est aussi le sens du sacrifice, ici le sacrifice d'Adonis, même si initialement il n'est pas librement consenti par Vénus. Il y a la nécessité de l'intervention d'une sagesse supérieure qui est celle de Jupiter. Dans le mythe d'Adonis on voit bien que, par elle-même, Vénus ne peut défendre que ses propres intérêts.

• Version disharmonieuse :

Nous sommes au moment de la première réaction de Vénus. L'absence d'Adonis semble injuste et inadmissible.

Dans ce cas l'individu ressent mal toute forme de confiscation ou d'absence. Curieusement cela peut donner quelqu'un qui se retrouve souvent isolé ou a beaucoup de mal à exprimer de manière harmonieuse ses sentiments et ses émotions. C'est comme si blessé, d'une manière préventive, le sujet décidait de ne plus s'engager sur un tel terrain. Adonis est descendu aux Enfers : c'est le drame ! C'est bien l'ensemble de la Création qui est considéré comme injuste. Il n'y a plus de référence à Jupiter et encore moins une quelconque action transformante. La personne vit un drame au plus profond d'elle.

Avec l'action de Saturne il est à prévoir que les ressentiments, les problèmes restent inexprimés. C'est une façon comme une autre de s'enliser encore plus dans son problème. Dans certains cas l'individu a vécu concrètement le mythe d'Adonis avec la perte d'un être cher. Dans d'autres cas il ne semble pas y avoir d'élément concret qui serve d'appui au vécu de ce mythe : c'est seulement une attitude générale, la crainte de perdre qui engendrent le repli. C'est comme si la personne, considérant qu'elle est incapable d'établir une relation harmonieuse, ou craignant de trop se livrer, décide de n'établir aucune relation intime.

Quand Adonis meurt il est emporté par Thanatos. Dans la relation harmonieuse on voit qu'Adonis est mené jusqu'à Proserpine et promis à une renaissance. Au contraire, dans la relation disharmonieuse, Thanatos est perçu comme la mort sans issue, sans débouché sur Proserpine. Dès lors, la personne est accablée par le chagrin ou par le fatalisme. Toute absence, toute rupture est vécue comme un drame irrémédiable. Mais plus encore il y a le risque d'une interprétation négative de son environnement par le désespéré : les petits incidents, les petites blessures ou les heurts qui peuvent apparaître dans la vie quotidienne sont interprétés comme les signes précurseurs d'une véritable mort de la relation. Parfois l'individu a tendance, en toute bonne foi, à grossir ces événements pour justifier à ses yeux ses prévisions : ça ne peut pas durer ! Ça ne peut pas marcher ! Et c'est alors le meilleur moyen pour qu'effectivement Adonis disparaisse et ne revienne plus.

Dans cette relation disharmonieuse, l'estomac de Saturne apparaît comme un gouffre terrible. Autant Saturne, sous toutes ses formes, est un symbole de retrait, autant Vénus est un symbole d'expression et de vie. Dans une relation disharmonieuse la contradiction symbolique est soulignée.

En fait, la contradiction n'est réelle que dans une première étape : le moment où la personne chérie se retire ou modifie ses liens et où il faut faire abstraction d'un certain égoïsme. Si la personne s'accroche à cette première étape et fonde, dessus, sa vision de la vie, alors toute relation affective devient périlleuse. La personne ressent autour d'elle une menace constante. Il y a la peur de perdre, la peur de la solitude. L'individu est obsédé par cette crainte et va, même inconsciemment, adopter toute une série d'attitudes idéales pour provoquer ce type de réaction ou d'abandon autour de lui. C'est un manque de confiance en soi et un manque de confiance en l'autre. Par cette crispation sur la première étape le mythe ne peut plus se dérouler harmonieusement.

L'individu se sent abandonné par la vie. Et il n'est même pas certain de la récupérer quatre mois par an.

Vénus/Pluton

Le mythe de Proserpine

Comme nous l'avons vu par la relation Vénus-Saturne, la déesse de l'amour ne descend pas aux Enfers. C'est par l'intermédiaire de Proserpine que nous allons étudier la relation Vénus-Pluton.

Proserpine, fille de Cérès, liée à la terre en tant que support de vie, de germination, est enlevée par Pluton. Elle remplace Hécate, qui elle aussi est parfois présentée comme fille de Cérès, dans le rôle de son épouse. Dans certaines versions, il est précisé que sur l'intervention de Jupiter, une fois de plus, Proserpine pourra partager son temps entre Cérès et Pluton. En enlevant Proserpine, Pluton a choisi comme épouse une déesse qui est symboliquement proche de son royaume. Pluton est propriétaire de tout ce qui est sous la terre, et assez fréquemment on précise que la graine en germination appartient à Pluton. Une fois qu'elle a germé, elle appartient à Cérès. Cet enlèvement n'est donc pas surprenant, il ne fait que confirmer une alliance. D'ailleurs, Proserpine en mangeant des pépins de grenade, symbole du mariage, participe aux côtés de son époux à l'action transformante des Enfers.

En représentant l'amour, même d'une manière moins « incarnée » que Vénus, Proserpine est bien la représentante de cette déesse aux Enfers. Il est donc sensé qu'elle intervienne dans un mythe en commun avec Vénus : le mythe d'Adonis.

On sait que celui-ci, blessé soit par Mars sous la forme d'un sanglier, soit par Diane qui aurait suscité la colère d'un sanglier contre lui, meurt et descend aux Enfers. Après un jugement de

Jupiter, il est partagé entre Proserpine et Vénus. C'est la seule forme de collaboration qui peut exister entre Vénus et les Enfers.

Le mythe est présenté de manière détaillée dans la relation précédente : Saturne-Vénus.

• **Version harmonieuse :**

a) L'action transformante des Enfers

Les relations amicales ou affectives de la personne sont soumises à des transformations importantes, mais maîtrisées et bénéfiques. Au travers de ses relations, l'individu rencontre des situations ou des épreuves qui l'amènent soit à redéfinir ses relations, soit à se transformer lui-même soit éventuellement... les deux ensemble. C'est au travers de ses relations qu'il dirige le mieux son travail de transformation intérieure.

Parfois la transformation a d'autres répercussions extérieures. La vie de famille, de couple ou la vie amicale se trouvent parasitées par des événements singuliers obligeant à affronter concrètement cette transformation. On peut penser à une maladie frappant un proche, qui oblige l'individu à se définir un rôle différent, à assumer d'autres responsabilités. Dans une autre perspective, on peut imaginer que le conjoint s'engage dans une activité, une action humanitaire, politique ou autre qui, indirectement, oblige le sujet à se poser des questions alors que seul, il n'aurait jamais fait ce travail. C'est bien par le biais de l'amour ou des relations amicales que le travail se fait. Dans tous les cas l'enjeu est simple : comment l'amour ou la relation peuvent-ils sortir victorieux d'une telle transformation ? Ici il s'agit d'une version harmonieuse, on trouve donc une relance dans les changements proposés.

C'est plutôt la routine ou l'ordinaire qui font peur. Il y a une attirance pour des situations soumettant à de telles transformations les relations affectives. C'est dans ces changements que l'on trouve son équilibre et même sa motivation, son réel attachement à un ami ou à un conjoint.

b) Les liens incompréhensibles

Cette deuxième approche fait allusion aux relations dont les racines semblent plonger au-delà de la vie actuelle. Ce sont ces personnes qui l'on rencontre et qui, sans nécessairement qu'il y ait « coup de foudre », semblent nous marquer d'un attachement non ordinaire. C'est au travers de ces personnes qu'un travail important va se faire, notamment sur le plan affectif et émotionnel. Ceci rejoint l'approche précédente : c'est en général avec ce genre de partenaire que l'on est le plus disposé à accepter des situations perturbantes. C'est comme si la personne, d'une vie à une autre, tentait de travailler sur elle et sur les autres avec des partenaires privilégiés.

Ce qui prime dans une telle relation c'est le travail d'évolution et non la relation elle-même. Il faut se rappeler que Pluton enlève Proserpine, c'est-à-dire une déesse très proche de son royaume. Il ne se contente pas d'enlever une quelconque nymphe et encore moins Vénus qui sans doute lui apporterait quelques ennuis dans son royaume. Pour Pluton, ce qui compte c'est une épouse très proche de son royaume souterrain qui, par l'intermédiaire de Cérès, est déjà lié à la notion de transformation et de « germination ». Prenons un cas concret :

Un individu mène une vie relativement conformiste. Un jour, il rencontre une femme dont le vécu, les valeurs sont aux antipodes de ce qu'il apprécie. Malgré tout il y a une attirance personnelle, et cette attirance surmonte les différences de style de vie. Dans un premier temps, ce qui le préoccupe est exclusivement la relation elle-même. Mais s'intéressant à la relation, il ne peut cependant pas nier la différence de vie ou de valeur auxquelles s'attache sa compagne. Comme il s'agit d'un rapport harmonieux, c'est cet amour qui va lui permettre de se remettre en cause et de se révéler à lui-même quelques vérités. Il n'est pas question que l'individu se sacrifie et s'abandonne totalement. Il s'agit d'« utiliser » cette rencontre pour un travail qu'il n'aurait pu entamer seul et sans motivation réelle. Dans ce cas l'amour est le vrai moteur, et l'enjeu est la transformation de l'individu. Peut-être cette relation sera-t-elle dans certains cas orageuse, perturbante, mais l'attachement prévaudra.

Dans ce genre de relation, l'absence de l'autre est irritante et sa présence perturbante.

• Version disharmonieuse :

a) Quand les Enfers deviennent l'enfer

Dans cette relation disharmonieuse l'individu fait des rencontres qui provoquent des bouleversements dans sa vie. Mais ceux-ci sont perçus comme une menace ou un handicap.

Ce sont les inconvénients du changement qui attirent l'attention. Les relations se manifeste d'abord par des crises. Dès lors, il y a volonté de changement par l'intermédiaire d'une relation, mais en même temps il y a une résistance qui se manifestent par des disputes, des malentendus et peut-être même des ruptures.

Ici nous sommes en plein dans « l'amour vache ». À la fois il y a attirance, pour l'autre et attirance pour la crise avec l'autre. C'est au travers de cette tempête que l'individu admet certaines leçons et se remet en cause. Ce n'est surtout pas la crise qui se résout en une seule fois et qui conduit à la rupture ; dans cette relation disharmonieuse, l'épine réside dans le fait que l'attirance est d'autant plus forte que le bouleversement l'est aussi. Ce n'est pas simplement la rencontre de deux individus, c'est aussi la rencontre de deux styles de vie. C'est cette différence de point de vue qui fait tout l'intérêt de la rencontre. Sur le plan symbolique cela semble particulièrement excitant mais, dans le quotidien, c'est plus fatigant.

b) Le rapt de Proserpine et les liens incompréhensibles

Dans l'aspect harmonieux, nous avons montré de quelle manière une telle relation pouvait amener la personne à rencontrer des partenaires ayant avec elle des relations « profondes ». La version disharmonieuse est plus complexe : la personne a besoin de vivre certaines situations affectives. Mais il n'est pas toujours certain que l'on puisse rencontrer le partenaire ou le complice idéal pour jouer les schémas, les scénarios dont on a besoin. Ici il est à craindre que le sujet n'impose certains schémas très particuliers aux personnes qu'il rencontre. Dans ce cas, on rejoint symboliquement l'enlèvement de Proserpine. Pluton ne lui demande pas son avis et provoque un conflit avec Cérès. Nous sommes à une articulation du mythe où la notion de rapport de force prévaut. Prenons un exemple concret :

Un homme ressent un besoin maladif d'assumer le rôle de l'homme trompé par sa femme (ou par ses amis). Jouant de malchance, il ne fait que rencontrer des partenaires d'une loyauté inflexible. Mais, par cette relation disharmonieuse Vénus-Pluton, il a besoin d'exalter dans sa vie ce scénario négatif, non pas par simple plaisir masochiste, mais pour tenter de travailler sur lui-même, même si cette volonté est inconsciente. Plutôt que d'entamer le travail intérieur que seraient une thérapie ou une forme d'initiation, il « décide » de jouer dans sa vie le scénario dont il a besoin en intégrant de force ses partenaires. Dès lors, par tout un jeu de suspicions, d'interprétation des faits ou des paroles, il finit effectivement par envenimer ses rapports ; ce qui amène ses partenaires à considérer que la relation est difficile et donc... à se détacher de lui et peut-être même à le tromper. Alors cet homme a parfaitement réalisé sa mission d'enlèvement : il a imposé un schéma négatif à son partenaire. Dans le meilleur des cas (pour lui), il va s'accrocher à la relation ; dans ce cas, le mythe est totalement réalisé. Mais il peut également exister un partenaire qui au bout de quelque temps en a assez et décide de rompre rapidement. Notre homme y verra un sujet avec lequel il n'était de toute manière pas intéressant de nouer une relation.

Tout cela s'applique tant à une relation affective qu'aux relations intrafamiliales ou qu'à celles amicales à l'intérieur d'une profession. Cet homme est à la recherche de relations difficiles pour travailler sur lui. Au travers des réponses de son environnement, il corrige sa manière de penser ou de se comporter. C'est par cette démarche tortueuse qu'il réussit, dans le meilleur des cas, à maîtriser ses élans négatifs et à ne plus chercher systématiquement à projeter des schémas.

Par Pluton, l'individu a besoin de compenser des blessures affectives lointaines, de participer à des jeux relationnels bien spécifiques.

Dans la relation harmonieuse le sujet peut compter sur une forme de complicité ou d'aide de ses partenaires. Dans le rapport disharmonieux, c'es le même travail qui se déroule mais par une tension avec les partenaires. Ces schémas plutoniens s'imposent à l'individu qui se sent dépassé. Dans sa vie il est obligé de jouer à un jeu dont les règles lui échappent quelque peu car elles appartiennent à une partie différente, peut-être plus ancienne.

Vénus/Neptune

Le mythe de la naissance de Vénus

Neptune intervient peu dans la mythologie vénusienne. Malgré tout, il faut savoir que Dioné, celle des épouses de Jupiter qui donna naissance à Vénus, était la fille de Neptune. Par conséquent, si Jupiter est le père de Vénus, Neptune en est l'oncle et le grand-père. D'autre part, Vénus a un lien avec la mer, puisque, dans le nom grec de Vénus Aphrodite, « Aphros » signifie « écume de la mer ». Un certain nombre de cultes vénusiens étaient en rapport direct avec la mer.

Le filet de Vulcain

Nous connaissons le mythe où Vulcain piège à l'aide d'un filet invisible le couple adultère Vénus-Mars. C'est sur l'intervention de Neptune que Vulcain délivre le couple. Neptune ne désavoue pas Vulcain, mais au contraire accompli et continue le mythe.

Symboliquement parlant, le but de Vulcain est de stabiliser les deux potentiels. Une fois maîtrisés, ils peuvent accéder à un niveau supérieur. Ceci entraîne l'intervention de Neptune, qui représente la fluidité, symbole du « passage », pour parachever l'œuvre.

• **Version harmonieuse :**

Dans le mythe précédent, Neptune vient donc moissonner le travail de Vulcain. Une fois fixés et sublimés, tous les potentiels vénusiens sont disponibles. Ce n'est pas forcément l'amour mystique mais une forme d'amour, d'affectivité plus épanouie. C'est un prolongement naturel de Vénus par Neptune. Il peut exister de nombreuses limites à l'expression de Vénus :

– Une mauvaise image de soi qui entraîne un manque d'amour pour soi et une mauvaise image des autres.

– Une difficulté à accepter l'idée du bonheur.

– Un amour possessif par crainte de ne pas en avoir assez.

On peut imaginer de multiples expressions. Au contraire, avec Neptune en relation harmonieuse, nous avons un potentiel qui participe pleinement à la vie. La personne ne limite pas son expression affective à quelques individus ou encore à une bulle bien fermée dans sa vie privée. Dépassant le conflit Vénus-Mars, la personne a besoin d'un vécu plus vaste. Prenons un exemple :

Une personne vivant un tel mythe ne se contente pas de voir dans son espace une maison où l'on habite : c'est avant toute chose un espace de convivialité et d'échange. L'espace de cette personne incarne la fluidité neptunienne.

Par son association harmonieuse avec Neptune, l'individu bénéficie d'une grande disponibilité qui transcende l'affectivité. Ayant dépassé les problèmes purement passionnels du couple Mars-Vénus, ce mythe permet à la personne d'utiliser une « intelligence du cœur ». Il ne s'agit plus seulement d'aimer ou d'apprécier, mais plus profondément de comprendre et peut-être même de « vivre » le point de vue de l'autre. On n'est pas nécessairement d'accord avec ce qui est dit, mais l'on comprend pourquoi ceci est dit par telle personne. Cette grande souplesse évite des conflits artificiels. Avec le couple Vénus-Mars, au-delà des simples problèmes affectifs, il y avait une façon passionnelle de s'attacher à son point de vue, à ses goûts. Avec le rapport harmonieux Vénus-Neptune, il y a une réelle capacité à emprunter et à comprendre le point de vue de l'autre. Cet aspect du mythe ne veut pas dire que la personne devient un caméléon. Elle est en mesure de faire la distinction entre ce qu'elle aime et ce qu'aime l'autre, mais elle ne considère pas que tout ce qu'elle aime est bon et que tout ce qu'elle n'aime pas n'est pas bon.

Ce mythe permet des synthèses supérieures : la personne ne se sent pas obligée de n'aimer que tel ou tel style de musique ou autre expression artistique. Elle est en mesure d'embrasser des genres, des styles de vie très différents.

La personne est capable de s'attacher à des idéaux collectifs ou humanitaires. C'est une possibilité, mais pas nécessairement la plus courante. Chacun d'entre nous n'a pas toujours l'occasion ou l'attirance pour ce style d'engagement. C'est donc dans la dimension quotidienne que ce mythe va s'exprimer le plus souvent en abolissant certaines frontières interindividuelles.

L'individu n'a pas envie que chacun vive dans sa bulle. Ce n'est même pas chez lui une volonté mais un comportement tout à fait spontané qui lève automatiquement les obstacles.

Certaines personnes utilisent l'amour comme une barrière de protection. À partir de l'instant où elles s'attachent à un être, tous les autres disparaissent. D'autres utilisent l'amour qu'elles portent à leurs enfants, non seulement pour se protéger des autres mais pour diminuer l'amour qu'elles donnent à leur conjoint. Avec ce mythe, c'est le contraire : il n'y a pas division mais augmentation de l'affectivité à mesure que l'application s'en étend.

• **Version disharmonieuse :**

a) Le filet de Vulcain

Nous sommes au moment du mythe où le couple est prisonnier et où Neptune n'a pas fait encore entendre sa voix de délivrance. L'absence d'intervention de Neptune risque de transformer le travail de fixation de Vulcain en un travail de paralysie. Il ne faut pas oublier que Neptune, en même temps qu'il est « l'ébranleur du sol », est aussi un dieu qui consolide ou fixe.

L'individu a peut-être réussi à maîtriser ses passions, ses égoïsmes, mais il semble refuser ou craindre une dimension neptunienne de l'amour. C'est une résistance manifeste à accepter une plus grande souplesse. Après tout, peut-être l'individu trouve-t-il particulièrement rassurant et satisfaisant de rester calfeutré avec Vénus dans le filet de Vulcain... Mais si dans sa vie on lui propose cette relation Vénus-Neptune, c'est qu'il est peut-être nécessaire, pour son équilibre, de vivre le mythe. Dans le cas contraire, il risque de transformer ses sentiments maîtrisés en sentiments surgelés. Il manque une dimension d'aventure et d'idéal.

b) Neptune l'ébranleur

Ce rapport disharmonieux peut aussi conduire à une fluidité non maîtrisée. Neptune n'est plus synonyme d'ouverture mais plutôt de dispersion. Il déséquilibre les choses et les êtres. L'individu se réfugie dans des expressions affectives qui le détournent ou le protègent de la réalité, il devient insaisissable et inconstant. C'est sa manière d'échapper à la réalité d'une relation affective. Neptune, à plusieurs reprises, tente d'affirmer son autorité sur la terre, mais n'y parvient pas.

Ce Neptune perd de sa force et est inadapté aux défis et aux réalités qui lui sont proposés. Par exemple, lorsqu'il désire affirmer son autorité sur la future Athènes, il plante son trident dans la terre et fait jaillir un puits... d'eau salée. Tout au contraire, Athéna/Minerve fera fleurir, à côté de ce puits, un olivier. On a ou on n'a pas l'art de savoir faire des cadeaux.

Un tel Neptune entraîne l'individu vers des expressions affectives peu adaptées à la réalité. Prenons quelques cas :

– Tout d'abord, c'est la personne qui s'engage dans un idéal lui permettant d'exprimer un amour universel, alors qu'elle est en train de gâcher sa vie à titre personnel.

– La personne peut avoir connu un grand amour et idéaliser celui-ci. Pour peu que cet amour prenne fin, la personne considère qu'il n'est plus possible de rencontrer dans la réalité une relation de la même qualité.

– C'est enfin la personne versatile qui virevolte d'une relation à l'autre, et dont l'amour est tellement fluide qu'il n'a plus aucune consistance.

Pour éviter tout cela, les origines de Vénus sont intéressantes en ce sens que son père n'est pas Neptune mais bien Jupiter, celui qui a la maîtrise sur l'ensemble de la Création et non pas celui qui est spécialisé dans les océans : la mythologie est bien faite, non ?

Mercure/Neptune

Le culte des eaux

Il n'y a pas de mythe important qui associe ces divinités. La seule trace de conjugaison symbolique que l'on trouve se situe dans le culte des eaux que rendaient certaines cités grecques. On associait les deux dieux et chacun avait une responsabilité précise : Mercure présidait aux eaux douces et Neptune aux eaux de la mer. C'est comme si Mercure était le représentant de Neptune sur terre, cette dimension bien difficile pour Neptune d'aborder.

• Version harmonieuse :

Ici le Neptune polymorphe s'accorde bien au Mercure emprunteur. Dans les deux cas il y a la notion d'adaptation, de passage d'un état à un autre ou d'un dieu à un autre.

Cette association est facile à expliquer : si Mercure est bien le dieu qui établit des relations entre les êtres, aussi bien sur un plan verbal que symbolique, il obtient, grâce à l'apport de Neptune, une plus grande sensibilité. Cela veut dire, dans le cadre de la communication, que l'individu est sensible à des signaux, à des détails qui lui permettent une lecture plus en profondeur d'un comportement. On peut dire qu'il y a un accroissement de l'intuition ; mais il ne faut pas croire que celle-ci relève simplement d'une sensibilité immatérielle. Très concrètement la psychologie moderne – notamment la programmation neuro-linguistique – s'intéresse à tous les « détails » de comportement, d'intonation de voix, qui sont bien plus révélateurs d'un individu que le contenu du discours en lui-même. Certaines personnes que l'on désigne comme ayant beaucoup d'intuition lisent, même inconsciemment, et interprètent ces différents petits « détails ».

La personne est capable d'associer à une compréhension normale des choses et des situations une compréhension faisant appel à des niveaux plus subtils, ici représentés par Neptune. Précisément, ce serait une personne capable de discerner dans certaines situations des répétitions de structures symboliques et peut-être même... de voir que telle situation rappelle un mythe. Cette association harmonieuse Mercure-Neptune permet de transcender les limites de l'apparence. La personne n'est pas seulement préoccupée par le contenu des discours ou des situations, mais est vigilante à ce qui représente les véritables structures de ces situations.

Bien sûr, on ne peut s'empêcher d'établir une relation entre ce rapport harmonieux et le fait que Mercure est initié par Apollon à la divination. Dans la mesure où un symbole représente un maillon entre deux plans de réalité différents, l'association Mercure-Neptune est idéale pour permettre à quelqu'un de saisir cette lecture.

Plus proche de notre monde, c'est également l'occasion pour le mental de passer d'un domaine à un autre, de réaliser des synthèses, d'ouvrir des perspectives. La personne est capable de trouver des applications novatrices à des idées anciennes en les changeant de domaine.

Le passage d'un domaine à l'autre ou d'une dimension à l'autre est la valeur essentielle de ce mythe. Sur le plan relationnel, la personne est facilement accessible au point de vue de l'autre. Cela ne veut pas dire qu'elle s'y laisse totalement engloutir. Mais elle est capable d'entendre, d'analyser, de juger non pas exclusivement de son point de vue mais du point de vue de l'autre. C'est une grande souplesse mentale dont les points d'application sont nombreux, cela donne notamment une tendance à la tolérance et un esprit de curiosité.

• Version disharmonieuse :

Ici, Neptune désire une nouvelle fois aborder la terre et retirer à Mercure ses prérogatives sur l'eau douce. Malheureusement, comme le montre l'épisode d'Athène, Neptune n'est guère à l'aise quand il s'agit de faire jaillir de l'eau douce.

En fait, pour l'individu, il y a toujours réception de nombreuses informations, de ces fameux détails ou signaux infimes de la communication. Mais le problème, c'est que dans cette relation disharmonieuse, il y a mauvaise interprétation de ces signaux. C'est comme si le sujet manquait de recul par rapport à sa propre expérience. Il semble incapable de gérer toutes les informations qu'il reçoit. Il est submergé. C'est ainsi qu'une personne absolument convaincue de disposer d'une grande intuition multiplie tout de même les erreurs d'appréciation. Pour elle, il semble impossible de remettre en cause les conclusions de son intuition et le résultat est qu'elle communique encore plus mal qu'une personne qui passe pour ne pas avoir d'intuition.

C'est la personne qui « lit entre les lignes », qui « comprend à demi- mot », qui « perçoit les choses sur plusieurs plans » et finit par passer complètement à côté de l'interlocuteur.

Il peut y avoir aussi une mauvaise interprétation simplement parce que la personne se trompe de niveau : elle confond le domaine sentimental aussi bien avec le domaine rationnel qu'avec le domaine de l'intuition. Elle interprète l'un pour l'autre d'où une confusion des données :

– J'aime ceci, donc ceci est bon.

– J'aime ceci, donc ceci est vrai.

– Je pense qu'il m'aime, donc il m'aime.

– Intuitivement je pense que telle chose est comme cela, donc elle est comme cela.

– Je constate maintenant qu'il est malhonnête mais je pense que je l'ai toujours senti ainsi.

En fait la personne manque de discernement à l'égard de ces différents canaux de communication.

Cela donne un individu incapable de se fixer sur un point de vue. Nous sommes dans un cas de figure très différent des rapports harmonieux. Ce qui avant était ouverture ou capacité de comprendre le point de vue de l'autre devient une véritable noyade. La personne se laisse influencer, s'accroche à toutes les perspectives qui lui sont proposées et les tient pour vraies... jusqu'à rencontrer une nouvelle perspective. Finalement, la personne est menée par le bout du nez (ou Mercure par le bout de ses ailettes) dans le domaine des jugements, des intuitions et des informations qu'elle reçoit. Elle dispose d'une grande sensibilité mais celle-ci doit faire l'objet d'un travail de maîtrise et non inciter l'individu à s'y abandonner totalement, sinon il y a le risque d'un dérapage hors de la réalité. Il est condamné à quitter le royaume de la terre pour le royaume des océans, ce qui pose un problème pour un individu qui œuvre dans une culture, dans une société, avec tous les engagements que cela suppose.

C'est comme si Neptune confisquait une partie du discernement de Mercure. Celui-ci devient alors un mauvais messager. Il y a toujours un besoin de communiquer, de relier les êtres ou les idées, mais Neptune semble avoir ébranlé le mental de Mercure. Dès lors la communication, la relation entre les idées ou les êtres se font de manière désordonnée. Un film représente cette situation.

Film : « La Rose pourpre du Caire »

Une jeune femme va fréquemment au cinéma pour oublier ses soucis quotidiens. Mais un jour, tout déraille : le personnage principal du film sort de l'écran et s'intègre dans la réalité. Il refuse de continuer à participer à un film qui ne l'intéresse plus ! Dès lors le film ne peut plus continuer et les autres personnages s'inquiètent. Que faire ? Ils posent la question aux spectateurs qui se réunissent entre eux pour envisager une nouvelle suite au film. Mais de la même façon, que va faire l'acteur (en chair et en os) quand il va rencontrer son personnage (du film) ? Au bout d'un certain temps, le personnage semble disposé à regagner le film... à condition que la jeune femme accepte de l'accompagner. Pour tout arranger, il faut comprendre que la jeune femme est amoureuse et du personnage, et de l'acteur. Mais si elle accompagne le personnage dans le film, le film ne peut pas continuer car il n'a jamais été prévu dans le scénario qu'elle intervienne. C'est une nouvelle négociation entre l'acteur, les spectateurs du cinéma, le directeur de la salle, les personnages, etc.

Ce film montre de quelle manière deux plans de réalité peuvent se confondre et provoquer une véritable panique. Pour le mythe qui nous intéresse, la panique s'instaure à l'intérieur du mental de l'individu, qui... prend eau de toutes parts.

Mercure/Uranus

Les problèmes de la belle-famille

Bien évidemment il n'y a pas de mythe qui associe ces divinités séparées par deux générations et différant en plusieurs points. Mais en mythologie il est toujours possible d'établir des relations, même lointaines.

Nous citerons une relation possible :

On sait que parfois Uranus est présenté comme le père de Vénus. Dans un mythe peu connu, on dit que Mercure et Vénus n'unirent pour donner naissance à un être : Hermaphrodite, de Hermès et Aphrodite (voir la relation Vénus/Mercure). Donc, on pourrait déduire que Mercure eut pour beau-père Uranus. Mais comme il y a fréquemment des problèmes avec la belle-famille, il est probable que Mercure n'a pas fait le nécessaire pour contacter Uranus, d'où l'absence de mythe. C'est donc surtout une étude symbolique qui fondera l'approche de cette relation.

• Version harmonieuse :

Ici, il faut que Mercure, par ses talents de communicateur, fasse du défaut d'Uranus une qualité. Le problème d'Uranus est justement qu'il n'aime pas communiquer ! Non seulement il n'aime pas la communication, mais il a même tendance à vouloir anéantir toute forme d'interlocuteur. Ceci n'arrange pas, *a priori*, les affaires d'un bon rapport entre ces deux « parents », mais il est toujours possible de contourner une difficulté. Sur un plan mythologique, l'isolement d'Uranus a pour effet de susciter la révolte de Saturne afin de libérer le cours de la Création. C'est comme si en entassant ses enfants dans le sein de Gé, Uranus avait minutieusement préparé la poudrière sur laquelle il allait sauter. Au bout d'un moment, la pression est insupportable et débouche sur son renversement.

On peut trouver une application de cela. Certaines personnes conservent une distance respectable avec leur environnement et les conditionnements sociaux. C'est une forme d'isolement qui, dans la perspective d'un rapport harmonieux, peut être sublimée par la créativité, l'adoption d'une position originale. L'individu, plutôt que d'adopter des comportements conformistes, préfère rester en retrait. C'est pour lui une forme de protestation, de revendication de son originalité.

Mais comme pour la poudrière des Titans, il arrive un moment où cette attitude n'a aucun sens si elle ne débouche pas sur une forme quelconque d'expression : comportementale, intellectuelle, artistique, collective, politique ou autre. Puisque nous étudions une relation harmonieuse avec Mercure, l'expression va être facilitée. Simplement il ne faut pas s'attendre à un bouleversement du comportement uranien. La personne aura des périodes durant lesquelles elle aimera s'isoler, observer, et se préserver de toute influence ou conditionnement. Puis, après un moment, la poudrière n'y tenant plus, la personne a le besoin d'exprimer ou de créer. Elle restitue donc, par le filtre de sa personnalité, tout ce qu'elle a pu conserver, traiter en gardant son attitude de retrait. Cela rejoint une technique de créativité où l'on demande aux gens de réfléchir à un sujet mais en prenant garde de ne pas s'intéresser à ce qui a déjà été dit ou fait. Il s'agit, par cette méthode, de susciter des réactions et des comportements véritablement novateurs. Dans certains cas, la personne est incapable de sortir quelque chose d'intéressant. Cela montre que l'exercice n'est pas aisé et qu'il repose essentiellement sur la capacité de la personne à puiser en elle de véritables ressources créatives, tel un héros uranien.

Quand nous parlons de comportement créatif, cela ne veut pas dire que la personne passe ses journées à déposer des brevets d'invention. On peut être créatif dans son quotidien par sa manière de s'habiller, de décorer son appartement, d'établir des relations avec les autres, de choisir ses loisirs, etc. C'est une façon qu'a la personne de se démarquer pour tenter de retrouver ce qui, authentiquement, lui plaît, l'attire et peut l'aider à mieux vivre. La personne peut passer par une sorte de rythme d'isolement, puis de communication, puis de nouveau, d'un certain isolement. Dans d'autres cas, il n'y aura pas du tout de période d'isolement, mais une attitude distante vis-à-vis de tout ce que l'on est censé faire « normalement ». La personne ne désire pas établir un véritable dialogue avec son environnement, elle cherche simplement à vivre ses idées, ses fantasmes, ses envies, ses projets, sans recherche de compromis ou d'adaptation. Heureusement, comme il s'agit d'un rapport harmonieux, Mercure facilite, sinon l'adaptation, tout au moins la recherche d'interlocuteurs en mesure d'admettre une telle attitude.

Il est difficile d'imaginer la soirée où Vénus aurait souhaitée présenter son père (ayant plutôt mauvaise réputation) à son jeune prétendant Mercure... d'autant plus difficile que Vénus et Mercure ne naissent que par la mort d'Uranus... Il y a comme ça des familles où les rapports sont vraiment très compliqués.

• Version disharmonieuse :

L'isolement persiste, mais la relation disharmonieuse avec Mercure fait qu'il n'y a pas véritablement d'effort pour restituer une quelconque expression originale. Cet isolement demeure improductif. Et s'il y a des efforts, ceux-ci sont maladroits. On peut imaginer que la violence d'Uranus, qui supporte difficilement le dialogue, s'exprime par Mercure et crée plutôt des heurts que des rencontres originales.

Uranus ne sait pas trop quoi faire de ce futur arrière-petit-fils qui, en même temps, doit devenir son gendre...

Uranus utilise Mercure pour exprimer une forme d'agressivité ou une forme de crainte. Dans les deux cas il n'y a pas de dialogue réel et intéressant. La personne est en combat constant non seulement avec tous ceux qui l'entourent, mais également avec elle-même. Uranus représente bien la difficulté à laisser libre cours à l'ensemble de la Création. La personne est isolée en elle-même et se fragilise. Une telle attitude ne peut, à son tour, que provoquer une révolte de cet environnement ou un abandon.

Autant dans la relation harmonieuse Mercure-Neptune il était possible pour l'individu d'adopter ou de comprendre le point de vue de l'interlocuteur, autant ici il y a une barrière infranchissable. Ce n'est pas que la personne soit intolérante et qu'elle refuse le point de vue de l'autre... tout simplement elle ignore que l'autre existe, et donc qu'il puisse avoir un point de vue différent. De toute façon, il n'existe pas pour elle des points de vue différents mais uniquement des menaces. Tout cela ne réserve pas que des soirées franchement conviviales.

Uranus a besoin d'un monde qui soit prévisible et conforme à ce qu'il en attend, c'est-à-dire un exact reflet de lui-même. Concrètement, cela donne la chose suivante : par son éducation l'individu reçoit un certain nombre de principes. Ces principes représentent pour lui la réalité du monde. Il ne pourra que difficilement les remettre en cause, car il ne s'agit pas pour lui d'un point de vue parmi d'autres mais bien de la réalité. Imaginons qu'un homme ait reçu dans son éducation l'idée que toutes les femmes sont méchantes. Dès lors, par cette relation disharmonieuse avec Mercure, il va sélectionner tous les éléments qui le confortent dans son point de vue, le renforçant dans son isolement.

L'individu peut se couper de son environnement en amputant Mercure de diverses manières : ne pas aller au-devant des informations, avoir une mémoire défaillante (à ce propos W.C. Fiels disait : « J'ai une mauvaise mémoire des noms mais je me souviens rarement d'un visage »), ne pas disposer d'un sens de l'écoute, etc.

En quelque sorte Uranus demande à Mercure de continuer son rôle de facteur à condition que Mercure se cantonne à lui ramener des lettres qu'Uranus s'écrit à lui-même. Étant donné le degré de communication d'Uranus, on peut penser qu'il ne répond même pas à ses lettres !

Film : « Psychose » de Hitchcock

C'est un peu exagéré, mais il est difficile de ne pas faire référence à ce film où un jeune homme vit dans un hôtel isolé de l'autoroute. Nous retrouvons l'isolement symbolique. Visiblement il a été comme « crucifié » par une éducation où les femmes représentent un danger. Il y a un tel aveuglement devant cette éducation, que le jeune homme s'identifie totalement à sa mère, même dans le rôle où celle-ci s'oppose à son fils, donc à lui. La confusion est complète. De temps à autre, le jeune homme prend les habits de sa mère et se dispute lui-même. Cela le conduira à tuer une femme qui représente l'intrusion de l'extérieur. La communication est en circuit fermé. Le jeune homme est incapable de s'émanciper, de prendre en charge sa propre pensée : c'est la reddition de Mercure devant Uranus.

Tous ceux qui sont concernés par ce mythe ne sont pas obligés d'adopter ce scénario.

Mars/Uranus

Les Cyclopes

Il y a trois Cyclopes, fils d'Uranus. Au cours des différents changements politiques qui ont lieu dans la mythologie, les Cyclopes vont aider Jupiter dans sa prise de pouvoir. Un peu plus tard, ils travaillent sous les ordres de Vulcain et c'est là notamment qu'ils vont forger les armes de Mars. Ils représentent la force brutale liée à Uranus, bien difficile à maîtriser. Ils interviennent à plusieurs reprises dans la mythologie pour aider Jupiter et ses frères, par exemple en fabriquant le trident de Neptune, le casque de Pluton ou la foudre de Jupiter. Ils représentent la force active de Vulcain avec lequel ils travaillent sous l'Etna.

Notons enfin que les Cyclopes sont tolérants puisqu'ils acceptent de fabriquer aussi bien les armes de Mars que les armes de ses ennemis : ce sont les ancêtres mythologiques des marchands d'armes.

Dans *L'Iliade*, chant 5, Jupiter donne son avis sur une relation Mars-Uranus : « Si tu étais né de quelque autre dieu, destructeur comme tu l'es, depuis longtemps tu serais plus bas que les fils d'Uranus. »

- **Version harmonieuse :**

Ce sont les Cyclopes, relativement dociles, qui fournissent des armes à Mars. Ce sont les forgerons discrets de Vulcain. Et même, on pourrait dire que c'est le feu secret de Vulcain mis au service du feu ardent de Mars. Et la meilleure façon de maîtriser ce feu ardent est d'équiper aussi bien Mars que ses adversaires. Il en résulte une forme d'équilibre.

Ce rapport harmonieux donne la force. Les Cyclopes arment Mars mais ne peuvent pas lui donner une intelligence. Cette relation harmonieuse va donc fournir un grand apport d'énergie et de volonté. La personne a une capacité d'entreprise importante. Cela donne les moyens de surmonter des épreuves aussi bien dans le domaine social que privé. À défaut d'apporter de l'intelligence, il faut comprendre que les Cyclopes apportent une chose très importante dans l'Antiquité, la notion de « technique ». Notre culture a tendance à dénigrer le travail manuel. Pour nous le forgeron n'est plus auréolé d'une magie. Tout au contraire, dans l'Antiquité, les Anciens considéraient les rites métallurgiques avec beaucoup de respect. Ces rites étaient aussi bien liés à des rites alchimiques qu'à des rites initiatiques.

En conséquence les Cyclopes, par l'intermédiaire de Vulcain, permettent à Mars de ne pas être un dieu qui se bat à mains nues, mais un dieu qui se bat avec des armes. Très fréquemment dans la mythologie, les héros « élevés » se battent non pas à mains nues, ni même avec une massue, mais avec des armes. Ce n'est pas la force directe et brutale, mais il y a comme un intermédiaire, une sorte d'expression plus évoluée de leur force. La fabrication des armes, ou, de manière plus générale, les différents rituels métallurgiques représentaient la victoire de l'homme sur la nature, donc la capacité à dépasser la force brute.

La personne dispose d'une grande force et d'une grande volonté, mais elle sait également faire une utilisation très pragmatique de son environnement. On ne peut pas parler d'un comportement stratégique. Nous n'avons pas ici l'intervention d'un dieu comme Mercure. Mais la personne est capable de faire preuve d'opportunisme, de se doter des moyens nécessaires pour réussir. Elle ne compte pas exclusivement sur le rapport de force, mais aussi sur des outils qui peuvent l'aider à parachever ses réalisations. Prenons un exemple :

Si une personne veut créer une société, elle peut considérer, dans un premier temps, qu'il s'agit simplement de passer beaucoup de temps à son bureau et de chercher à convaincre son environnement de la justesse de ses vues. Dans ce cas là, c'est le rapport de force qui est important. La personne va peser de tout son poids, notamment par la quantité de son travail, par la force de son caractère, pour mener à bien le projet. Mais une perspective plus intéressante est proposée par la relation Mars-Uranus harmonieuse : la personne n'adopte pas immédiatement un comportement stratégique mais est capable de se doter de moyens comme une étude de marché, ou la recherche de collaborateurs auxquels elle pourra déléguer certaines tâches lui permettant de se consacrer à des projets de développement.

Cette relation harmonieuse donne une intelligence concrète. Si la personne rencontre une difficulté affective, elle ne tentera pas par l'intermédiaire de ce mythe harmonieux une attaque frontale et certainement improductive. Elle tentera peut-être de comprendre mais, surtout, elle cherchera à prendre conseil, à consulter d'autres personnes, à lire, à résoudre la difficulté en prenant en compter des éléments extérieurs. La personne manquera peut-être de doigté, de diplomatie, mais tout cela sera compensé par un engagement très authentique de sa personnalité. À défaut de faire preuve d'une grande intelligence ou d'une grande sensibilité, elle saura mobiliser des moyens qui par leur sincérité pourront et convaincre et résoudre la difficulté rencontrée.

Ce mythe peut être aussi utilisé pour une forme de discipline personnelle. Il s'agira d'un travail concret, par l'intermédiaire du corps, permettant d'avoir peut-être un effet sur le mental. La personne cherche à progresser et se donne les moyens appropriés pour cela.

Ce mythe harmonieux n'adoucit pas Mars, mais le fait passer du stade de la brute au stade du guerrier.

• Version disharmonieuse :

Ici Mars cherche à se passer des services des ouvriers de Vulcain. C'est l'opposition à la « technique ».

L'individu ne compte que sur ses propres moyens. Il voit dans cette détermination une preuve de sa force alors qu'en réalité c'est une preuve de sa faiblesse. Il est incapable de s'appuyer sur son environnement, de déléguer et surtout incapable de tenter de faire évoluer sa force et sa volonté. En fait, il ne réussit pas à s'arrêter dans son action, à se discipliner. Plutôt que de passer un certain temps à apprendre le maniement d'une arme, il préfère se battre à mains nues. Cela occasionne des crises, des disputes, des attitudes maladroites qui risquent de ruiner tous les efforts de l'individu. Mais c'est là que réside justement la pédagogie de ce mythe. Des échecs répétés, des dépenses d'énergie aux résultats bien minces peuvent faire réfléchir l'individu sur sa manière de traiter les difficultés. Dans certains cas il n'attend pas d'avoir à affronter des difficultés pour exprimer sa force : il les suscite. C'est pour lui une forme de communication et d'affirmation de soi. Ses engagements ou ses affirmations sont disproportionnés et provoquent des malentendus et des conflits. L'énergie n'est plus utilisée mais gaspillée. La mythologie nous avertit que lorsque Mars se met en colère, il en devient aveugle et perd son équilibre. Il est évident que le dieu de la guerre, aveugle, en perte d'équilibre et sans arme, risque d'être quelque peu handicapé... le héros de ce mythe peut y trouver un certain panache.

On retrouve le scénario évoqué dans la relation Pluton/Mars : « Il suffit d'insister. »

Dans ce scénario une personne cherche une clé sous un réverbère. Quelqu'un vient l'aider mais ne trouve rien. Après quelque temps, la personne se renseigne et apprend que le premier personnage n'a pas perdu sa clé sous ce réverbère mais qu'il la cherche ici parce qu'il y a de la lumière. Il espère qu'en persévérant, il trouvera la clé là où il ne l'a pas perdue. Ce type d'action linéaire, où la personne cherche un résultat en faisant pression, est représentatif de ce rapport disharmonieux.

Mars/Neptune

Ces dieux ont de multiples relations à la faveur de quelques mythes. Le plus souvent il ne s'agit que d'un épisode très particulier. Je vais prendre trois de ces épisodes.

L'intercession auprès de Vulcain

Voici comment Homère présente dans *L'Odyssée* l'intercession de Neptune auprès de Vulcain après que celui-ci a emprisonné Mars et Vénus dans son filet : « Un éclat de rire s'éleva parmi les dieux immortels. Mais Neptune ne riait pas et ne cessait de prier Vulcain, l'illustre artisan, de délivrer Mars.

Élevant la voix, il lui adressait ces paroles ailées :

– Délivre-le, je te garantis qu'il paiera, comme tu l'ordonnes, tout ce qui t'est dû devant les dieux immortels.

Le très illustre ambidextre lui répondit :

– C'est trop me demander, Neptune, porteur de la terre. Méchante caution la caution d'un méchant ! Comment pourrais-je te mettre à toi-même des liens parmi les dieux immortels, si Mars s'échappait quitte de sa dette et de mon réseau ?

Neptune, l'ébranleur de la terre, lui repartit :

– Vulcain, si Mars est libre de sa dette et s'échappe, c'est moi qui te paierai ton dû.

Alors le très illustre ambidextre lui répondit :

– Il n'est ni possible ni honnête de mettre en doute ta parole. »

Neptune se porte garant pour Mars en même temps que Vulcain déclare son incapacité à pouvoir lier Neptune. Dans les multiples mythes qui mettent en relation Mars et Neptune, c'est toujours cette notion de limitation, de lien ou d'emprisonnement qui intervient.

Les Aloades

Les Aloades[1] étaient deux enfants de Triops, une mortelle. Celle-ci s'était éprise de Neptune, et venait fréquemment s'asseoir près de la mer, recueillir un peu d'eau entre ses mains qu'elle versait en son sein. C'est ainsi qu'elle enfanta les Aloades.

Ces jeunes gens, sûrs de leur force, déclarèrent la guerre à l'Olympe. Ils décidèrent que Mars serait leur première victime, se rendirent en Thrace, désarmèrent le dieu, l'enchaînèrent et l'enfermèrent dans un pot de bronze.

Les Aloades étaient sûrs d'eux car on leur avait prédit qu'aucun homme ni aucun dieu ne pourrait les tuer. Jupiter réussit malgré tout à les vaincre en usant d'une ruse : Diane, que l'un des frères désirait, se présenta devant les Aloades sous la forme d'une biche blanche. Immédiatement les deux frères veulent prouver qu'ils sont les meilleurs chasseurs. La biche s'élance avec une rapidité extrême entre eux deux. Ils lancent alors leurs javelots et se transpercent mutuellement.

Ainsi la prédiction est-elle réalisée : aucun homme et aucun dieu ne les a tués. Il faut toujours se méfier des prédictions trop optimistes ! Nous voyons dans ce mythe que les fils de Neptune, même s'il s'agit d'une filiation indirecte, sont capables non seulement de vaincre Mars, mais également de l'enchaîner et de le faire prisonnier.

Allyrothius

Allyrothius était un fils de Neptune. Il fit violence à Alcippe qui était une fille de Mars. Immédiatement ce dieu, dont le sens de

1. Une version de ce mythe a été présentée dans la relation Mercure-Mars.

l'humour est limité, décide de se venger et tue Allyrothius. Neptune désespéré demande un jugement de tous les dieux de l'Olympe. Ceux-ci le lui accordent et c'est Mars qui devra, seul, défendre sa cause. Or, contre toute attente, alors même que l'expression verbale n'est pas le fort du dieu Mars, celui-ci se défend tellement bien qu'il obtient l'acquittement. C'est l'une des rares victoires que Mars obtient sans armes à la main.

Au total nous avons trois types de rapports :

– C'est Neptune qui délivre Mars dans l'épisode de Vulcain, et lui permet de s'affranchir d'une limite, et plus encore de mieux utiliser l'action de Vulcain.

– Les fils de Neptune apparaissent capables d'enchaîner, donc de limiter le dieu Mars.

– Toutefois, les prérogatives de Neptune à l'égard de Mars sont limitées : non seulement son fils Allyrothius est tué, mais Mars réussit à convaincre les dieux de la justesse de son acte vengeur.

Tous ces problèmes d'emprisonnements, d'enchaînements et de conflits par l'intermédiaire de la progéniture sont normaux car, si Mars représente l'exaltation de l'individualité, la défense des limites de l'individualité, Neptune représente la participation de l'homme à différentes réalités et niveaux de conscience.

• Version harmonieuse :

La collaboration la plus positive est celle qui a lieu durant l'épisode de Vulcain. Le potentiel martien est maîtrisé mais ce n'est pas une fin de soi. Ce potentiel emprisonné avec Vénus doit encore être travaillé, ce qui correspond à l'intercession de Neptune.

Pour un individu cela revient à associer harmonieusement une forte personnalité, une ouverture ou une finalité qui permettent à cette individualité de ne pas s'affaiblir. Par Mars, le sujet a besoin de s'affirmer et de s'engager. Mais par Neptune il a besoin que cet engagement ait pour lui une signification autre qu'une simple affirmation de sa personnalité. Dans le cas contraire, on sait que Mars risque de s'étioler, et d'être un dieu que l'on enchaîne et que l'on emprisonne trop facilement.

On ne peut pas parler d'un tempérament idéaliste. Par Mars,

nous restons dans un domaine très pragmatique. Ce qui est important, ce n'est pas seulement de penser, mais bien d'agir et de réaliser quelque chose. Dans certains cas, les motivations ne sont pas bien clarifiées, mais ceci est largement compensé par l'authenticité de l'engagement. Par l'intermédiaire d'un projet, de l'attachement à un être, l'homme découvre qu'il est capable de dépasser ses limites, et donc d'en affirmer de nouvelles, sans passer par des notions d'attaque et de défense. C'est une nouvelle forme d'expansion. Il se réalise tout en s'ouvrant. Alors que le dieu Mars y verrait une forme de concession déplaisante, par sa relation harmonieuse à Neptune il y voit une nouvelle capacité de liberté. C'est bien le sens de l'épisode de Vulcain.

Neptune n'implique pas nécessairement de grandes orientations mystiques ou occultes. Il s'agit de percevoir qu'il existe d'autres réalités, ou encore que l'on peut appréhender la réalité existante d'une manière plus collective, plus idéalisante. Si l'individu monte un projet professionnel, il verra dans ce projet une autre motivation que la simple réussite. L'action est servie par une grande capacité de synthèse, par un point de vue englobant.

Imaginons que quelqu'un décide de monter une agence de publicité ; par Mars-Neptune, il ne s'agit pas simplement pour lui de gagner matériellement, mais aussi de se passionner pour le monde de la communication.

Si l'individu s'attache à un être, ce mythe lui permettra d'exprimer sa passion, sans que cette passion soit destructrice. C'est le sens du piège de Vulcain puis de l'intercession de Neptune.

Mars tend souvent à générer des comportements de crispation, d'attaque ou de défense. C'est l'univers impitoyable de l'Olympe. Avec Neptune cette énergie martienne trouve une forme d'expression plus vaste et plus intense, il n'y a plus besoin de défendre un petit territoire. C'est plutôt une option de conquête et d'ouverture qui est choisie par l'individu.

• Version disharmonieuse :

Dans un premier temps cela peut correspondre à une volonté de rétraction. Comme si l'individu voyait dans cette ouverture une menace pour son individualité. Il est possible qu'il considère que Neptune lui parle une langue totalement étrangère : à quoi bon s'investir dans une activité si celle-ci n'a pas pour but de s'enrichir, de se renforcer, de s'affirmer ? Peut-être ressent-il que cette dimension neptunienne, à laquelle il n'est pas accoutumé, fait peser sur lui la même menace que les Aloades sur Mars. Il a peur d'être dépassé, de déployer des efforts improductifs ou inutiles, d'affronter des situations trop nouvelles pour lui. Se refusant à une telle ouverture, il risque de se tuer lui-même.

C'est aussi une occasion de donner de meilleures fondations à son action. Nous avons vu que dans le mythe d'Allyrothius Mars obtient l'une de ses rares victoires verbales ou intellectuelles. D'habitude il se venge, détruit, conquiert, sans avoir aucunement à se justifier. Au contraire dans cet épisode, il est amené devant toute l'assemblée des dieux, ce qui n'est tout de même pas rien, à se justifier et même à obtenir gain de cause. Il est évident qu'au moment du jugement Mars ne devait pas être très à l'aise. On ne lui demandait pas d'utiliser l'un de ses outils favoris : l'épée.

Au contraire, si l'individu rencontre la dimension neptunienne, ce sera pour lui l'occasion de remettre en cause sa puissance d'action en lui donnant une autre orientation. La dimension neptunienne crée une nouvelle ampleur à tous les engagements. Il ne s'agit plus de foncer tout court, mais de foncer dans une perspective qui est réfléchie à l'avance ou qui pourrait être justifiée après coup. Mais tout cela, dans une relation disharmonieuse, apparaît sous des auspices négatifs : à quoi bon réfléchir ? Est-ce que l'on ne se pose pas bien inutilement des questions ? À force de réfléchir on n'agit plus ! etc.

Dans d'autres cas la personne se voit submergée par la dimension neptunienne. Ses engagements ont l'apparence d'une ouverture mais en réalité il s'agit plutôt d'une fuite. Nous n'avons pas ici réellement affaire à la dimension neptunienne, plutôt à quelque chose qui y ressemble en ne l'étant pas. La personne s'engage sur de grandes idées qui n'ont guère de fondements. C'est pour elle une occasion d'esquiver d'autres engagements réellement enrichissants. Ici c'est le fils de Neptune qui viole la fille de Mars. Ceci est inadmissible car, même si l'homme doit participer à plusieurs niveaux de réalité, il n'est pas souhaitable que cette fluidité se transforme en perméabilité complète. Même le dieu Neptune doit respecter la notion de limite. Dans le cas contraire la personnalité est submergée et il n'y a plus d'ordre, plus de limites possibles.

C'est peut-être pour rappeler cette leçon que les dieux donnent raison à Mars, sans négliger ses efforts verbaux. Neptune peut inspirer à la personne une autre forme de fuite : le fanatisme. L'action aveugle de Mars prend comme prétexte un idéal neptunien, mais ce n'est qu'un prétexte pour exalter sa propre individualité.

Ce rapport disharmonieux montre la difficulté qu'il y a d'une part à affirmer son individualité et, d'autre part, à demeurer réceptif à des projets ou à des idées qui n'ont pas pour objectif immédiat d'affirmer cette individualité, de l'affirmer dans des termes où on ne la connaissait pas jusque-là.

Si le dieu Neptune l'emporte un peu trop, il y a affaiblissement exagéré du dieu Mars. Dans ce cas, la personne est peut-être fortement motivée sur certaines ouvertures mais son action ne suit pas. Elle finit par confondre le discours et l'action. C'est l'ensemble des fonctions martiennes telles que l'esprit de décision ou la volonté, le goût de l'initiative, qui sont affectées.

Forcément, il n'est pas toujours très facile de trouver un équilibre entre le dieu du feu et le dieu de l'eau.

Uranus/Soleil

L'antithèse mythologique et le meurtre des Titans

Il n'y a pas de mythologie entre Uranus et les dieux solaires.

Il est vrai que ces divinités représentent une antithèse mythologique :

– Uranus représente la conscience repliée sur elle-même ou la conscience commençant à peine à s'éveiller à l'autre.

– Tout au contraire le Soleil, et notamment Hélios, représente l'affirmation de soi dans la dimension transpersonnelle ou divine. C'est justement en transcendant son individualité que l'individu se retrouve pleinement dans le symbolisme solaire.

Tout au plus peut-on repérer un épisode mythologique qui ne met qu'indirectement en rapport ces deux divinités : le meurtre d'Hélios par des Titans. Nous savons en effet que les fils d'Uranus, envieux des vertus d'Hélios, de son niveau d'évolution, y voyant comme un défi, décident de le tuer, ce qui provoquera par ricochet le suicide de Séléné. Au bout du compte, le frère et la sœur seront élevés au ciel par Jupiter.

• Version harmonieuse :

C'est une curieuse association. Uranus représente une forme d'isolement, de repli qui, dans le meilleur des cas, peut être productive. C'est comme si la personne préservait son originalité ou sa personnalité de toute influence et conditionnement. Dans le cas de ce rapport harmonieux, cette originalité, ou cette force de concentration, est mise au service d'une idée, d'un projet ou d'une étude qui dépassent les simples intérêts individuels ou immédiats. Le Soleil, dans la mesure où il représente la dimension transpersonnelle, implique les notions d'idéal, de dépassement individuel, mais aussi des projets à long terme. À plusieurs reprises, Homère qualifie Apollon de « celui qui voit loin ». Le Soleil a une vue surplombante.

Bâtir un projet à long terme qui échappe aux critères de jugement immédiat permet à l'individu de conserver toute son individualité uranienne. Mais celle-ci s'investit de telle manière qu'elle se sent moins menacée et peut donc s'exprimer de façon plus naturelle. L'individualité s'engage dans des relations ou des projets dont les enjeux dépassent très largement les sphères individuelles.

Imaginons quelqu'un qui s'intéresse aux technologies nouvelles. Dans ce cas, son interlocuteur privilégié est représenté par les générations à venir et non pas par son environnement immédiat. Cette notion de large prospective permet de rester un peu à l'écart des autres et en même temps d'être positif. L'individu crée, ne fuit pas de manière absolue le contact, mais les technologies nouvelles l'amènent surtout à se concentrer sur les problèmes et les mentalités à venir.

Prenons maintenant le cadre d'une relation. Pour vivre effectivement une relation harmonieuse influencée par Uranus-Soleil, il faut que cette relation préfigure ou symbolise quelque chose d'autre qu'elle-même. La relation pour la relation n'est pas suffisante. Elle ne peut qu'inciter l'individu à se replier et à rejeter toute forme de contact. Ce n'est pas suffisant en tout cas pour le motiver. Ici le symbolisme solaire arrive au secours de ce repli. Il faut que le partenaire symbolise un système de valeurs motivant, une sorte de défi évolutif.

Imaginons que le partenaire ait des centres d'intérêts bien singularisés : l'éveil créatif des enfants, un engagement social ou humanitaire. Il n'y a pas besoin que le partenaire ait un projet grandiose ou complexe, il faut une motivation suffisante pour que l'individu puisse s'y investir en y découvrant une forme d'originalité. Il y a dans ce mythe deux temps :

Tout d'abord, il y a le potentiel uranien qui amène la personne à se protéger instinctivement, à ne pas établir facilement un contact. Puis dans un deuxième temps arrive le Soleil qui permet d'avoir une vision surplombante et montre par conséquent que si le contact immédiat, trop ordinaire, n'est pas motivant, il est possible d'imaginer, de trouver d'autres formes d'engagement ou de vie qui subliment ce repli. Étant donné l'antithèse mythologique entre ces deux divinités, on peut penser que certaines frictions ou difficultés surgiront malgré tout dans le vécu. Il n'est pas facile d'associer deux valeurs symboliques aussi différentes.

Les Titans représentent la crainte de tout ce qui peut être ouverture à l'autre, tendance à l'évolution, à la remise en cause des forces installées. Mais c'est en s'appuyant sur cette crainte que le Soleil, après une phase d'obscurcissement, est élevé au ciel par Jupiter. Hélios, fils du Titan Hypérion, élève symboliquement avec lui la race des Titans.

Il ne serait pas étonnant que l'individu passe dans sa vie par des périodes « d'obscurcissement ». C'est comme s'il se repliait, vivant une période apparemment négative, puis incarnant totalement son mythe harmonieux, il se rend compte que le Soleil s'élève et alors s'accroche à lui pour participer à cette élévation. Ce retournement de tendance implique l'intervention de Jupiter, c'est-à-dire une forme de réflexion ou de sagesse latente. Ce Jupiter peut être représenté par des rencontres ou des événements révélateurs.

• Version disharmonieuse :

Ici, nous nous cantonnons dans la première phase du mythe, c'est-à-dire le meurtre présenté sous sa forme négative. Ce qui est mis en relief est la contradiction entre une affirmation égoïste de soi et une tendance de vie marquée par des valeurs de disponibilité à l'autre. La tension est telle qu'il y a une ambiance de meurtre.

Il existe au moins deux possibilités pour incarner cette confrontation :

Tout d'abord la personne passe son temps à s'opposer à toute forme de projet ou de relation qui incarne le symbolisme solaire. Toutes les valeurs solaires sont ouvertement critiquées. C'est une façon pour elle d'affirmer son intérêt pour ce type de domaine. Mais son intérêt se manifeste de manière conflictuelle. Peut-être est-ce en établissant un dialogue conflictuel que, progressivement, la personne pourra un peu mieux comprendre et même apprivoiser l'ensemble des activités ou des systèmes de pensées solaires.

Il y a une manière plus vicieuse d'exprimer ce mythe. Toute forme d'activité, de pensée peut avoir une connotation solaire. Ce qui compte ce n'est pas le contenu même de l'activité, mais la manière dont elle est abordée par la personne. Par exemple, on peut utiliser l'astrologie comme un jeu de société ou pour admirer avec ravissement son thème. Tout cela n'a guère de connotation solaire. Au contraire, l'astrologie peut être un tremplin vers une forme de réflexion psychologique ou spirituelle. Dans ce cas on se dirige vers une valeur solaire. L'influence solaire peut donc être retournée de manière négative par une personne. Alors la dimension transpersonnelle est utilisée pour mieux exalter l'individualité. Si par exemple la personne s'engage dans une activité professionnelle concernant les technologies nouvelles, il ne s'agit pas pour elle de se donner à cette cause, mais plutôt d'affirmer un point de vue et une individualité. La personne n'est plus en état de disponibilité à l'égard des nouvelles mentalités ou des nouvelles connaissances. Pour elle, il s'agit plutôt de faire passer à tout prix, et sans nuance, sa conception étroite, parce que trop subjective, de ce que sera demain.

Il y a dans cette version un déséquilibre entre Uranus et le Soleil en faveur d'Uranus. La personne cherche plus à nier son environnement immédiat qu'à exalter un quelconque idéal. Les meilleurs exemples sont ces idéaux politiques ou ces chimères attachées à une personnalité, à une conception très étroite, qui se présente malgré tout comme un modèle d'ouverture et d'évolution : la construction de l'homme de demain ! D'une manière plus simple, on pourrait considérer que le mythe de Pygmalion représente à l'excès le déséquilibre entre le Soleil et Uranus. La personne prétend-elle donner la vie à un être ou seulement donner vie à sa chose ? Il y a un détournement du but initial des valeurs solaires qui crée dans la vie des confrontations entraînant peut-être des adoucissements dans la manière de s'attacher aux valeurs solaires.

Il ne faut pas systématiquement considérer que l'individu est de mauvaise foi. L'engagement uranien est souvent un engagement aveugle qui ne cherche que très peu de références autour de lui. C'est une conviction et cette conviction est portée à son expression ultime. Pour peu que l'individu utilise comme tremplin un idéal, c'est pour lui une manière sublimée ou désintéressée d'exprimer son intransigeance, son intolérance... qui n'apparaissent pas comme telles pour lui. Il lui faudra une confrontation pour qu'il reçoive des informations différentes de ce qu'il croit être la réalité afin de corriger sa route. S'il est attaqué, il considère que ce qui est attaqué ce n'est pas lui mais son idéal. Il s'ensuit alors des attitudes de fermeture et même une accentuation de l'intransigeance. Tout cela prépare une forme de révolte saturnienne qui finit par détrôner Uranus. La crispation est telle que la révolte devra être proportionnellement forte.

Saturne/Soleil

Encore les Titans !

On peut reprendre le mythe évoqué dans la relation Uranus-Soleil, c'est-à-dire le meurtre d'Hélios par des Titans.

Il faut noter que l'antithèse mythologique est moins évidente, puisque les Titans sont les frères de Saturne et que nous nous rapprochons donc d'une génération.

Saturne et l'aveuglement de Dionysos

Lors de ses multiples pérégrinations, Dionysos est poursuivi par le roi Lycurgue. Ce roi réussit à capturer la totalité de l'armée de Dionysos mais le dieu lui-même s'échappe et se réfugie dans la mer. Il se place sous la protection d'une divinité primordiale, l'épouse d'Océan, Thétis. Saturne, furieux de la fuite de Dionysos, aveugle celui-ci. L'épouse de Saturne, Rhéa, voulant venger Dionysos, frappe de folie Lycurgue qui décide alors de tuer son propre fils. Du coup la terre de son royaume devient stérile. Les dieux annoncent alors à son peuple que seul le sacrifice du roi Lycurgue permettra de retrouver la fertilité... et le peuple décide d'écarteler Lycurgue. Les dieux savent parler aux foules.

• **Version harmonieuse :**

Il y a une analogie entre les deux mythes : Hélios est noyé par les frères de Saturne et Dionysos est obligé de se réfugier dans la mer, pourchassé par la colère de Saturne. Dans les deux cas cette phase momentanée d'obscurcissement débouche et sur l'élévation d'Hélios, et sur la victoire finale de Dionysos par l'action de Rhéa contre Lycurgue. Dionysos est de tous les dieux solaires le plus proche du symbolisme lunaire. Il est en quelque sorte la première phase d'ascension vers le Soleil. Non seulement il est en relation avec les symboles féminins ou maritimes, mais la tradition précise que son navire était en forme de lune, ce qui relativise le symbolisme solaire de Dionysos. Il faut toutefois remarquer que le fait de se réfugier sous les eaux avec la protection de Thétis correspond à une première étape de nature pratiquement saturnienne : la personne ressent le besoin de se protéger, de rentrer en elle-même, de méditer. Cela peut se traduire par un aveuglement ou déboucher sur la victoire. En fait, cette étape est une étape du chemin initiatique de Dionysos. Saturne en l'aveuglant ne lui inflige pas une blessure cruelle. Au contraire il accentue la capacité de repli vis-à-vis du monde extérieur. La « disparition » du monde extérieur favorise un ressourcement dans les forces intérieures.

L'épisode est beaucoup plus glorieux avec Hélios puisque celui-ci monte directement au ciel après sa noyade. Avec Hélios nous avons un trajet plus complet qui va de la noyade jusqu'à l'ascension ; avec Dionysos il s'agit « simplement » de la première étape : la noyade baptismale et initiatique.

Ce mythe permet d'être sensible et de participer à des activités ou d'adopter des systèmes de pensée solaires. L'individu éprouve une attirance à soutenir un idéal ou une cause qui lui permette de dépasser les limites de son individualité ou de ses intérêts immédiats. Mais tout cela se fait par un chemin saturnien. Dans les deux mythes on insiste sur la phase saturnienne nécessaire de repli, de noyade, qui est un baptême symbolique. Le sujet va vivre son idéal solaire par la réflexion et la méditation. Cela ne lui retire pas tout moyen d'action, son action repose sur une réflexion qui peut lui demander du temps et le faire apparaître comme un indécis.

L'essentiel de son travail n'est pas ce qu'il entreprend, mais ce qu'il construit à l'intérieur de lui. L'accent est mis sur la transformation de sa psychologie, de ses habitudes de pensée. Le mythe est tout intérieur.

Il utilise sa capacité de réflexion en la mettant au service de ceux qui partagent le même idéal que lui, ou le même projet. Il apparaît comme un élément modérateur. Certains considéreront peut-être qu'il tente d'aveugler ou d'immobiliser les gens par sa volonté d'approfondir les choses. La nécessité de l'« obscurcissement » est difficile à expliquer aux autres.

Tout ceci n'implique pas que la personne dispose de ressources intellectuelles hors du commun. Ce peut être une aptitude à prendre le recul nécessaire. Il ne s'agit pas de s'engager à la légère mais de soumettre l'action à un plan qui a déjà été pensé.

Abordons maintenant l'espace relationnel : la personne cherche à vivre dans son environnement une qualité relationnelle telle qu'elle lui permette de dépasser ses limites individuelles et d'incarner ses valeurs. Il s'agit d'un ensemble d'idées ou d'objectifs au quotidien auquel la personne croit. Par Soleil-Saturne, elle dispose d'une personnalité suffisamment forte pour s'imposer une discipline qui lui permette de rester fidèle à ses principes. De la même manière, la personne est capable d'organiser son environnement afin que celui-ci la soutienne dans son effort de travail intérieur. Qu'il s'agisse de principes religieux, spirituels, philosophiques, politiques, ou la volonté d'incarner une certaine « sagesse », tout cela tend bien vers un idéal solaire.

Concrètement, l'individu apparaît solide mais peu enthousiaste. La période d'aveuglement, l'épisode qui oblige Dionysos à se réfugier dans les eaux de Thétis, n'est pas un épisode glorieux. Il peut être superficiellement interprété par l'environnement comme un échec définitif. En fait, la personne a besoin de certitude, de temps. Elle ne joue pas sur des actions ponctuelles mais désire au contraire avoir une perspective plus lointaine. Pour elle les engagements immédiats et peu réfléchis sont une véritable menace. Dionysos est incapable d'affronter directement Lycurgue, il a besoin d'une période de retrait. Saturne propose ce retour sur soi.

L'individu ressent le besoin d'une communauté de pensée autour de lui et cherche à rencontrer des personnes capables de partager à ce niveau. C'est justement dans ce partage que peut se vivre l'idéal solaire d'une dimension transpersonnelle. La personne n'a pas envie d'assumer un travail intérieur isolé, mais, grâce à l'intervention du Soleil, la finalité de sa recherche implique la recherche en commun.

Parfois c'est la réflexion qui prévaut. L'individu sert son idéal par sa pensée. Le dialogue est alors beaucoup plus réduit. Nous sommes dans la phase d'obscurcissement soit d'Hélios, soit plus encore de Dionysos. En fait, puisque l'accent est mis sur le travail intérieur, nous sommes à la frontière des symbolismes lunaire et solaire. Il est vraisemblable que lorsque Dionysos se réfugie dans les eaux de Thétis, donc qu'il revient sous la protection d'une divinité primordiale, l'épouse d'Océan, il fait un retour en arrière qui le rapproche plus des divinités lunaires que des dieux solaires... mais c'est pour mieux conquérir le Soleil.

On peut imaginer une personne qui se consacre essentiellement à des études ou à des recherches. Elle prépare donc des fondations non seulement pour sa propre action mais aussi pour l'action des autres. Dans ce travail préparatoire où Dionysos disparaît dans les eaux, la tentation peut être de revenir en arrière et de transformer le dieu Saturne en un dieu avaleur. Si la frontière est claire pour l'individu, elle ne le sera pas toujours pour l'environnement. Il faudra faire un effort d'explication, effort difficile pour Dionysos tout engagé dans sa « fuite ».

• **Version disharmonieuse :**

Ici nous sommes soit dans la période de noyade d'Hélios soit dans la période où Dionysos effectue une retraite stratégique. Dans cette version disharmonieuse, ce qui prime est l'action aveuglante de Saturne ou l'action meurtrière des Titans.

La personne peut reprendre un certain nombre de tendances présentées dans la version harmonieuse. Mais la tentation de repli est plus forte. Ce qui est en cause ici n'est pas l'absence d'action, mais le fait que, par un excès de repli, la personne risque de perdre le contact avec son idéal. Dans ce cas sa réflexion, ou son travail intérieur, devient seulement une activité individuelle qui n'a plus grand-chose de solaire.

Concrètement, dans ses relations avec les gens, la personne est moins tentée de communiquer. Il y a un retrait qui l'amène à vivre pour elle-même et par elle-même son idéal ou ses principes. Cela peut provoquer des conflits affectifs avec des amis ou avec un partenaire par le simple fait que la personne ne cherche pas à s'expliquer ni à partager. Il y a au contraire un isolement soutenu par le fait que l'individu est convaincu... de ne pas être isolé.

Imaginons une personne qui se passionne pour des problèmes

sociaux. Étant donné qu'il s'agit de problèmes collectifs, la personne considère que sa réflexion, ses recherches, ses lectures, ou ses activités telles qu'aller assister à des réunions, sont dirigées par une volonté de partage. Mais ceci peut l'amener à négliger son environnement immédiat. La personne s'isole de sa famille et n'établit de relations qu'avec des amis qui partagent ses préoccupations. Mais dans ce cas, la notion d'ami n'existe pas vraiment. C'est plutôt une forme d'abstraction. L'ami n'existe que par les préoccupations qu'il a en commun avec l'individu. Nous avons donc bien un individu qui, intérieurement, a un engagement important dans un projet concernant les autres, mais chez qui ce projet n'est que peu vécu extérieurement. Cela crée des conflits ou des frustrations dans son environnement. Tout cela correspond à la phase où Dionysos se réfugie dans le royaume de Thétis, mais cette fois-ci, il cherche à y rester et non à continuer son cheminement initiatique.

Il y a une utilisation viciée du symbolisme solaire. Celui-ci devient un prétexte pour conforter les défauts de Saturne.

On peut imaginer une version plus simple qui correspondrait au meurtre des Titans : la personne se replie totalement sur elle et trouve inadmissible ou exécrable tout comportement ou système de pensée qui met l'accent sur des notions de partage ou qui reflète un intérêt collectif. Cette attitude critique peut servir de camouflage à une véritable crainte.

Mais des situations de confrontations nécessaires peuvent se présenter. Peut-être ces situations se créeront-elles par des rencontres ou des engagements à assumer. La personne est alors obligée de sortir d'elle-même pour se confronter à une situation d'inspiration solaire, « transpersonnelle ». Quels que soient les modes d'expression, spirituels, psychologiques ou sociaux, la personne éprouve une paresse intérieure. Elle trouve facilement des excuses pour maintenir son attitude de repli. Il s'agit bien de noyer le Soleil et de lui maintenir la tête sous l'eau. Saturne est le Dieu avaleur qui ne veut plus relâcher sa proie.

L'individu peut également adopter une autre attitude de camouflage : il aime à parler ou à réfléchir sur des questions de type solarien, parler de grandes idées ou d'idéaux. C'est une forme d'adaptation sociale qui préserve une certaine image de marque mais n'engage pas profondément. Il exerce de manière superficielle ses qualités saturniennes. Les deux divinités pâtissent de cette attitude.

C'est la colère de Saturne qui renforce l'isolement de Dionysos en l'aveuglant. Mais peut-être, par ce renforcement d'aveuglement – il est aveugle, et en plus il est sous les eaux –, Dionysos sera-t-il plus sensible à la détresse de sa situation et pourra-t-il préparer son retour. La confrontation à des activités ou à des personnes reflétant le symbolisme solaire peut intensifier l'attitude de repli et créer une impasse rapidement insoutenable.

Pluton/Soleil

L'enlèvement de Proserpine

Pluton participe à peu de mythes. Il passe la presque totalité de son temps dans les Enfers et n'intervient que rarement dans les affaires de l'Olympe.

Le mythe de Proserpine est l'une de ses rares apparitions. Quand Pluton veut entraîner Proserpine dans les Enfers, elle pousse un grand cri. C'est ce cri qu'entend sa mère Cérès. Mais il est déjà trop tard et Cérès erre durant neuf jours et neuf nuits. Elle rencontre Hécate mais celle-ci, tout comme Cérès, n'a entendu que le cri et n'a pu identifier le ravisseur car son visage était entouré d'ombre.

Seul le Soleil, Hélios, a pu identifier le ravisseur et l'a révélé à Cérès. Il était le seul à avoir pu transpercer l'ombre de Pluton.

La descente aux Enfers de Dionysos

A la fin de son périple initiatique, Dionysos décide de reprendre aux Enfers sa mère Sémélé. Dans certaines versions on identifie Sémélé à la Lune Séléné. La naissance de Dionysos a provoqué la mort de Sémélé. En descendant aux Enfers afin d'y reprendre Sémélé, Dionysos est une fois de plus à la lisière des divinités lunaires et solaires. Par ce dernier acte, Dionysos achève la totalité de son périple et va pouvoir définitivement obtenir son statut de dieu.

Cette descente aux Enfers, ces retrouvailles avec sa mère, c'est le dieu qui récupère ainsi la totalité de son être, qui assume tout son passé et ne laisse derrière lui aucune trace, aucun problème non résolu. En descendant dans les Enfers, Dionysos accepte non seulement d'affronter son passé mais également ses frayeurs ultimes. Cette volonté de délivrer Sémélé ne se traduit pas par un combat. Dionysos se contente de faire un cadeau de myrte à Proserpine. Une fois libérée, Sémélé remonte avec son fils, mais change son nom afin de ne pas créer de peine ou de jalousie parmi les ombres. Ce changement de nom est un rituel : étant donné que l'on a transformé son être dans les Enfers, il est normal de changer de nom car traditionnellement le nom désigne l'être.

Le défi d'Esculape

Esculape était le fils d'Apollon et avait de grands pouvoirs de guérisseur. Un jour, emporté par son zèle professionnel, il décide de ressusciter Hippolyte sans la permission des dieux. C'est une manière de voler son travail à Pluton, qui se plaint à Jupiter. Pour le punir, Jupiter foudroie Esculape. Apollon ne se révolte pas directement contre Jupiter, mais tue les Cyclopes qui ont forgé la foudre.

• Version harmonieuse :

Nous sommes en face d'une association de dieux qui ne peut que difficilement trouver des implications concrètes dans le vécu extérieur. Il va plutôt s'agir de créer une sensibilité.

Il est normal que le Soleil soit capable de percer l'ombre de Pluton. L'âme qui descend aux Enfers ne perd pas le contact avec l'esprit. Bien au contraire, elle se spiritualise en abandonnant son corps ; en n'étant plus attachée exclusivement à son incarnation, elle dispose d'une vue plus surplombante sur elle-même. C'est peut-être d'ailleurs pour cela que certaines âmes, au sortir des Enfers, passent l'étape d'Hécate puis vont jusqu'au Soleil. C'était dans les traditions l'aboutissement de l'initiation.

Dionysos lui-même en délivrant sa mère ne fait que parachever son périple initiatique. Il ne s'agit en aucun cas de lutter contre Pluton, ce qu'il montre par son cadeau à Proserpine et le changement de nom de sa mère.

Au contraire, avec Esculape existe un conflit, dans la mesure où celui-ci court-circuite l'œuvre de Pluton, sans qu'il y ait volonté initiatique marquée par quelque élément que ce soit. Apollon d'ailleurs ne se révolte ni contre Pluton ni contre Jupiter.

L'association d'un dieu solaire et du dieu de la mort ne peut conduire qu'à une certaine distance avec l'incarnation et les péripéties de la vie. Esculape va peut-être trop loin dans cette distance : il faut quand même accepter le cycle de la mort et de la renaissance. Ce couple planétaire conduit l'individu à vivre, pendant son incarnation, une descente aux Enfers qui lui révèle une « part d'esprit ». La personne est moins impliquée dans son incarnation. Sa prise de distance, qui n'est pas un plan calculé mais plutôt une distance spontanée, l'amène à rester fidèle à certaines aspirations intérieures. La personne n'est pas noyée dans les contingences de la vie. La spiritualisation ou l'intérêt pour des valeurs solaires permettent les bonnes relations avec Pluton, dieu de la « mort » et de la désincarnation.

C'est comme si la personne, tout en vivant une vie normale, restait motivée au plus profond d'elle par d'autres aspirations presque informulables.

La personne ne se laisse pas entraîner par le rythme de la vie extérieure. Il y a une partie d'elle-même qui reste « en dehors », « désincarnée ». Dans cette version harmonieuse la personne n'est pas gênée par cette impression, elle réussit à la gérer pour que cela n'interfère pas dans sa vie. La personne préserve une partie d'elle-même. Cette partie est en rupture de logique avec ce qu'elle vit. c'est un jardin secret où se déroule une alchimie mystérieuse mais nécessaire, se manifestant parfois dans la vie par des comportements contradictoires.

Dans le monde de l'incarnation la personne conserve le sens de la relativité des choses, ceci ne la conduit nullement à des attitudes de découragement et encore moins à des attitudes morbides, car elle est ici soutenue par la motivation intérieure du Soleil. Il communique un enthousiasme, une volonté d'aller plus loin, de pousser en avant des projets, ou de vivre intensément les événements de la vie en leur donnant un sens plus profond.

Tout cela peut apparaître incompréhensible ou en rupture de logique. Si la personne garde ses distances d'avec son incarnation, d'avec les contingences de la vie, c'est peut-être parce qu'au hasard des rencontres et des situations qu'elle vit elle est amenée à renouer certains liens avec des vies précédentes ou, en termes psychologiques, à ranimer des impulsions inconscientes. Elle vit comme sur deux plans sa vie et ses autres « attaches ». D'une manière plus simple, on peut imaginer que la personne aura au cours de sa vie des tournants, des étapes transformantes, l'amenant à changer radicalement l'orientation de sa vie. Ce qui apparaîtra comme rupture de logique sera en fait une cohérence secrète.

Prenons une personne qui fait de la gymnastique. Chaque exercice est bien spécifique. Quand elle passe d'un exercice à l'autre cela ne signifie pas qu'elle a changé d'avis; mais simplement qu'elle a décidé de développer globalement son corps, ce qui l'oblige à pratiquer des exercices différents. De la même façon, si au cours de son existence une personne est amenée à s'engager dans des projets qui apparaissent contradictoires, cela n'implique pas que la personne est instable, mais qu'il existe un besoin intérieur de se développer globalement.

L'interprétation ne serait pas aussi positive si la personne passait avec incohérence d'un projet à un autre sans réalisation intérieure. Parfois la réalisation concrète n'est pas la chose la plus importante, mais c'est plutôt l'expérience intérieure de la situation. Certaines personnes passent d'un projet à un autre et semblent ne rien retenir de leurs expériences. D'autres, au contraire, ne recherchent pas un aboutissement matériel, mais une série d'expériences qui leur permet de se bâtir une personnalité. Il faut un certain courage pour assumer cette incohérence, mais un héros a toujours du courage.

• Version disharmonieuse :

Nous sommes dans un schéma d'égarement. On rejoint le mythe d'Esculape. La personne cherche à bien faire mais ne réussit pas instinctivement à trouver la bonne attitude ou la bonne stratégie. Ce qui était dans la version harmonieuse vue surplombante, attitude de distance à l'égard de l'incarnation ou des péripéties de la vie, devient ici volonté d'échapper aux contraintes sans qu'il y ait en contre-partie une attitude positive. La personne ne se sent pas toujours impliquée dans ce qu'elle fait ou dans ce qu'elle vit. Il lui manque la lumière du Soleil. C'est comme si Dionysos refusait de parachever son périple initiatique : il lui manque quelque chose pour accéder à l'Olympe.

Concrètement, l'individu peut souffrir d'une défaillance dans sa motivation, dans le plan directeur de sa vie ; l'enthousiasme, la volonté d'évolution et d'apprendre certaines choses ne sont pas toujours très évidents. Il peut s'agir d'inspiration intermittente, mais nous savons qu'avec Dionysos, à ce stade du mythe, nous sommes plus proches du symbolisme lunaire que du symbolisme solaire. La personne a donc toutes les peines du monde à faire de son Dionysos un dieu solaire. Elle reste encore attachée à l'individualité et se fourvoie aisément dans de pseudo-idéaux ou de grandes idées. Ses motivations manquent de force et ne sont pas pour elle un guide sûr.

Mais surtout, avec Esculape, c'est comme si l'individu voulait garder une parfaite maîtrise du changement, comme s'il voulait que les choses changent sans véritablement changer. Esculape, avec les meilleures intentions du monde, propose de court-circuiter le chemin des Enfers. Ce n'est peut-être pas pour Hippolyte le meilleur moyen d'évoluer. Concrètement l'individu ne gère pas bien les changements de situation qui lui sont proposés. Dans certains cas même, c'est comme s'il courait après les événements ou comme s'il était à contretemps. Non seulement il n'apparaît pas impliqué dans ce qu'il fait, mais son incohérence apparente cache une incohérence secrète. C'est le Soleil qui manque pour donner plus de conscience à l'individu. Celui-ci se débat dans l'ombre de Pluton pour apercevoir quelques rayons ou idées solaires qui le guideraient.

Précédemment nous prenions le cas d'une personne qui fréquemment change d'activité ou de projet. Après tout, si ces projets sont sanctionnés par une réussite extérieure ou intérieure, on peut considérer qu'elle parvient à vivre pleinement sa vie. Ce qui lui sert de guide directeur est la motivation supérieure de s'enseigner et d'évoluer, représentée par le Soleil. Ici la personne ne fait pas preuve d'une même constance. Ces changements, ces ruptures risquent plutôt d'être des fuites, des égarements. La personne ne sait pas tirer les bonnes leçons des différentes activités auxquelles elle s'adonne. Il y a un manque de « sérieux spirituel ». Elle passe d'un projet à l'autre et manque d'un schéma directeur. Ces changements apparaissent comme des démissions, une incapacité à mener avec ténacité un projet quelconque. Non seulement elle n'obtient pas de réalisation extérieure, mais ses résultats intérieurs sont minimes.

La personne est ballottée par les événements et parfois découragée. Elle n'est pas en mesure de discerner les enseignements et de dégager les stratégies. Tout cela vient plutôt par à-coups, et par conséquent est plus difficile à vivre. Elle peut même se cabrer devant tous ces changements et faire appel à Esculape en tentant de ne pas changer, ce qui bien entendu intensifie le conflit intérieur. Plus la personne résiste, plus elle se fragilise.

Un tel mythe amène la personne à se marginaliser. Mais cette marginalisation ne peut être une fin en soi. Ce n'est qu'une solution toute transitoire... que le héros devra accepter de faire périr. Il devra pour cela se réconcilier avec Pluton.

Il est difficile, voire impossible, de se soustraire aux impératifs plutoniens. Dans la mythologie Pluton apparaît peu mais il est toujours là et capable de rappeler ses droits aussi bien dans l'épisode de Proserpine que dans celui d'Esculape. De la même manière, si le héros oublie ces « exigences » plutoniennes, il risque d'avoir à affronter dans sa vie des événements ou des rencontres qui seront autant de rappels de ces exigences. Il est même possible que ces rappels prennent la forme d'événements déconcertants qui se jouent de toutes les préparations qu'avait pu mettre au point le héros pour se soustraire à ces appels intérieurs.

Neptune/Soleil

Le mythe de Latone

Latone était la fille d'un Titan ou, dans certaines versions, la fille de Saturne lui-même. Selon Homère, elle fut aimée de Jupiter. Junon la persécutait et la poursuivait sans cesse. Latone était sur le point d'enfanter quand Neptune intervint, faisant surgir de la mer, d'un coup de trident, l'île de Delos. Dans d'autres versions cette île existe déjà, mais Neptune intervient pour la stabiliser. C'est donc dans cette île que Latone put donner naissance à Apollon et à Diane. Depuis la déesse Latone préside aux enfantements.

La bataille de Troie

Apollon assiste Neptune pour construire les murailles de Troie. Mais les Troyens sont ingrats et ne donnent pas le salaire qui avait été convenu. Apollon décide alors de frapper la totalité de la population de la peste.

Dans le chant 21 de *L'Iliade,* Homère montre un différend qui oppose Apollon à Neptune. Malgré les incitations multiples des dieux, Apollon se refuse obstinément à combattre son oncle.

Dionysos et Neptune

En fait, il n'y a pas de relation directe entre ces deux divinités. Simplement il semble intéressant de mettre l'accent sur les rituels dionysiaques. Ceux-ci, selon Graves, utilisaient sans doute des champignons sacrés. Ces rituels permettaient d'accéder à des niveaux de conscience différents et faisaient apparaître la personne comme momentanément folle et décalée par rapport à tout conditionnement social. Ce dieu solaire si proche du symbolisme lunaire prend donc appui sur les bases mêmes de notre humanité : notre corps. C'est à partir de ces substances sacrées que les rituels dionysiaques tentaient de faire participer l'homme aux différents plans de la réalité.

• Version harmonieuse :

Il y a donc de bonnes relations entre ces deux divinités : Neptune représente les niveaux les plus subtils de la réalité et de la conscience. Si une personne se cantonne dans le monde visible et matériel, il est peu probable qu'elle soit sensible aux sollicitations de l'évolution et donc du Soleil. Au contraire, si une personne a une sensibilité intérieure, qu'il s'agisse d'intuition, de sentiments spirituels ou d'expériences « transpersonnelles », elle communique naturellement avec son Soleil intérieur.

À défaut d'avoir accès à des expériences transpersonnelles ou mystiques, la personne, par l'intermédiaire de ses rêves ou par une forme de réflexion ou d'intuition symbolique, réalise son Soleil au travers d'activités. Cette réalisation peut s'exprimer par une recherche constante de soi au travers de domaines variés.

D'autres fois, ce sont des événements qui vont révéler à la personne l'existence d'autres « dimensions », d'autres points de vue, et lui permettre de mieux comprendre sa vie. Il ne s'agit pas de fuir la vie présente, mais au contraire de la comprendre plus en profondeur pour la vivre encore plus pleinement.

Notre culture étant basée sur la perspective scientifique, elle tend à cloisonner la totalité de notre vie dans la dimension matérielle. Nous devenons ainsi des amputés de toutes les autres dimensions de l'existence humaine.

• **Version disharmonieuse :**

Ici la personne cherche à fuir les déconvenues ou les épreuves que lui impose son existence. Ce n'est pas simplement la fuite dans le rêve, c'est également la volonté de se protéger de tout engagement social ou responsabilité.

Une comparaison intéressante peut être donnée avec les rituels dionysiaques, mais aussi avec des expériences plus modernes :

Dans les années 60 une certaine mode de la drogue psychédélique a déferlé sur l'Occident. Ces drogues psychédéliques, c'est-à-dire permettant d'ouvrir l'esprit, étaient soit des éléments de synthèse comme le LSD, soit des éléments traditionnels comme les champignons sacrés mexicains, le peyotl ou le cannabis. Pour la plupart des gens, il s'agissait avant tout de « défonce », n'ayant qu'une vertu récréative. Ce serait la première phase des rituels dionysiaques. Sauf que dans ce cas la personne ne s'enivre pas de l'ambroisie de Dionysos mais devient complètement saoule...

L'individu ne cherche pas un éclairage mais au contraire un véritable obscurcissement au sens négatif. Cela ne l'incite pas nécessairement à utiliser des drogues interdites mais des drogues légales comme peuvent l'être l'alcool ou la télévision. Dans d'autres cas, la personne cherche à se réfugier dans des formes de pensée qui la démobilisent progressivement de ses engagements, de sa vie. Elle ne cherche pas à conquérir de nouvelles réalités mais à se débarrasser de la réalité qu'elle vit et qui lui semble trop pesante.

Une autre possibilité consiste à vicier l'interprétation du symbole solaire. La personne ne se consacre pas à un idéal, mais se prend elle-même pour idéal. Tous ses efforts, sa vie intérieure et ses expériences sont centrés sur elle et exclusivement sur elle. Il s'agit avant toute chose de se justifier, de s'intéresser à soi, il n'y a pas de réelle ouverture même si le vocabulaire de l'individu tend à faire croire le contraire. Ainsi de nombreuses personnes se passionnent pour l'occultisme dans la mesure où, à moindres frais, elles peuvent apparaître comme de grands initiés, même si parallèlement elles sont inaptes à assumer une vie quotidienne.

Par exemple, dans une relation affective, la personne tend à sublimer l'autre, mais ici c'est une manière de ne pas lui accorder une existence concrète. Au nom d'un idéal pseudo-solarien, la personne ne s'engage pas dans une relation affective concrète et se contente d'une vie affective dégagée de tout engagement réel. Là encore, c'est une façon d'esquiver ce qui peut poser problème. Elle peut vouloir court-circuiter les obstacles du quotidien en affirmant que seuls les obstacles surnaturels l'intéressent vraiment...

La personne, à défaut d'être éclairée, devient « illuminée » au sens négatif. Elle s'envole vers les hauteurs ou vers des régions inconnues et perd tout contact avec le monde quotidien. Or, pour une âme incarnée, le travail se fait principalement dans l'incarnation, et l'éclairage venant d'autres dimensions est là pour permettre à l'âme de mieux travailler ici-bas. Le but de Neptune est de stabiliser l'île de Delos afin de favoriser l'émergence de l'âme, puis de l'esprit. Neptune sait tellement bien se discipliner que même lui qui est appelé « l'Ébranleur du sol » collabore avec Apollon pour bâtir... des murailles.

Si l'on oublie de payer un tribut à Apollon et à Neptune, il est à craindre non pas la peste mais des désorganisations mentales ou événementielles qui finissent par faire échouer la personne, même momentanément, sur tous les plans de la réalité !

Il faut dépasser les limites de la saoulerie pour accéder à l'ivresse. Comment peut-on refuser un tel programme ?

Mars/Soleil

Forces et faiblesses de Mars

Durant les bagarres mythologiques, Mars y allait de si bon cœur qu'il en devenait totalement inopérant : non seulement il devenait aveugle, mais il perdait aussi son sens de l'équilibre. Ceci est gênant pour le dieu de la guerre. Mais c'était une façon comme une autre de lui rappeler que la véritable force ne pouvait pas être résumée à sa seule individualité. Dans ce cas Apollon lui apportait sa vue étincelante, celle qui le faisait surnommer « Celui qui voit loin », et Dionysos, le dieu de l'ivresse mystique, lui apportait son sens de l'équilibre.

• **Version harmonieuse :**

L'interprétation concerne l'assistance des dieux solaires auprès de Mars.

Il ne suffit pas d'avoir de la volonté ou une force énergique d'engagement pour réussir. Il faut, dans certains cas, un minimum de recul, de sens stratégique pour obtenir satisfaction. Une force brutale livrée à elle-même peut rapidement s'affaiblir et se retourner contre la personne qui en fait usage. En fait Mars représente une fonction importante pour l'individualité, à condition que cette fonction ne cherche pas en elle-même sa propre finalité. Mars représente pour l'incarnation la volonté d'entreprise, le goût de l'initiative et la capacité de décision, et non pas simplement les combats contre les autres. Mais l'énergie doit être dépensée ou canalisée avec un sens stratégique. Au-delà même de cette notion de stratégie, il s'agit que l'individu soit suffisamment inspiré pour se donner des objectifs évolutifs. Prenons tout de suite un exemple concret :

Notre culture a ses mythes modernes : nous avons par exemple le mythe du cadre d'entreprise qui s'engage avec force et détermination dans son emploi et qui, vers l'âge de quarante ans, s'aperçoit qu'il n'est pas heureux malgré toute l'énergie qu'il a dépensée à bâtir sa carrière. Cette réalisation professionnelle n'est pas satisfaisante en soi. Il est à parier que le cadre en question est devenu aveugle et a perdu quelque peu son équilibre. Dans ce cas-là, notre mythologie moderne a trouvé une solution : elle le remplace par un cadre plus jeune qui ne demande qu'à devenir aveugle et à perdre son sens de l'équilibre...

Les travaux de Grof sur l'accession à des états de conscience différents semblent montrer comment certaines personnes ont investi leur vie d'une manière tout à fait aveugle et ne pouvaient en prendre conscience qu'en accédant à un éclairage plus qualitatif. C'est l'apport des dieux solaires. Grof donne certains exemples dans son ouvrage : *La Rencontre de l'homme avec la mort*.

Un rapport harmonieux entre Mars et le Soleil peut amener Mars à sublimer sa mission : réussir à se faire une guerre à soi-même contre ses mauvaises habitudes, contre certains penchants qu'on a du mal à maîtriser. La personne est alors capable, sans excès, de s'imposer une discipline, afin de mieux diriger sa vie. L'énergie martienne doit savoir s'appliquer à elle-même.

Les Anciens considéraient que Mars présidait aux assemblées, qu'il représentait le glaive de justice. Avec l'apport d'Apollon et de Dionysos, l'individu a un esprit de décision qui ne repose pas exclusivement sur les rapports de force. Il cherche à faire régner la justice tout en assumant ses responsabilités.

• Version disharmonieuse :

Dans ce cas, Mars refuse l'aide d'Apollon et de Dionysos. C'est la guerre pour la guerre. La mythologie nous montre que Mars, lorsqu'il affronte ses adversaires, est souvent blessé.

Concrètement l'individu croit à la vertu de l'action pour l'action. Il ne réfléchit pas et peut-être même que la simple notion de planification l'angoisse. Il cherche à se saouler non pas avec l'ambroisie de Dionysos, mais avec le propre tourbillon de son action.

Gagnant ou gagneur ?

La psychologie moderne fait la différence entre le gagnant qui cherche à réaliser positivement des projets en collaboration avec son environnement, et le gagneur qui cherche à réaliser ses projets en confrontation avec son environnement. Le gagnant gagne avec les gens, le gagneur gagne contre les gens. Le gagneur considère d'ailleurs que cette perspective est la seule possible. Nous retrouvons bien ici la notion d'un Mars qui refuse l'assistance d'un éclairage supérieur.

En fait la volonté s'exalte pour elle-même. On se rapproche du surhomme nietzschéen. C'est comme si la personne cherchait, indépendamment des dieux solaires, une lumière en elle-même. Elle se ferme donc à toute inspiration extérieure, à toute remise en cause. Il n'existe que la volonté d'aller de l'avant, et il est à craindre que les batteries s'usent rapidement. Les initiatives se font alors sur des coups de tête, les décisions reposent sur une vision très étriquée des situations. C'est donc non seulement son action mais également son jugement qui sont ici affectés. Dionysos n'apporte plus le sens de l'équilibre. En se privant de l'ivresse dionysiaque, Mars devient complètement saoul.

Vénus/Soleil

Le Soleil mouchard

Il n'y a pas de mythe majeur entre Vénus et un dieu solaire. La seule fois où un dieu solaire intervient, Hélios, c'est dans le fameux épisode de Vulcain. En effet, c'est Hélios qui surprend le couple adultère et décide de prévenir Vulcain. Sans son intervention, c'est l'ensemble du mythe qui n'aurait pu se dérouler.

Cupidon

C'est un mythe où il n'y a pas d'intervention de dieu solaire. Vénus et Mars réussissent à consommer l'adultère: c'est le mythe de Cupidon. Ici nous sommes un peu dans l'envers du mythe de Vulcain. Le couple n'est pas pris au piège et ne peut donc pas participer à un processus d'évolution, il est livré à lui-même.

Cupidon est le fils de Mars et de Vénus. En le voyant, Jupiter comprend tous les maux que le charmant enfant va occasionner aux humains. Vénus décide de le cacher dans un bois. Il se fabrique alors un arc et s'amuse à tirer sur les pauvres bêtes qui l'environnent, histoire de « se faire la main » avant d'envoyer ses flèches sur les humains.

Cupidon représente une cinquième génération divine plus proche des hommes. Ce charmant garçon symbolise les désastres que peut occasionner une union déséquilibrée de Mars et Vénus, c'est-à-dire cette fois-ci sans intervention de la lumière intérieure du Soleil.

• Version harmonieuse :

C'est grâce à cet horrible mouchard de Phoebus que le potentiel vénusien s'unit au potentiel martien via Vulcain, change de nature et est fixé et sublimé.

Dans l'interprétation cela signifie que la déesse Vénus, si difficile à maîtriser comme nous l'avons vu dans la présentation de sa mythologie générale, est éclairée par le haut. Il ne s'agit plus d'un amour possessif. La personne est en mesure de donner à la notion d'amour un contenu plus vaste, plus spirituel. C'est un amour qui donne, un amour qui n'est pas un système de protection ou de justification. L'association de Vénus, l'amour très humain, et du Soleil, l'amour spirituel, donne un fondement solide à la personnalité. Peut-être est-ce donc par prudence que les dieux ont décidé que dans le zodiaque Vénus ne s'éloignerait jamais de plus de 48 degrés du Soleil.

L'amour apparaît désintéressé. Ce n'est pas simplement un désir de possession ou une recherche de plaisir purement personnel. Il y a au travers de cette union la volonté de communiquer encore bien plus profondément que ne le permettrait la fonction mercurienne. Cette association heureuse enrichit tous les aspects de la personnalité. L'amour a été utilisé comme support dans de nombreux exercices spirituels. C'est un facteur de compréhension, de dialogue et de développement personnel.

Ici on dépasse la notion d'amour telle que nous la comprenons. C'est la reconnaissance immédiate que chaque personne est liée à toutes les autres. C'est la reconnaissance d'une forme de communion qui n'est pas simplement désirée, mais fait partie intégrante de la psyché humaine. Par ce mythe harmonieux, la personne reconnaît que l'autre est bien plus proche d'elle qu'elle ne le pensait, et elle s'en réjouit.

• Version disharmonieuse :

Ce serait le Soleil qui ne préviendrait pas Vulcain, et on aboutit à la naissance de Cupidon qui est comme un produit « vicié » de l'association Soleil-Vénus.

Ici la personne cherche constamment à s'aimer elle-même, à défendre ses possessions, ses idées ou à vouloir soutirer de l'amour aux autres sans jamais en échanger. Il y a un refus ou un blocage de toutes les valeurs solariennes. On comprend d'ailleurs que, prévoyant de mauvaises retombées, Jupiter tente de s'opposer à Cupidon que Vénus est obligée de cacher dans un lieu sauvage, un bois. Dans d'autres cas les valeurs solariennes ne sont pas bloquées mais exprimées de manière biaisée : on prétend se consacrer à un idéal, ou on sublime un amour, pour finalement ne pas avoir a affronter la réalité concrète de celui-ci.

Il est vrai que l'amour est une fonction tellement difficile à assumer que certains d'entre nous ont tendance à rechercher des faux-fuyants. Mais un problème se pose : tout le monde est censé avoir de l'amour et être même pour ! Une personne peut très bien reconnaître qu'elle n'est pas intelligente, ou encore qu'elle manque de volonté. Par contre, il est plus difficile d'affirmer : « Moi, de toute façon, je n'ai pas d'amour et je ne veux pas en donner aux autres ! » Dans ce cas il va falloir biaiser les valeurs solariennes, se réfugier dans un pseudo-idéal ou une version pseudo-idéalisante de l'autre afin de ne pas donner d'amour. Ceci nous ramène un peu en arrière, à un moment où la morale chrétienne ne cessait de mettre en avant le mot amour mais montrait un visage d'intolérance et de sévérité dans le vécu quotidien. Dans les premiers siècles les chrétiens prenaient comme symbole du Christ le Soleil lui-même.

Donc, dans la relation disharmonieuse Vénus-Soleil, ce n'est pas tant le rejet de l'amour qui est difficile à assumer pour une personne qu'une façon d'exprimer son attachement à ce sentiment tout en réussissant à pratiquer le contraire.

La dimension solaire est une nécessité pour Vénus. La rejeter c'est provoquer chez l'individu un malaise profond. C'est un divorce contre nature... peut-être pour mieux susciter l'envie d'un mariage renouvelé.

Mercure/Soleil

L'initiation mutuelle

C'est à Apollon que fait penser immédiatement l'association à Mercure. Mercure donne à Apollon une lyre à sept cordes, symbole d'harmonie. Ces sept cordes correspondent aux sept voyelles sacrées ayant à la fois des vertus thérapeutiques et mystiques. C'est une manière de symboliser les différents échelons qui mènent à l'Esprit. En échange, Apollon enseigne à Mercure le don de lecture des symboles, c'est-à-dire la divination. La divination consiste à lire par l'intermédiaire des symboles les desseins des dieux.

Mercure réussit à obtenir sa place dans l'Olympe après une « tractation » avec l'épisode des parts du sacrifice des vaches. C'est un dieu qui aime accompagner les hommes, il lui faut conquérir sa position dans l'Olympe, tout comme les hommes doivent « conquérir » leur esprit. Apollon, dont la divinité est évidente, tombe en disgrâce, et doit passer un certain temps sur la terre à garder des troupeaux. Ce n'est qu'ensuite qu'il pourra reconquérir sa position dans le ciel. Mais cette garde de troupeau lui vaudra un épisode célèbre avec Mercure : celui du vol des vaches permettant l'ascension de Mercure.

Il y a toujours une entraide entre ces deux dieux pour leur évolution. La descente d'Apollon sur terre ne doit pas être considérée comme une punition ; il s'agit d'une capacité pour l'esprit d'être « happé» par l'homme, plus précisément par l'intermédiaire de ses fonctions mercuriennes, et de permettre à cet homme de se hisser à son tour au ciel. C'est l'âme qui s'ouvre à l'esprit.

L'épisode du troupeau

Cet épisode du troupeau est un épisode essentiel dans les relations entre Apollon et Mercure. Il est intéressant de voir comment Mercure réussit à le négocier, car il symbolise les efforts de l'homme pour se hisser au niveau d'Apollon, de l'Esprit.

Mercure vole à Apollon la moitié de son troupeau. Comme on peut le constater, ce n'est pas un être possessif, il a le sens du partage. Mais plus encore que le vol lui-même, l'important est que Mercure fait se déplacer le troupeau : on passe de régions divines réservées à Apollon aux terres très humaines où l'entraîne Mercure. Cette transhumance est bien plus qu'un simple déplacement géographique (et donc horizontal) : c'est un déplacement vertical de l'Esprit vers l'homme. Le troupeau peut alors vivre et même se multiplier. On passe d'Apollon à Mercure, de l'immortalité au mouvement.

Plusieurs fois Mercure revendique une place à l'Olympe. Ainsi, lors d'un précédent, il avait déjà menacé de piller tous les trésors du temple d'Apollon à Delphes.

Une fois que Mercure a pris possession de son troupeau, il décide de sacrifier deux vaches. Mais il a le souci et l'ingéniosité de ne pas respecter les règles. Mercure est le mélangeur de règles et c'est ce mélange qui lui permet d'être le dieu du passage. Plus précisément concernant ces deux vaches, il mélange les parts réservées aux dieux et aux prêtres d'un côté, et celles réservées aux hommes d'un autre. D'ordinaire, il y avait un distinguo très net. En fait, Mercure marque d'une manière particulière les parts divines, mais fait semblant de les confondre avec les autres. Il s'apprête alors à les consommer comme si elles n'étaient que des parts humaines. C'est ainsi qu'il désire le plus possible se rapprocher des dieux non par un coup de force mais par une astuce. Au dernier moment Mercure décide de ne pas les consommer. Il se contente de humer le fumet... comme font les dieux. Devant tant d'ingéniosité et de capacité d'adaptation, comment lui refuser une place dans l'Olympe ?

La naissance d'Esculape

Dans une version, il est dit qu'Apollon séduit Coronis. Celle-ci devient enceinte du dieu. Malgré tout elle tombe amoureuse d'un humain du nom d'Ischys. Apollon se plaint auprès de Diane, qui tue Coronis. Mais Apollon voyant le corps de sa bien-aimée sur le bûcher funéraire demande à Mercure de sauver l'enfant. Immédiatement Mercure arrache l'enfant du sein de Coronis : ainsi naît Esculape.

Remarque technique :

Dans le zodiaque, Mercure ne s'éloigne jamais du Soleil de plus de 28 degrés. Les deux divinités sont liées ainsi jusque dans le ciel physique.

• **Version harmonieuse :**

Nous savons que Mercure représente toutes les fonctions de connaissance, d'intuition, de communication verbale ou comportementale avec l'environnement. Ce dieu accompagne l'homme, non seulement ici-bas, mais jusque dans les Enfers, ou tout au moins aussi loin qu'il le peut. Il représente les acquisitions et les expériences. C'est non seulement le mental mais aussi l'intuition supérieure, celle qui, lorsqu'elle est suffisamment illuminée, permet de pratiquer la divination, c'est-à-dire de lire les desseins des dieux.

Notre culture n'est guère spirituelle et insiste plutôt sur un développement de l'homme par ses propres moyens. Dans les traditions, l'homme doit s'ouvrir à une dimension supérieure pour s'y ressourcer.

Il s'agit d'une personne qui ne compte pas exclusivement sur elle-même, mais cherche à s'ouvrir à des « inspirations » supérieures ou divines. Il existe pour cela des exercices spirituels ou de développement personnel, ou encore une manière de vivre où la vie intérieure est suffisamment importante pour permettre une telle ouverture. Devant tant de bonnes intentions, comment Apollon refuserait-il de descendre jusqu'à Mercure, puis de l'élever jusqu'à l'Olympe ?

La tradition chrétienne fait la différence entre l'individualité et la personnalité. L'individualité, c'est l'homme qui se perçoit isolé des autres hommes, de la Création. Il cherche à évoluer par ses propres efforts. La personnalité, c'est l'homme qui se perçoit de telle manière qu'il vit en étroite association avec l'ensemble des autres hommes et Dieu. Donc, sans même aller jusqu'à des considérations spirituelles, on peut dire que certaines personnes cherchent à résoudre leurs problèmes en s'appuyant sur leurs connaissances et leurs propres moyens, d'autres cherchent à œuvrer en association et en complicité avec leur environnement.

Cette ouverture, qu'elle soit vers les hommes ou vers une dimension supérieure, est la meilleure façon de représenter l'association harmonieuse Soleil-Mercure: Mercure ne compte pas sur sa seule intelligence mais accepte de se faire initier par Apollon.

L'association harmonieuse Soleil-Mercure représente l'homme qui se perçoit comme une personnalité. C'est une attitude générale qui ne concerne pas seulement le moment privilégié où il peut se consacrer à des exercices intérieurs. C'est une attitude de vie qui, par l'intermédiaire des fonctions de Mercure, s'intègre dans le quotidien. Certains répugnent à faire appel aux autres. La relation harmonieuse de Mercure et d'Apollon réveille en l'homme, cette sensibilité naturelle du partage et du dialogue. Ce couple divin montre à l'individu la voie pour transcender les bulles individuelles.

• **Version disharmonieuse:**

La rupture entre le Soleil et Mercure ne peut être que toute relative entre ces divinités qui ne cessent de pratiquer des échanges. La mythologie ne leur crée aucun problème grave.

Dans cette relation disharmonieuse, l'homme s'isole dans ses propres réflexions. Il veut tout résoudre par son mental, par ses propres moyens. Il tourne sur lui-même et le mental manque de régénération. c'est alors que Mercure peut devenir voleur et menteur. Il y a un risque de dessèchement. Plus Mercure s'isole d'Apollon, plus il s'isole de sa partie divine qui peut l'entraîner vers le ciel. Mercure ne peut négocier son ascension qu'après ses échanges avec Apollon.

C'est peut-être pour apprendre à mieux collaborer ensemble que les deux dieux tombent finalement en disgrâce. Profondément, l'homme se vit isolé. Dans cette version il vit ce couple comme une absence, un exil. À moins que, protégé dans sa bulle, il n'ait oublié jusqu'au souvenir d'Apollon.

Dans certains cas il peut y avoir une présentation de cet isolement comme une force : « Je ne compte que sur moi-même parce que je suis fort, je ne veux pas solliciter les autres. » Mais tout cela n'est qu'une forme de reconnaissance de sa propre faiblesse et demanderait une définition des termes « force » et « faiblesse ».

Notre culture encourage le Mercure qui ne compte que sur lui. Dans cette attitude, Mercure devient un mauvais messager car ses messages manquent de renouvellement. L'absence des valeurs solariennes pour Mercure, c'est l'absence de tout idéal pour l'homme, en dehors de lui-même.

Cette version disharmonieuse conduit l'homme à se vivre comme une impasse, fier de l'être, plutôt que comme une large avenue ensoleillée.

Uranus/Lune

Le carrefour d'Hécate

Il existe peu de mythologies entre Uranus et Hécate. On peut qualifier Hécate de « carrefour mythologique » : Hécate est la nièce de Saturne, elle participe à son règne après la chute d'Uranus mais n'en conserve pas moins ses immenses prérogatives sous le règne de Jupiter. Elle finira en beauté en devenant la première épouse de Pluton puis celle de Mercure.

Certains esprits malveillants diront qu'elle mange à tous les râteliers mythologiques. En réalité, la Lune-Hécate représente l'âme en soi, dégagée de la notion d'incarnation. La succession Uranus, Saturne puis Jupiter représente une évolution de l'âme. Au niveau de Jupiter il y a l'âme incarnée (Diane), l'âme qui est travaillée dans l'au-delà (Hécate), et l'âme qui rejoint sa fonction divine (Séléné). Sous le règne de Jupiter, Hécate ne représente plus qu'une fonction spécialisée dans la mesure où l'âme peut participer de manière plus active à la Création. Avec Jupiter l'âme ne se résume plus à la seule phase d'Hécate.

Sous le règne d'Uranus, Hécate est potentiellement dans le sein de Gé : c'est l'âme qui commence à peine à s'éveiller. La spécialisation du rôle d'Hécate n'est pas un amoindrissement de ses prérogatives, mais un constat que l'âme s'éveille et participe à la Création.

• **Version harmonieuse :**

En emprisonnant les Titans, et donc leur descendance, telle Hécate dans le sein de Gé, Uranus ne fait que créer une véritable poudrière, préparant son renversement.

Une relation harmonieuse Uranus-Hécate n'est pas très facile à établir. Tout au plus peut-on avancer que l'âme va profiter de l'élan curieux que lui offre Uranus par son repli. Nous sommes dans les toutes premières phases de l'éveil de la conscience.

L'isolement uranien imprègne l'âme. Ce n'est plus une fonction particulière qui est concernée, mais bien l'ensemble de la personnalité. Malgré tout, comme il s'agit d'une relation harmonieuse, on en déduit que la personne réussit à bien vivre avec ce mythe uranien : tout d'abord, comme on l'a déjà dit dans d'autres mythes, il y a une transformation de cet isolement en originalité. Ce n'est pas qu'Uranus soit révolutionnaire, mais le fait de s'isoler amène la personne à vivre en décalage des comportements, des habitudes, ou des conditionnements usuels. Ici, comme la relation est harmonieuse, la personne réussit à bien vivre cette forme sinon d'isolement, tout au moins de décalage.

On peut également imaginer que la personne, pour bien se sentir dans sa peau, a besoin, non seulement de ce décalage, mais aussi de périodes intenses de repli sur elle-même. Dans ce cas elle procède comme Uranus vis-à-vis de son environnement, elle refuse les contacts afin de se retrouver. Il ne s'agit pas d'un rejet mais d'une phase préparatoire. La personne sent qu'elle n'est pas en mesure d'établir un dialogue prolongé avec l'environnement. Certains êtres semblent pouvoir établir une relation constante avec l'environnement sans pour cela se perdre. D'autres, au contraire, sinon plus fragiles, tout au moins ayant une personnalité différente, ont besoin de moments de retrait. Ils demandent alors gentiment à l'environnement (gentiment parce que c'est la version harmonieuse) de rentrer dans le sein de Gé. C'est une forme d'équilibre très spécifique.

Ce n'est pas à proprement parler une descente aux Enfers car la descente aux Enfers, par exemple une relation avec Pluton, nécessite une transformation. Ici il s'agit simplement pour la personne de se retrouver un peu, de prendre du recul, de penser aux événements qu'elle a vécus. Elle ne peut pas tenir la distance d'une relation constante avec les autres. La relation harmonieuse laisse penser que l'individu sait l'expliquer, le faire passer, sans nécessairement provoquer une attitude de révolte chez les personnes qui l'entourent.

• Version disharmonieuse :

Ici la personne est prisonnière d'elle-même. Nous sommes dans la phase du mythe où Hécate est « prisonnière » d'Uranus. Il n'y a aucun partage possible avec le dieu.

Il n'y a plus d'enrichissement ou d'originalité, mais au contraire un appauvrissement. Que ce soit par un comportement instinctif ou par une crainte de l'autre, la personne cherche constamment à se protéger, à ne pas donner prise au dialogue avec ceux qui l'entourent. Il y a une marginalisation négative. Ceci provoque des crises de différents ordres. Tout d'abord des crises extérieures. Il n'est pas évident que l'entourage acceptera facilement cet état de choses. D'ailleurs, dans ce cas-là, peut-on véritablement parler de relation ? Dès lors que le contact devient trop intime ou que certaines personnes cherchent à faire partager des idées ou des activités, il y a un repli instinctif. La crise peut également être intérieure. La personne s'isole, manque totalement de références extérieures, et ne voit pas par quel moyen elle pourrait rétablir les ponts avec l'entourage.

Il ne faut surtout pas déduire de ce rapport disharmonieux qu'il existe une politique volontaire de la part de l'individu. Il est plutôt prisonnier de son gouffre, mais peut très bien développer un discours où, pour sauver la face, il tentera d'expliquer qu'il a choisi délibérément cette option. C'est encore une façon de se camoufler et de refuser toute clarification qui amorcerait la révolte des Titans.

On parle souvent de crise violente concernant Uranus. En fait la violence n'est qu'un phénomène superficiel de ce mythe. Ce qui est plus grave, c'est que la violence est tout intérieure. C'est une incapacité ou une très grande difficulté à prendre en considération les systèmes de valeurs de l'autre, comme si les autres glissaient sur l'individu. La vie sera donc un long apprentissage pour que Hécate puisse progressivement affirmer son existence et entamer le vaste programme qui l'amènera jusqu'à Jupiter.

On ne peut pas dire que l'individu se refuse systématiquement à tout contact. Dans la plupart des cas il y a de sa part des efforts pour établir une relation et une acceptation de l'autre. Mais un temps l'effort devient trop important et est ressenti contre nature. Alors l'individu, sans nécessairement adopter un comportement agressif, éprouve le besoin de retrait. Mais si ces moments de retraits sont fréquents et non expliqués, il est probable que la révolte viendra de l'extérieur...

Neptune/Lune

L'Éridan

Neptune et les divinités lunaires ont peu de rapports. C'est principalement l'épisode de la noyade de Séléné qui peut être un rapprochement symbolique.

L'Éridan était appelé par Virgile le «Roi des fleuves». Il se nomme aujourd'hui le Pô. Ce fleuve, outre la noyade de Séléné, fut également le théâtre de la mort de Phaéton (ou Éridan), fils du Soleil, qui ne réussit pas à maîtriser son attelage.

Nous avons vu que suite à cette noyade, Séléné et son frère Hélios furent finalement élevés au ciel par Jupiter.

• Version harmonieuse:

La personnalité, pour se réaliser, ou tout simplement pour s'exprimer, doit participer à différents niveaux de réalité. Dans une relation harmonieuse, l'individu cherche sa vérité en «naviguant» dans plusieurs domaines. Comme si autour de lui les gens disposaient d'une télévision avec une seule chaîne et lui de plusieurs.

Cette participation à différents plans ne s'exprime pas nécessairement par le fait que la personne passe son temps dans un état extatique... cela pourrait poser quelques problèmes d'intégration. Disons simplement que par une certaine largesse de vues ou par une grande sensibilité, elle est capable de vivre les situations qu'elle rencontre avec une perspective plus vaste. Imaginons par exemple qu'elle se heurte à un problème relationnel. Dans tous les cas de figure, la personne ne va pas rester crucifiée sur un aspect très particulier de ce problème. Elle est au contraire en mesure d'élargir son contexte. Elle peut par exemple rapprocher cette situation d'autres situations qu'elle a déjà vues, ou encore intégrer dans son jugement de nombreux éléments extérieurs, dont le point de vue de l'autre.

Certaines personnes confrontées à des épreuves ont tendance à se laisser engloutir par celles-ci et même à se recroqueviller sur le problème. Ici, dans cette relation harmonieuse, Neptune propose toute une source d'informations et de références plus importante. L'une des fonctions les plus évidentes est que la personne peut faire appel à son imagination. Par son imagination, sa créativité, la personne est capable de replacer la difficulté dans un contexte plus général pour en faciliter la résolution. Prenons tout de suite un cas concret :

Imaginons que l'individu se heurte à un problème d'éducation avec son enfant. Une autre personne, dans un premier temps, pourrait se cristalliser, et même se bloquer, sur la question du rapport d'autorité. Mais cette personne ne veut pas se cristalliser sur cet aspect car pour elle c'est une évidence, le rapport d'autorité défaillant n'est qu'un aspect du problème. Rapidement, elle cherche à replacer cette question dans le cadre d'une éducation générale, des attirances ou des centres d'intérêt de son enfant, etc. Il y a la volonté de résoudre la difficulté non pas en se concentrant sur elle, mais en cherchant à voir comment elle peut n'être qu'une facette d'une réalité plus vaste.

De tout cela bien entendu découlent des qualités comme la tolérance ou la capacité d'ouverture à l'autre. Ici, Séléné ne se noie pas mais réussit à convertir cette noyade en un véritable baptême. Par cette ascension l'individu bénéficie d'une vue surplombante. Il n'est pas nécessairement sensible à des valeurs solariennes, c'est-à-dire à des valeurs collectives, transpersonnelles, ou à des idéaux. Mais simplement par son caractère, sa manière de vivre, il réussit à vivre de nouvelles expériences quotidiennes qui ouvrent son esprit et augmentent sa disponibilité.

Nous retrouvons avec ce mythe le symbolisme de l'eau qui est avant tout un élément de transmission.

• Version disharmonieuse :

Ici la personnalité risque d'être éclatée. La personne se noie dans toutes les informations qui lui semblent aussi intéressantes et cohérentes les unes que les autres. Dans cette relation disharmonieuse, elle semble incapable d'établir des priorités ou des préférences. Il en découle alors pour l'ensemble de la personnalité une instabilité. Suivant les occasions ou les circonstances, la personne est sensible à tel ou tel point de vue. Telle décision prise un jour de tel point de vue apparaîtra le lendemain comme inadaptée, et elle n'hésitera pas à changer de décision, considérant que c'est là un facteur d'évolution car... « il n'y a que les imbéciles qui ne changent pas d'avis ». Il n'en demeure pas moins que Neptune va noyer la personne sous un flot d'informations, de sensations, de sentiments ou de vagues intuitions. Ce n'est pas l'ouverture à toutes ces informations qui est remise en cause, mais la reddition devant la quantité. La personne ne sait que faire de toute cette richesse... qui finalement l'appauvrit.

Le risque le plus évident de ce mythe est la contradiction. La personne peut tenir des discours différents ou contradictoires sans avoir l'impression de se contredire. Pour elle, cette contradiction est plutôt une richesse d'idées très nuancées. Dans d'autres cas elle est suffisamment lucide pour s'apercevoir que sur une période donnée elle tient effectivement des points de vue qui se contredisent. Mais étant donné que c'est l'ensemble de sa personnalité qui est concerné, il lui est difficile de se discipliner. Constamment elle doit faire preuve de discernement, d'analyse et surtout de filtrage.

Un autre danger de ce mythe est l'éparpillement. La personne a comme de multiples antennes qui l'entraîneraient facilement à s'intéresser à plusieurs domaines, ou encore à s'engager dans de multiples projets ou relations. Il apparaît bientôt que tout cela n'est pas tenable, ou exclusivement d'une manière superficielle. Elle a bien du mal à clarifier ses intentions. Au travers de ses multiples attirances, la personne doit tenter de trouver un pivot à sa personnalité, doit chercher à se réapproprier les informations, et non se laisser aller d'une idée à l'autre. L'individu ne doit pas réduire sa sensibilité ou le flot des informations qu'il reçoit et qui l'intéresse, mais faire le nécessaire pour utiliser cette sensibilité à dégager des schémas directeurs dans sa vie. Ce mythe le met en garde contre la possibilité de se laisser aller de manière irréfléchie à des engagements. Il a au contraire besoin d'une stratégie pour un minimum de cohérence dans son comportement. S'il ne prend comme référence que des situations très ponctuelles, cela risque à la longue de s'avérer stérile... ce qui est quand même le comble pour un mythe avec Neptune.

La noyade de Séléné n'a pour but que de la rendre plus fluide afin de l'accoutumer aux régions célestes. Mais un excès de fluidité l'amènerait à ne pas pouvoir être «récupérée» par Jupiter. La fluidité consiste à recevoir des informations, des sensations, des intuitions, à être sensible à de multiples points de vue, à faire preuve de tolérance, mais d'une manière concomitante cela implique de faire preuve de fermeté et de rigueur dans sa façon de conduire sa vie.

Sinon ce n'est pas de la fluidité mais de la passivité improductive. L'action de Jupiter qui décide d'élever Séléné représente cette sagesse supérieure, cette capacité de cohérence. Sans lui Séléné resterait dans l'Éridan.

Vénus/Lune

Le conflit Diane-Vénus

Vénus a participé indirectement à la mort d'Hippolyte protégé par Diane. Celle-ci n'a plus qu'une seule idée, se venger de la déesse de l'amour. Quand elle voit qu'il existe une relation solide entre Vénus et Adonis, elle décide, elle qui règne sur les lieux sauvages, de lancer contre le beau jeune homme un sanglier qui le blesse à la cuisse. Celui-ci meurt avant même que Vénus ait pu se porter à son secours.

Adonis et Hécate

Descendant aux Enfers, Adonis est accueilli et aimé par Proserpine. Dans certaines versions, Proserpine est assimilée à la déesse lunaire Hécate. Parfois cette conjonction symbolique est renforcée par le fait qu'on attribue la même mère aux deux déesses : Cérès.

• **Version harmonieuse :**

L'attitude agressive de Vénus envers Hippolyte est sanctionnée par l'intermédiaire d'Adonis. Diane, l'âme incarnée, représente dans ce mythe les multiples conflits liés à l'affectif. Mais si du point de vue allégorique tout cela semble bien violent, il faut considérer que cette descente aux Enfers d'Adonis n'est qu'un moyen supplémentaire de faire évoluer Vénus, c'est-à-dire la fonction affective de l'homme. Dans le mythe, Adonis continue son travail de transformation aux Enfers, et indirectement celui de Vénus.

Il n'y a pas une confiscation définitive d'Adonis mais plutôt un partage entre Vénus et Hécate (ou Proserpine).

Ce rapport harmonieux Lune-Vénus désigne un individu pour lequel le principal domaine d'expression et de vie serait le domaine affectif. Vénus imprègne toute l'âme, c'est-à-dire la Lune. La Lune-Diane n'est pas en soi un facteur de stabilisation. Elle ne fait que représenter l'âme incarnée confrontée aux contingences de la vie. S'engager prioritairement dans le domaine affectif, dans le domaine de Vénus, est une aventure périlleuse.

Ce rapport harmonieux désigne la capacité de l'individu à maîtriser et équilibrer ce domaine, qui représente une priorité dans sa vie et n'est pas conçu comme un terrain d'entraînement à la possessivité. L'homme esquive les assauts de Diane en mettant de côté de nombreux « éléments négatifs » tels que la jalousie ou la possessivité. Il accepte le travail de détachement et de recherche de pureté de Diane et le travail de transformation d'Hécate.

Ses rapports avec les autres sont empreints de chaleur humaine. L'individu ne fait pas usage de ses sentiments pour tenter de manipuler; ses sentiments sont sincères et en même temps qu'il aime, il respecte l'être aimé. Il accepte donc délibérément le sacrifice d'Adonis. Il est particulièrement sensible et a besoin de relations chaleureuses autour de lui. Par conséquent, le côté conflictuel du mythe se mue ici en un sacrifice délibérément consenti. La personne aime donner et ne cherche pas nécessairement un retour.

Enfin, cette version harmonieuse donne une adaptation spontanée aux différentes crises qui peuvent survenir dans le domaine affectif. Quand on est l'ami de Vénus, de Diane et d'Hécate, on sait faire face à toutes les vicissitudes de l'amour.

• **Version disharmonieuse:**

Ici nous sommes dans un climat de vengeance. Vénus qui s'est sentie, peut-être à tort, offensée par Hippolyte, concourt à la mort de celui-ci. Diane réplique en tuant l'amour de Vénus.

L'individu est toujours aussi prioritairement concerné par les choses affectives. Mais il est plus ballotté par ce sentiment qu'il ne le maîtrise. Il risque alors d'être victime des flèches de Cupidon.

Même si ses sentiments sont sincères, même s'il est capable de vivre une forme d'amour ou d'amitié profonde, il risque trop souvent de succomber à des tentations telles que la susceptibilité ou la jalousie. Dès lors, la notion d'affectivité accompagne celle de confrontation. Les échanges affectifs ou amoureux sont vécus sous la forme d'un conflit ou en tout cas d'une épreuve. Il y a toujours quelque chose à défendre ou à prendre : c'est sa vision de l'amour.

L'engagement excessif de l'individu dans ses liens affectifs le rend d'autant plus fragile. Il lui suffit d'un détail, d'un incident minime, pour immédiatement considérer qu'il est trahi ou que ses sentiments ne sont pas estimés à leur juste valeur. Étant donné sa sensibilité, il tend à grossir par son interprétation tous les événements ou attitudes qui ont trait à ce domaine. C'est une forme de cercle vicieux. Étant sensible, il attache une importance prioritaire à établir de tels liens, mais cette sensibilité à son tour risque de ruiner ces liens. C'est ainsi qu'à plusieurs reprises dans son existence, le sujet se trouve confronté à ce type de dilemme : plus il aime, plus il tente de faire plaisir, et plus il se rend fragile parce qu'il ne maîtrise pas vraiment ses sentiments. Il peut, tout comme Vénus, avoir à faire son éducation au travers de détachements imposés par le destin ou les contingences de l'incarnation.

L'individu peut, dans différentes situations, alterner les rôles du bourreau et de la victime. C'est bien le cas de Vénus dans ses rapports avec Diane. Dans le pire des cas il sera et son propre bourreau et sa propre victime.

Mars/Lune

La déesse martienne

Mars n'établit pas de relation avec Hécate et encore moins avec Séléné. S'il n'y a pas de mythe majeur qui associe Mars et Diane, il est évident que c'est la déesse lunaire qui semble la plus proche de Mars.

Mars n'est jamais descendu aux Enfers et n'a pas non plus rejoint les régions éthérées où peuvent siéger Hélios et Séléné. Par contre, il partage des points communs avec le royaume de Diane. Celle-ci règne sur les lieux sauvages. En plusieurs occasions elle fait preuve d'une grande violence. Si Diane représente l'âme incarnée, sœur d'Apollon, elle représente aussi la volonté ou la capacité de confrontation à toutes les vicissitudes de la vie. En même temps, cette déesse est éprise de pureté. Elle ne peut donc pas être, par sa violence, uniquement et tout simplement assimilée à une fonction martienne. Elle a la violence de Mars et l'inspiration spirituelle d'Apollon.

• Version harmonieuse :

Les Anciens désignaient une partie de l'âme comme l'âme dite « irascible ». Cette fonction de l'âme fait connaître intuitivement et sûrement à l'homme ce qui est bon. C'est également par cette fonction de l'âme que l'homme puise les forces nécessaires pour combattre le mal ou ce que nous appellerions aujourd'hui la « négativité ». Une association harmonieuse de Mars et de Diane correspond à l'élévation de la conscience à ce niveau de l'âme irascible. Mais il ne faut pas perdre de vue l'apport spécifique de Diane, symbolisé par sa virginité, c'est-à-dire son aspiration à la pureté. Avec Apollon, Mars apparaissait comme un assisté puisqu'Apollon lui rendait la vue. Ici le dialogue est plus égal : Diane se veut vierge mais ne dépasse pas dans sa hiérarchie le rôle de Mars. C'est donc le combat de l'âme au travers de la vie mais aussi une recherche du « combat juste ».

L'individu concerné par un tel mythe harmonieux cherche d'abord à livrer des combats intérieurs. Il est capable de se révolter contre lui-même, de s'imposer une discipline en vue d'un objectif. C'est une force maîtrisée, mais aussi l'apprentissage de l'autonomie. C'est une forme de « guerre sainte » par laquelle l'âme cherche à se renforcer et à évoluer. Ce renforcement conduit à ce que l'âme s'affirme et soit capable de poursuivre son dessein au travers de l'incarnation. L'individu fait preuve de caractère, prend les initiatives et s'engage fermement dans certains projets. Il sait mobiliser autour de lui.

Si le combat est mené justement, alors l'âme peut prétendre à une forme de « pureté », c'est-à-dire un niveau d'évolution supérieur. Ce mythe montre que l'individu a besoin de tels défis. Pour lui ces défis sont une forme de dialogue avec l'environnement. Il aime prendre des initiatives, voire des risques. Il ne s'agit pas de combats gratuits mais d'une expression authentique de sa personnalité.

• **Version disharmonieuse :**

Ici les deux violences s'associent bien mal. La violence de Diane doit être maîtrisée. Dans de nombreux mythes ces accès de violence peuvent être interprétés de manière symbolique, non comme des éléments négatifs mais comme des phases de dépassement. Nous avons vu que c'était le cas dans le mythe d'Adonis évoqué avec la relation Lune-Vénus. Diane doit savoir se soumettre. Homère nous montre Diane devant accepter d'être vaincue par l'épouse de Zeus. Son pouvoir n'est pas sans limites. Si elle oublie cela, c'est alors que l'âme violente devient faible.

Dans ce rapport disharmonieux, c'est un dieu aveugle et déséquilibré qui prend la main d'une adolescente cruelle et nerveuse. Tout cela n'est pas idéal pour que l'âme affronte les défis de son incarnation. C'est simplement une expression agressive et non plus un sens de la conquête. Avec la Diane qui cherche une forme de pureté, nous avions un projet directeur. Au contraire, ici, il s'agit d'une violence pour la violence. L'individu s'engage dans tous les domaines, privés ou professionnels, dans des révoltes improductives et sans véritable but. Il s'agit pour lui d'attaquer, de foncer. Il n'existe pas de finalité bien perçue. C'est un peu comme s'il attendait que de cette accumulation de révolte et de violence, intérieure et extérieure, jaillisse malgré tout une solution harmonieuse. C'est ainsi qu'il passe sa vie de combat en combat, sans véritable but, ni même une évolution qualitative de sa force. Peut-être cette improductivité va-t-elle l'amener à réfléchir sur la nature de sa force et sur les meilleures utilisations qu'il pourrait en faire. Ce rapport disharmonieux concerne également un individu qui passerait son temps à vouloir conserver son autonomie et qui, au bout du compte, serait incapable d'un quelconque engagement. La révolte contre toute forme de discipline lui interdit d'accomplir des projets sérieux et intéressants. Ceci n'est pas sans rappeler le combat de Don Quichotte contre les moulins à vent. Afin de mieux nous détourner de nos vrais combats, il suffit que nous désignions de faux ennemis, faciles à attaquer et à vaincre :

– C'est à cause de lui...
– Tant que je n'aurai pas... je ne pourrai pas...
– Je dois d'abord conquérir ceci et ensuite je me disciplinerai...
– C'est à cause de mon héritage familial que je...

Cette révolte pour la révolte n'offre comme adversaires au dieu et à la déesse que des fantômes.

Diane marque une frontière rigoureuse entre la terre civilisée et la terre sauvage. Elle représente également le trajet de l'âme qui cherche à lutter contre ses propres lieux sauvages. Dans ce rapport disharmonieux, il est à craindre que la mauvaise association à Mars ne contraigne Diane à rester dans ces lieux où elle trouve un certain plaisir. c'est une forme de complaisance pour tous les deux à l'égard de leur propre force.

C'est aussi la meilleure garantie de ne jamais quitter ces lieux sauvages.

Soleil/Lune

L'unité de l'homme

Si nous terminons par ce mythe, c'est qu'il représente non pas les deux pôles mais les deux étapes de l'évolution de l'homme. La mythologie présente de nombreux exemples de cette complémentarité :

– Diane, sœur d'Apollon, qui précède Apollon lors de la naissance afin de lui faciliter celle-ci.

– Séléné, sœur d'Hélios.

– Hécate et Dionysos n'ont aucun rapport direct si ce n'est, bien entendu, qu'Hécate siège aux Enfers et que Dionysos y parachève son chemin initiatique. Dans la mesure où Hécate est parfois présentée comme fille de Jupiter, ces deux divinités auraient le même père.

Plutarque précise que l'âme, au sortir des Enfers, se dirige tout d'abord vers la Lune, puis ensuite retourne vers la Terre, alors que certaines âmes bienheureuses continuent leur trajet d'évolution vers le Soleil.

Nous retrouvons le même symbolisme : la Lune représente un premier niveau d'évolution, ce sont les différentes fonctions de l'âme. Le Soleil représente l'esprit, c'est-à-dire la dimension dans laquelle s'accomplit pleinement l'âme en transcendant ses propres limites.

• Version harmonieuse :

Il n'y a pas de conflits ou de relations difficiles entre le frère et la sœur, entre l'Esprit et l'âme. Le « courant » passe facilement entre la dimension individuelle de l'être et la dimension transpersonnelle (ou divine).

Il faut rappeler que le mot Esprit vient de *spiritus*, le Souffle. L'Esprit est symbolisé sous la forme d'un « souffle » parce qu'il y a un échange, l'inspir et l'expir. C'est une manière de symboliser qu'il y a descente et ascension, un échange avec l'âme. On connaît la descente dans le fleuve d'Hélios, l'exil momentané d'Apollon, ou la fuite éperdue de Dionysos sous les eaux. À chaque fois cela se termine par une phase ascensionnelle.

Ici l'individu établit une liaison harmonieuse entre l'âme, ce que l'on peut appeler la personnalité, et l'Esprit.

La personne, tout en assumant son individualité, a à cœur de poursuivre un travail d'évolution ou spirituel ou psychologique, à condition que ce travail ne soit pas axé exclusivement sur la personne elle-même, mais permette de déboucher sur une autre « dimension ».

Un tel mythe favorise l'adhésion à une forme d'idéal dont les expressions peuvent être multiples. L'idéal est une façon pour l'âme de transcender ses limites et dépasser ses intérêts immédiats.

Une expression plus moderne de ce mythe consiste à voir dans ce couple non plus deux étapes mais deux pôles de la personnalité. On « ramène » ainsi ce couple à la dimension psychologique et non plus spirituelle. On pense aux couples Animus/Anima de Jung, aux hémisphères cérébraux, le gauche orienté vers des activités de type rationnel et analytique, et le droit œuvrant dans les domaines créatifs et intuitifs.

Une bonne association entre ces divinités permet une harmonisation, un équilibre dynamique entre ces pôles, constituants fondamentaux de la personnalité.

Il reste maintenant au héros d'en faire usage dans sa vie.

- **Version disharmonieuse :**

Cette difficile relation entre l'âme et l'Esprit pourrait se rapprocher d'un épisode que nous connaissons bien dans la tradition chrétienne : la Chute de l'âme.

Il ne s'agit pas d'insister sur les interprétations culpabilisantes de cette Chute. Elle symbolise le fait que l'âme s'éloigne ou ignore la dimension transpersonnelle qui lui permettrait de se ressourcer et de s'accomplir. Il y a une sorte d'isolement profond de l'âme qui engendre des formes de mal-être aux expressions multiples. De plus en plus dans notre société on constate l'utilisation de calmants, l'apparition de maladies consécutives au stress ou à l'angoisse. Il n'est peut-être pas inutile de considérer que ces phénomènes sont dus au fait que l'homme n'a plus guère de vie intérieure. Il se contente de vivre à la surface de lui-même et s'investit totalement dans des événements extérieurs. Ce n'est pas là rendre hommage à l'intégrité de son âme.

Cette rupture entre la Lune et le Soleil rejoint l'homme qui quitte le jardin d'Eden. Mais peut-être est-ce justement par cette absence de l'Esprit, par le mal-être qui va s'ensuivre, que l'individu va ressentir comme l'urgence d'une recherche. De nombreuses personnes font de leur angoisse un véritable levier de recherche. Par conséquent, ce rapport disharmonieux n'est pas une fatalité mais il faudra fournir un minimum d'effort pour pouvoir réintégrer l'Eden.

La reconquête de l'Eden peut s'exprimer en termes purement psychologiques en reprenant les deux pôles de la personnalité. Une relation difficile Soleil/Lune indique un déséquilibre entre les versants masculin/féminin, rationnel/imaginatif, etc. Ce déséquilibre correspond souvent à un rejet ou à une difficulté à assumer l'un des deux pôles... ce qui revient à faire supporter à l'autre un rôle excessif.

Le travail de réharmonisation de l'Esprit et de l'âme, ou des deux pôles de notre personnalité, est un travail fondamental et exigeant.

Même pour les héros, l'Eden est une région éloignée.

Lexique divin

• Adonis :

Fils de Myrrha et de Cynire. C'est un mortel. Il fut le grand amour de Vénus. Mars le tue par jalousie, ou Diane par vengeance. Une fois qu'il est descendu aux Enfers, Jupiter accepte que son temps soit partagé entre Proserpine, reine des Enfers, tombée amoureuse de lui, Vénus, et... qu'il conserve du temps de libre pour lui.

C'est le grand sacrifice mythologique de Vénus.

• Apollon :

Fils de Latone et Jupiter, frère jumeau de Diane. Dieu solaire, il se rebelle contre Jupiter quand celui-ci foudroie son fils Esculape. Il est exilé sur terre où il fait régner une telle harmonie qu'on le rappelle sur l'Olympe.

• Cérès :

Fille de Saturne et mère de Proserpine. Déesse de la terre et de l'agriculture.

• Cyclopes :

Trois fils d'Uranus, possédant un œil au milieu du front. Délivrés du Tartare par Jupiter, ils s'allient avec lui contre les Titans. Ils fabriquent ses foudres, ainsi que le trident de Neptune et le casque de Pluton. Ils deviennent les ouvriers fidèles de Vulcain.

• Diane :

Fille de Latone et de Jupiter, sœur jumelle d'Apollon. Déesse lunaire qui règne sur les lieux sauvages et obtient de Jupiter de garder une virginité éternelle. Elle symbolise le combat de l'homme dans ses lieux sauvages intérieurs, pour s'élever à un idéal de pureté.

• Dionysos :

(Bacchus), fils de Sémélé et de Jupiter. Au moment où elle meurt, Jupiter prend Dionysos dans le ventre de Sémélé et le coud dans sa propre cuisse. C'est ainsi que Dionysos naît de la cuisse de Jupiter et devient « deux fois né ». Sa mythologie est marquée par la folie et l'ambiguïté des symboles solaires et lunaires. C'est un « passage ». L'ivresse dionysiaque et rituelle conduisait les participants à un état de conscience à une libération extatique considérée ici-bas comme de la folie.

Dionysos nous désoriente, d'autant plus fort que nous sommes attachés à être « bien » orientés et sûrs de l'être.

• **Esculape :**
Fils de Coronis et d'Apollon. Ce brillant guérisseur va jusqu'à ressusciter Hippolyte, volant ainsi une âme à Pluton, Dieu des Enfers. Pour avoir enfreint les règles de la création, Jupiter le foudroie.

• **Gé :**
(Terre), épouse d'Uranus (Ciel), qui la force à garder en elle toutes les créatures qu'il procrée.

• **Géants :**
Monstres issus du sang d'Uranus que Saturne venait de mutiler. Ils cherchent à escalader l'Olympe mais sont défaits par Jupiter, allié à Hercule.

• **Hécate :**
Déesse aux ascendances multiples : parmi les principales on la dit fille de Perses, un Titan, douée d'une grande sagesse, et parfois de Jupiter lui-même. Cérès et Astéria sont présentées comme ses mères. Cette Titanide ne prit pas parti lors de la révolte des Titans contre Jupiter. Elle devient la première épouse de Pluton. Elle cède ensuite sa place à Proserpine, épouse Mercure et se spécialise dans l'accueil des âmes au sortir des Enfers. Elle les entraîne vers la Lune avant leur prochaine incarnation. C'est la part d'au-delà, de « souvenirs » et d'impulsions, symboliques ou inconscients, que nous conservons avec nous ici-bas.

• **Hélios :**
Fils de Basilée et du Titan Hypérion, frère de Séléné. Il est noyé dans l'Éridan par les Titans, puis s'élève jusqu'au ciel par la décision de Jupiter, où il s'identifie au Soleil.

• **Junon :**
Fille de Rhéa et de Saturne, épouse principale de Jupiter.

• **Jupiter :**
Fils de Rhéa et de Saturne. Il se révolte contre son père qui avait avalé ses frères et ses sœurs et l'oblige à les rendre. Il règne sur les dieux et les hommes. Il partage la création avec ses frères Neptune et Pluton tout en conservant une prééminence sur eux. Son palais se trouve sur l'Olympe.

Il inspire en nous la sagesse et les tentations du pouvoir.

• **Mars :**
Fils de Junon et de Jupiter, ou de Junon toute seule qui l'aurait généré

sur un coup de colère. Dieu du carnage, de la destruction et donc de la guerre. Il reste toutefois fragile car lorsqu'il s'énerve trop il devient aveugle et perd même son équilibre.

Il nous donne la force d'affirmation individuelle, ainsi que ses excès.

• **Mercure :**

Fils de Maïa et de Jupiter. Il est le messager des Dieux et le plus souvent celui de Jupiter. Il dérobe, emprunte et échange, créant ainsi de multiples relations entre les dieux. Il aime accompagner les hommes durant leur incarnation et ce jusqu'aux abords des Enfers où il défait les derniers liens entre l'âme et le corps.

Ce dieu n'hésite pas à troubler les règles en vigueur dans la création. C'est notre intelligence, notre capacité à expérimenter le monde et à y assumer une action créatrice. Il apprend la divination d'Apollon, nous proposant ainsi de nouvelles lumières.

Mercure nous accompagne mais la routine peut nous amener à le perdre de vue.

• **Neptune :**

Fils de Rhéa et de Saturne, frère de Jupiter et de Pluton. Il est le dieu des eaux et des grandes mouvances : il provoque les tempêtes et les tremblements de terre. Mais il sait également stabiliser les îles, calmer les flots. Il s'identifie au symbole de l'eau, du passage et de la transmission. Il reprend en partie les prérogatives de son oncle Océan.

• **Océan :**

Fils d'Uranus et frère de Saturne. Il est le premier dieu des eaux et père de tous les êtres. Homère le désigne comme l'origine de tous les dieux avec son épouse Thétis. Il symbolise la substance éthérique de l'univers. Au moment de l'avènement de Jupiter, il délègue ses pouvoirs à Neptune.

• **Pluton :**

Fils de Rhéa et de Saturne, frère de Jupiter et de Neptune. Au moment du partage de la Création entre les trois frères, il reçoit les Enfers. C'est le lieu où l'âme transite avant sa prochaine incarnation afin d'y opérer un travail de transformation. Les Enfers comprennent l'Érèbe (l'antichambre), le Tartare (réservé aux dieux), l'Enfer (lieu des transformations difficiles de l'âme) et les Champs-Élysées (un peu notre paradis), où l'âme poursuit son travail d'évolution.

C'est Thanatos qui est spécifiquement le dieu de la mort, et non Pluton.

Pluton est le maître des grandes transformations de l'au-delà. Dans notre culture, il s'est recyclé dans l'inconscient psychanalytique.

Pluton symbolise dans notre vie des descentes aux Enfers, des bouleversements, comme s'il venait nous rappeler toutes les belles promesses symboliques que nous nous étions faites lors de notre passage chez lui.

• **Proserpine :**
Fille de Cérès et de Jupiter. Elle est enlevée par Pluton et devient son épouse, succédant ainsi à Hécate.

• **Rhéa :**
Épouse de Saturne, elle favorise la révolte de Jupiter contre celui-ci, fatiguée qu'elle est de voir son époux absorber ses enfants.

• **Saturne :**
Fils de Gé et d'Uranus, frère des Titans. Uranus obligeait Gé à conserver en elle toutes ses créations. Saturne tue son père Uranus en le châtrant, délivrant ainsi Gé. Après un accord avec ses frères, il décide d'absorber tous ses enfants afin qu'à sa mort le pouvoir revienne à ses frères. Il suscite ainsi, avec l'aide de Rhéa, la révolte de Jupiter.
Chassé du pouvoir, il se réfugie dans le Latium où il fait régner l'Âge d'or, puis devient collaborateur de Pluton en présidant aux Champs-Élysées (le paradis qui se trouve dans les Enfers plutoniens).

• **Séléné :**
Fille des Titans Théia et Hypérion, sœur d'Hélios. En apprenant le meurtre de son frère elle se donne la mort. Jupiter l'élève au ciel, où elle rejoint son frère et s'identifie à l'astre lunaire.

• **Thétis :**
Épouse d'Océan. Avec son mari elle protège Junon de l'avalage par Saturne.

• **Thanatos :**
Fils de Nuit et frère de Sommeil. Collaborateur de Pluton, il est le dieu de la mort, du décès. Il symbolise la « fin » de toute chose. Son apparence ne joue pas en sa faveur : c'est un squelette armé d'une faux (reprenant ainsi certains attributs de Saturne-Kronos, Dieu du temps). Il y a une certaine parenté symbolique entre ces deux divinités.

• **Titans :**
Race de dieux issue d'Uranus et Gé. Parmi les principaux : Saturne, Rhéa, Océan, Thétis, Hypérion, Phoebé et Thémis. Après l'exil de Saturne, des Titans se révoltent contre Jupiter et sont finalement envoyés dans le Tartare, l'Enfer des dieux.

• **Uranus :**
(Ciel), fils d'Éther et de Jour. Ce dieu monopolise totalement le pouvoir

au début de la mythologie, à tel point qu'il impose à son épouse Gé (Terre) de conserver en elle ses créations.

Il est renversé par ses fils, les Titans, et notamment par Saturne qui le châtre et prend le pouvoir.

• **Vénus :**

Fille d'Uranus mais aussi de Dioné et de Jupiter. Cette déesse de l'amour ne cesse d'être en colère. Elle multiplie les malédictions et les vengeances. Elle participe activement à la guerre de Troie.

Ses principales relations marquent ses principaux mythes : son mari Vulcain, ses amants Mars et Adonis.

• **Vulcain :**

Fils de Junon et de Jupiter. Ce dieu, le plus laid des dieux de l'Olympe, est offert comme époux à Vénus par Jupiter. Il est le dieu travailleur, technicien et métallurgiste de l'Olympe. Il œuvre au secret sous l'Étna, avec les Cyclopes. Il y fabrique les armes ou les objets des dieux et des héros. On dit parfois que son atelier est proche d'une des portes des Enfers.

Table

« Spiritualités vivantes »
Collection fondée par Jean Herbert

au format de poche

1. *La Bhagavad-Gitâ*, de Shrî AUBORINDO.
2. *Le Guide du Yoga*, de Shrî AUBORINDO.
3. *Les Yogas pratiques (Karma, Bhakti, Râja)*, de Swâmi VIVEKÂNANDA.
4. *La Pratique de la méditation*, de Swâmi VIVANANDA SARASVATI.
5. *Lettres à l'Ashram*, de GANDHI.
6. *Sâdhanâ*, de Rabindranâth TAGORE.
7. *Trois Upanishads (Ishâ, Kena, Mundaka)*, de Shrî AUROBINDO.
8. *Spiritualité hindoue*, de Jean HERBERT.
9. *Essais sur le Bouddhisme Zen*, première série, de Daisetz Teitaro SUZUKI.
10. – *Id.*, deuxième série.
11. – *Id.*, troisième série.
12. *Jnana-Yoga*, de Swâmi VIVEKÂNANDA.
13. *L'Enseignement de Râmakrishna*, paroles groupées et annotées par Jean HERBERT.
14. *La vie Divine*, tomme I, de Shrî AUROBINDO.
15. – *Id.*, tome II.
16. – *Id.*, tome III.
17. – *Id.*, tome IV.
18. *Carnet de pèlerinage*, de Swâmi RAMDAS.
19. *La Sagesse des Prophètes*, de Muhyi-d-dîn IBN'ARABI.
20. *Le Chemin des Nuages blancs*, d'ANAGARIKA GOVINDA.
21. *Les Fondements de la mystique tibétaine*, d'ANAGARIKA GOVINDA.
22. *De la Grèce à l'Inde*, de Shrî AUROBINDO.
23. *La Mythologie hindoue, son message*, de Jean HERBERT.
24. *L'Enseignement de Mâ Ananda Moyi*, traduit par Josette HERBERT.

Nouvelles séries dirigées par
Marc de Smedt

25. *La Pratique du Zen*, de Taisen DESHIMARU.
26. *Bardo-Thödol. Le Livre tibétain des morts*, présenté par Lama ANAGARIKA GOVINDA.
27. *Macumba, Forces noires du Brésil*, de Serge BRAMLY.
28. *Carlos Castaneda. Ombres et lumières*, présenté par Daniel C. NOËL.
29. *Ashrams. Grands Maîtres de l'Inde*, d'Arnaud DESJARDINS.
30. *L'Aube du Tantra*, de Chogyam TRUNGPA et H. V. GUENTHER.
31. *Yi King*, adapté par Sam REIFLER.
32. *La Voie de la perfection, l'enseignement secret d'un maître kurde en Iran*, de BAHRÂM ELÂHI.
33. *Le Fou divin. Yogi tantrique tibétain du* XVIe *siècle*, de Drukpa KUNLEY.
34. *Santana, l'enseignement de Maître Goenka en Inde*, de Dominique GODRÈCHE.
35. *Dialogues avec Lanza del Vasto*, par René DOUMERC.
36. *Techniques de méditation et pratiques d'éveil*, de Marc de SMEDT.
37. *Le Livre des secrets*, de BHAGWAN SHREE RAJNEESH.
38. *Zen et arts martiaux*, de Taisen DESHIMARU.
39. *Traité des Cinq Roues (Gorin-no-Sho)*, de Miyamato MUSASHI.
40. *La Vie dans la vie. Pratique de la philosophie du sâmkhya d'après l'enseignement de Shrî Anirvân*, de Lizelle REYMOND.
41. *Satori. Dix ans d'expérience avec un Maître Zen*, de Jacques BROSSE.
42. *Discours et sermons*, de HOUEI-NÊNG, traduit par Lucien HOULNÉ.
43. *Tao Te King*, de LAO TSEU.
44. *Questions à un Maître Zen*, de Taisen DESHIMARU.
45. *Les Contes des arts martiaux*, recueillis par Pascal FAULIOT et présentés par Michel RANDOM.
46. *Essais sur les mystiques orientales*, de Daniel ODIER et Marc de SMEDT.
47. *Zen et vie quotidienne*, de Taisen DESHIMARU.
48. *Le Désert intérieur*, de Marie-Madeleine DAVY.

49. *La Sagesse de l'éveil*, textes présentés par Marc de SMEDT.
50. *L'Esprit guide, entretiens avec Karlfried Durckheim*, par Frantz WOERLY.
51. *Les Appeleurs d'âmes. L'Univers chamanique des Indiens des Andes*, de Sabine HARGOUS.
52. *Le Chemin de la Lumière, la Voie de Nur Ali Elâhi*, par BAHRÂM ELÂHI.
53. *L'Art de la réalisation*, de CHANDRA SWÂMI.
54. *Le Trésor du Zen*, de Maître DOGEN, traduit et commenté par Taisen DESHIMARU.
55. *Aphorismes*, de TCHOUANG TSEU, présentés par Marc de SMEDT.
56. *L'Esprit caché de la liberté*, de Tarthang TULKU.
57. *Métanoïa. Phénomènes physiques du mysticisme*, d'Aimé MICHEL.
58. *L'Enseignement de Ramana Maharshi*, traduit par A. DUPUIS, A. PERRELI et J. HERBERT.
59. *Le Bol et le Bâton*, cent vingt contes Zen racontés par Maître Taisen DESHIMARU.
60. *Traité de l'amour*, d'Ibn 'ARABÎ, introduction, traduction de l'arabe et notes de Maurice GLOTON.
61. *L'Évangile de Thomas*, traduit et commenté par Jean-Yves LELOUP.
62. *L'Enseignement du Dalaï-Lama*, de Tenzin GYATSO, traduit par G. TULKU, G. DREYFUS et A. ANSERMET.
63. *La Montagne vide, anthologie de la poésie chinoise*, traduction de Patrick CARRÉ et Zéno BIANU.
64. *Mystères de la sagesse immobile*, de Maître TAKUAN, traduction et présentation de Maryse et Masumi SHIBATA.
65. *La Sagesse du désert, aphorismes des Pères du désert*, de Thomas MERTON, traduction de Marie TADIÉ.
66. *La Pratique du yoga intégral*, de Shrî AUROBINDO, textes groupés, traduits et préfacés par Jean HERBERT.
67. *L'Autre Rive*, textes fondamentaux du Zen commentés par Maître Taisen DESHIMARU. Présentations par Evelyn de SMEDT.
68. *Méditation et santé selon les traditions et médecines chinoises*, de Gérard EDDE.
69. *Métaphysique et psychologie*, de Shrî AUROBINDO.
70. *Le Mesnevi. 150 contes soufis*, de DJÂLAL AL-DÎN RÛMÎ.
71. *Initiation et sagesse des contes de fées*, de Dennis BOYES.
72. *Initiation aux Livres des Morts égyptiens*, de Fernand SCHWARZ.
73. *Ivre de Tao. Li Po, voyageur, poète et philosophe, en Chine, au* VIIIe *siècle*, textes réunis et présentés par Daniel GIRAUD.
74. *Futuwah, traité de chevalerie soufie*, traduit et introduit par Faouzi SKALI.
75. *Qui suis-je ? La quête sacrée*, par Jean KLEIN.
76. L'Évangile de Jean, traduit et commenté par Jean-Yves LELOUP.
77. *Les Secrets du Soi*, suivi par *Les Mystères du Non-Moi*, de Mohammad IQBAL.
78. *L'Arbre de Vie. Introduction à la Cabale*, de Z'ev Ben Shimon HALEVI.
79. *Le Livre des œuvres divines (Visions)*, de Hildegarde de BINGEN, présenté et traduit par Bernard GORCEIX.
80. *Instructions fondamentales. Introduction au bouddhisme Vajrayana*, de Kalou RINPOTCHE.
81. *Le Prophète*, de Khalil GIBRAN.
82. *La Paix monastique*, de Thomas MERTON.
83. *Le Fou et le Créateur*, de Daniel PONS.
84. *Zen et christianisme*, d'Evelyn de SMEDT.
85. *Le Livre divin*, de Fariddudine ATTAR.
86. *Écrits sur l'hésychasme*, de Jean-Yves LELOUP.
87. *Le Sable et l'Écume*, de Khalil GIBRAN.
88. *Les Fleurs de Bouddha, anthologie du bouddhisme*, de Pierre CRÉPON.
89. *Yoga-Sutras*, de PATANJALI, traduction du sanscrit et commentaires de Françoise MAZET.
90. *Nuages fous*, d'IKKYÛ, traduit du japonais et commenté par Maryse et Masumi SHIBATA.
91. *Écrits*, du père Henri LE SAUX, choisis et présentés par Marie-Madeleine DAVY.
92. *Le Jardin de roses*, de SAADI.
93. *Trois Messagers pour un seul Dieu*, de Roger ARNALDEZ.
94. *Paroles du Mont Athos*, de Jean-Yves LELOUP.
95. *À Bible ouverte*, de Josy EISENBERG et Armand ABECASSIS.
96. *Popol Vuh. Le Livre des Indiens Mayas Quichés*, traduit de l'espagnol par Valérie FAURIE.
97. *L'Œil du prophète*, de Khalil GIBRAN.

Album « Spiritualités vivantes »

Offrande, textes et photos de Daniel PONS.

« *Espaces libres* »
Collection dirigée par Marc de Smedt

au format de poche

1. *Éloge du Silence*, de Marc de SMEDT.
2. *L'Érotisme et le Sacré*, de Philippe CAMBY.
3. *L'Aura : Le corps de lumière*, de David TANSLEY.
4. La mort est une autre naissance, collectif avec une préface de Marc ORAISON.
5. *La Magie des plantes*, de Jacques BROSSE.
6. *L'Esprit des jeux*, de Marc de SMEDT, Jean-Michel VARENNE et Zéno BIANU.
7. *Sourates*, de Jacques LACARRIÈRE.
8. *Les Âges de la vie*, de Christiane SINGER.
9. *Je m'appelle toi*, de Jacques SALOMÉ.
10. *Henry Thoreau, l'éveillé du Nouveau Monde*, de Gilles FARCET.
11. *Zen et self-control*, de Taisen DESHIMARU.
12. *Les Médecines sacrées*, de Claudine BRELET-RUEFF.
13. *Le Symbolisme du corps humain*, d'Annick de SOUZENELLE.
14. *Vivre mieux et guérir par les couleurs*, d'Andrée SCHLEMMER.
15. *Sur les pas du Bouddha*, de Marc de SMEDT.
16. *La Guerre et les Religions*, de Pierre CRÉPON.
17. *L'Évangile de la colombe*, d'ORIA.
18. *Alexandra David Neel*, de Jacques BROSSE.
19. *Aux sources de la présence*, de Daniel PONS.
20. *Le 7* e sens ou le corps spirituel, de Jeanne GUESNÉ.
21. *Teilhard de Chardin et le mystère de la Terre*, de Jean ONIMUS.
22. *36 preuves de l'existence du Diable*, d'André FROSSARD.

« *L'Expérience intérieure* »
Collection dirigée par Marc de Smedt

Traversée en solitaire, de Marie-Madeleine DAVY.
Le Jeu de l'amour et de la sagesse, de Denise DESJARDINS.
Sur la barque du temps, de Jean E. CHARON.
À la recherche du christianisme perdu, de Jacob NEEDELMAN.
Journal d'une guérison spirituelle, de Nancy AMPHOUX.
Le Maître d'âme, de Christian CHARRIÈRE.
L'Absurde et la Grâce, de Jean-Yves LELOUP.

« *Paroles vives* »
Collection dirigée par Jean Mouttapa
et Marc de Smedt

Le Jardinier, de Roger BICHELBERGER.
Jésus fils de l'homme, de Khalil GIBRAN.
Parole du Passant, de Jean SULIVAN.
De miel et de fiel, d'Alain CHAPELLIER.
La contagion de Dieu, de Jacques PAUGAM.
Confiteor, de Bernard BESRET.

Cet ouvrage composé
par l'Atelier du Livre à Reims
a été imprimé sur presses CAMERON
à Saint-Amand-Montrond
en septembre 1991
pour les Éditions Albin Michel

Tous droits réservés. La loi du 11 mars 1957 interdit les copies ou reproductions destinées à une utilisation collective. Toute représentation ou reproduction intégrale ou partielle faite par quelque procédé que ce soit — photographie, photocopie, microfilm, bande magnétique, disque ou autre — sans le consentement de l'auteur et de l'éditeur est illicite et constitue une contrefaçon sanctionnée par les articles 425 et suivants du Code pénal.

N° d'édition : 11911. N° d'impression 2208.
Dépôt légal : octobre 1991.